Lieve Joris

Das schwarze Herz Afrikas

SERIE PIPER

Zu diesem Buch

»Das Wasser ist rostfarben, und Inseln von Wasserhyazinthen treiben auf uns zu. Lautlos gleiten junge Männer, aufrecht in ihren Einbäumen sitzend, an uns vorüber. Ich habe das Gefühl, als segelte ich direkt in eine Photographie aus dem Familienalbum ...« Schon als Kind ist Lieve Joris fasziniert von den merkwürdigen Erzählungen ihres Onkels, eines Missionars in Belgisch Kongo. Später unternimmt sie als junge Frau ihre erste Reise nach Schwarzafrika – an Bord der *Fabiolaville*, die bevölkert ist von Glückssuchern und Abenteurern wie sie selbst. Mutig und unvoreingenommen begibt sie sich in den Kongo – der zur Zeit der Reise Zaire hieß –, um dem Leben jener Menschen näherzukommen, die für »gestern« und »morgen« dasselbe Wort benutzen. Dem von Kolonialmacht und Diktatur gezeichneten Land stellt Lieve Joris einfühlsam die unvergleichlichen Schönheiten der Landschaft und Menschen gegenüber.

Lieve Joris, gebürtige Belgierin, ist eine der herausragenden europäischen Reiseerzählerinnen. Zu den Themen ihrer preisgekrönten Bücher gehören neben Schwarzafrika auch Ungarn und Syrien. Die Autorin lebt in Amsterdam. Zuletzt erschien von ihr auf deutsch »Der Tanz des Leoparden. Mein afrikanisches Tagebuch«.

Lieve Joris
Das schwarze Herz Afrikas

Meine erste Reise in den Kongo

Aus dem Niederländischen von
Barbara Heller

Mit einem farbigen Bildteil

Ein MALIK Buch
Piper München Zürich

Von Lieve Joris liegen in der Serie Piper vor:
Die Sängerin von Sansibar (2579)
Mali Blues (2977)
Die Tore von Damaskus (3088)
V. S. Naipaul. Eine Begegnung auf Trinidad (3671)
Das schwarze Herz Afrikas (4048)

Für meinen Vater

Ungekürzte, um einen Bildteil erweiterte Taschenbuchausgabe
Januar 2004

Titel der niederländischen Originalausgabe:
»Terug naar Congo«, Meulenhoff,
Amsterdam 1987

erschienen im Verlagsprogramm Malik
Umschlagkonzept: Büro Hamburg
Umschlaggestaltung: Birgit Kohlhaas

Foto Umschlagvorderseite: Margaret Courtney-Clarke
Foto Umschlagrückseite: Herman Selleslag
Satz: Uhl + Massopust, Aalen
Druck und Bindung: Clausen & Bosse, Leck
Printed in Germany ISBN 3-492-24048-8

www.piper.de

Inhalt

Mein Onkel aus dem Kongo

ER sollte als Missionar nach Afrika, und das wurde mit einem Festessen – Tomatensuppe, Rinderbraten mit Prinzeßbohnen und Kongobooten, einem gefüllten Gebäck – gebührend gefeiert. Er ließ sich den Bart wachsen, denn auf die Schwarzen, deren Bärte sich immer gleich kräuselten, wirkte ein langer Bart respekteinflößend.

1923, am Abend vor Weihnachten, stand mein Onkel an der Reling der *Albertville*, in Soutane und hohem Hut, um den Hals einen schwarzen Wollschal – ein flämischer Junge vom Land auf dem Weg ins Innere Afrikas, um Seelen für das Christentum zu gewinnen. Neben ihm, in einem Meer von Pelzmänteln und Federhüten, blickt seine Mutter traurig in die Kamera. Zehn Jahre sollten vergehen, bis sie den geliebten Sohn wiedersah.

Nachdem man die Gangway hochgezogen hatte und die Dampfpfeife ertönt war, begann auf dem Promenadendeck die Blaskapelle zu spielen, und die Zurückbleibenden schaukelten in ihren gemieteten Booten auf der Schelde, winkten den Kongofahrern nach und riefen ihnen ein letztes Lebewohl zu.

Mein Onkel, der noch nie weiter als bis Lourdes gereist war, muß sich auf dem Schiff denkbar unwohl gefühlt haben. Während die Kolonisten im Ballsaal tanzten, zogen sich die Missionspatres in ihre Kabinen zurück und lasen in ihrem Brevier oder sie spielten im Rauchsalon Karten. Oft reisten sie als Schiffsgeistliche und bekamen dafür die Überfahrt billiger. Einer von ihnen schrieb einmal einen empörten Brief an die Reederei: Er hatte ein Besatzungsmitglied in inniger Umarmung mit einer Dame überrascht.

Damals gab es fast in jeder flämischen Familie einen Onkel, der in der Mission tätig war. Die Mutter wurde für ihren Kummer um den fernen Sohn reichlich entschädigt durch die neue Welt, die sich der Familie auftat: Missionare auf Urlaub brachten Geschichten von Mamas Herzblatt im Busch mit, sie saßen an der Sonntagstafel, wobei sie dunkelrote Weinflecken auf dem Damast-Tischtuch hinterließen, und ihr Zigarrenrauch zog durchs ganze Haus.

Die ersten Fotos, die mein Onkel nach Hause schickte, zeigten ihn auf einer kahlen Fläche, umringt von scheuen schwarzen Mädchen mit gefalteten Händen, »die ich getauft habe«, oder inmitten des »Personals der Mission«, jungen Männern in Hosen, die ihnen kaum bis zu den Knöcheln reichten, und in zu engen Jacken. Auf späteren Bildern trug er statt seines Hutes einen Tropenhelm, und im Hintergrund war ein neues Gebäude zu sehen, das er in seinen Briefen das »Missionshaus« nannte. Wenn er dort die Messe las, knieten die schwarzen Kinder im Sand, und sein Tropenhelm baumelte vom Strohdach herab.

Dann kamen die Geschenke. Auf unserem Kaminsims standen mit Speeren bewaffnete Eingeborene und dünnbeinige Antilopen. Eine unserer beiden Buchstützen aus Elfenbein war durch ein Versehen bei einem anderen Zweig der Familie gelandet. Im Haus meiner Großmutter hing in einem düsteren Zimmer im ersten Stock eine naive Malerei, die ein friedliches Lehmhüttendorf zeigte. Ein heiteres Leuchten ging von dem Bild aus, das sich im Lauf der Jahre noch zu verstärken schien.

Einmal wurde ein Geschenk meines Onkels schon am Tag, nachdem es eingetroffen war, in einen Winkel des Dachbodens verbannt. Wir Kinder stiegen oft hinauf und betrachteten es. Die Dielen knarrten, und überall standen Mausefallen, die zuschnappten, wenn man in ihre Nähe kam. Ganz hinten sah uns eine Schlange in einem Glaskasten durchdringend an. Sie war weiß-grau gesprenkelt und lag mit halb hochmütig, halb zornig erhobenem Kopf auf einem Polster aus vergilbter Watte.

Und dann kam mein Onkel selbst. Schon Tage vor seiner Ankunft herrschte geschäftiges Treiben. Großmutter, die Schwester meines Onkels, stellte einen weinroten Wandschirm vor das Sofa und besorgte Herve-Käse, blaue Trauben, Zigarren und Elixir d'Anvers, alles Dinge, auf die er im Busch verzichten mußte.

Wie er so auf dem schneeweißen Deck des Dampfers stand, waren ihm die Entbehrungen des Buschs allerdings nicht anzusehen: Er hatte ein rundes lachendes Gesicht mit einem zerzausten Bart, und sein Bauch, der mit den Jahren erheblich an Umfang gewonnen hatte, ragte stolz vor.

In den folgenden Wochen war er die Attraktion der Gegend. Nachts lag er schnarchend auf dem Sofa, als wäre er noch im Busch und niemand könnte ihn hören. Wegen des Herve-Käses – »Stinkerkäse« nannten wir Kinder ihn – mieden wir Großmutters Haus zu den Mahlzeiten, verfolgten aber durch das große Eßzimmerfenster alles genau mit. Nach einem üppigen Frühstück ließ sich mein Onkel mit einem »Tropfen« Elixir im Sessel nieder, blies Rauchringe ins Zimmer und erging sich in Erinnerungen an früher, als er und Großmutter noch jung und alle noch am Leben gewesen waren.

»Du solltest nicht so viel trinken«, sagte meine Großmutter manchmal besorgt, wenn sein Gesicht sich rötete. Doch er wischte ihre Bedenken beiseite: »Im Kongo trinken wir Whisky wie Wasser, das ist die beste Medizin gegen Malaria.«

Nach dem Mittagsschlaf empfing er Besucher. Wir

spielten Karten und lauschten dabei den fremden Worten, die ihm so leicht über die Lippen kamen und die den gefährlichen Busch in unserem öden Dorf zum Leben erweckten: *makak, kakkerlak, matata*. Er brachte uns ein Lied bei, das seine kleinen Schwarzen in Tumba sangen, wenn sie barfuß durch den heißen Sand zur Schule gingen: »*A wani kunni ka a wani, a wa wa wika janka jeja.*«

Nachmittags spazierte er am Kanal entlang und las in seinem Brevier. Versprachen wir, still zu sein, durften wir mitkommen. »Vorsicht, nicht in die Bank knien!« warnte er uns, wenn wir an der Kapelle Unserer Lieben Frau von Flandern vorbeikamen. Als er im Kongo einmal zum Beten niederkniete, war eine Giftschlange unter der Bank hervorgeschossen. Am Kanal angelangt, sah er kurz von seinem Gebetbuch auf und zeigte auf die rauchenden Schlote in der Ferne: »Da drüben, das ist der Kongo.«

Wenn er am Sonntag in seiner raschelnden Soutane durch die Straßen schritt, verneigte sich das ganze Dorf ehrerbietig vor ihm. In der Kirche hielt er eine flammende Predigt über »unsere braven Schwarzen«, die mit schweren Lasten tagelange Fußmärsche in der Äquatorsonne bewältigen mußten – worauf der Kirchenvorsteher Geld für einen Kleintransporter sammelte. Bei solchen Gelegenheiten merkten wir, was für ein bedeutender Mann unser Onkel war.

Nach seiner Abreise ging das Leben im Dorf wieder seinen gewohnten Gang. Als wir herausfanden, daß die Schlote, die er uns gezeigt hatte, zur Blei- und Zinkfabrik gehörten, begannen wir auch an seinen anderen Geschichten zu zweifeln: Dann war bestimmt auch keine Schlange unter der Kirchenbank gewesen, und den Affen, den er uns versprochen hatte, würde er wohl auch nicht schikken. Doch seine Briefe klangen ernst. Er ermahnte uns darin, für seine »Lausebengel« zu beten, »die mir noch die Haare vom Kopf fressen.«

Eines Tages brachte der Postbote ein Paket, das gut und gern anderthalb Meter lang war. Es kam aus dem Kongo. Unsere Begeisterung über die Größe des Geschenks bekam einen Dämpfer, als wir den Deckel von dem Karton hoben: Eine bleiche, klapperdürre Puppe mit dünnen Zöpfen lag darin, deren Beine lose an ihrem Papprumpf befestigt waren. »Die Puppe kann laufen!« hatte mein Onkel stolz dazugeschrieben.

Am Nachmittag ließen wir die Puppe zur Schule laufen. Ihre Haut blätterte in unseren verschwitzten Händen ab, ihre Wangen schälten sich, und unsere Freundinnen lachten uns aus. Am Abend wurde sie mitsamt ihrem Karton auf den Dachboden verfrachtet.

Wurden im Kongo so häßliche Puppen hergestellt? Und warum war sie nicht schwarz, wie die kraushaarigen Puppen mit den Baströckchen, die mein Onkel uns früher einmal geschickt hatte? Jahrelang stellten wir Mutmaßungen über die Herkunft der »laufenden Puppe« an, bis uns eine entfernte Verwandte, die ebenfalls eine bekommen hatte, darüber aufklärte, lange nachdem mein Onkel gestorben war.

Das Kongoschiff legte auf jeder Fahrt in Teneriffa an, und die Bewohner der Insel hatten im Laufe der Jahre ein lukratives Geschäft mit den Passagieren aufgebaut. Jungen tauchten nach Münzen, die von Deck in das klare Wasser geworfen wurden, Händler bastelten Figuren, die einer Puppe ähnlich sahen und laufen konnten. Bald waren sie unter den Passagieren der letzte Schrei und gingen weg wie warme Semmeln.

Mein Onkel hatte sich immer von dem Touristenrummel ferngehalten, doch eines Tages folgten die Händler dem bärtigen Mann in der schwarzen Soutane bis aufs Schiff und zeigten ihm unterwegs, was die Puppe alles konnte. Schließlich kapitulierte er und kaufte gleich zwei.

Als er 1970 aus dem Kongo zurückkam, war er ausgebrannt. Seine Lunge war ruiniert, und er hatte ein schwaches Herz, und trotzdem bat er seinen Vize-Provinzial in einem Brief inständig, in den Kongo zurückkehren zu dürfen: »Ich denke, ich kann mich soweit erholen, daß ich noch eine Zeitlang im Kongo arbeiten kann.«

Ein Foto aus dieser Zeit zeigt ihn betend in seiner Klosterzelle in Antwerpen: ein weißhaariger alter Mann mit einem kurzen Bart und einer Hornbrille auf der Nase. In dem Bücherregal hinter ihm ist undeutlich ein Elefant aus Ebenholz zu erkennen. Mein Onkel muß sehr einsam gewesen sein in seinen letzten Jahren; ich kann mich nicht erinnern, daß wir ihn je besucht hätten. Er war der Mann im fernen Kongo gewesen, und jetzt, da er wieder in der Nähe und ein Onkel wie jeder andere war, führte kein Weg mehr zu ihm.

Er starb in aller Stille. Niemand trauerte um ihn. Und wenn ich heute an ihn denke, ist er nicht alt und krank, sondern er steht hochaufgerichtet am Kanal, eine stattliche, geheimnisumwobene Gestalt im schwarzen Gewand. Mein Onkel aus dem Kongo.

Mit der *Fabiolaville* nach Afrika

ICH bin meinem Onkel nachgereist. Auch ich fühle mich unbehaglich, als ich an diesem kühlen Septembermorgen an der Reling der *Fabiolaville* stehe. In Erinnerung an meinen Onkel habe ich die Missionspatres gebeten, die Reise für mich zu arrangieren. Sie haben mir geraten, nichts darüber verlauten zu lassen, daß ich Journalistin bin, ich solle lieber sagen, ich sei »in einer Familienangelegenheit unterwegs«.

Bruder Rabau hat mir einen schwarzen Missionarskoffer verkauft, ein häßliches Ding, das aber, wie er mir versichert hat, unverwüstlich ist und die Reise bestens überstehen wird. Am Boden des Koffers liegt Marzipan für einen Mitbruder meines Onkels, der noch im Busch lebt. Fräulein Nieberding, eine fromme Dame aus Brüssel, die für die Mission tätig ist, hat mir noch eine kleine Figur der heiligen Rita zugesteckt und mich dann beruhigt ziehen lassen, denn an Bord würde auch ein Pater sein.

Es dauert einige Zeit, bis ich Pater Bronek finde, doch als das Schiff ablegt, steht er neben mir an Deck, ein gutaussehender, glattrasierter Mittdreißiger mit blonden Locken und melancholischem slawischem Blick. Er trägt Jeans, und an seiner Winterjacke ist ein kleines Kreuz befestigt. Für ihn hat die Reise schon vor Tagen in Polen begonnen. Ich bin froh, daß er da ist, daß ich nicht allein abreisen muß.

Bruder Rabau ist gekommen, um uns Lebewohl zu sagen. Er hat Bronek mehrere hundert Kilo Gepäck für die

Missionsstationen mitgegeben, und im Laderaum befinden sich auch einige Rollstühle auf meinen Namen. Als er nur noch ein kleiner grauer Punkt in der Ferne ist, wendet sich Bronek mir zu. »Ich reise anscheinend zum ermäßigten Tarif«, sagt er. »Man hat mich auf der Krankenstation einquartiert.«

Meine Kabine ist klein und funktional: ein schmales Bett, ein kleiner Tisch, ein Schrank und die Dusche. Keine Spur mehr von dem Luxus zu Zeiten meines Onkels, als die Kabinen mit Jugendstilmöbeln, gedämpfter Beleuchtung, verspiegelten Wandschränken und hohen Betten ausgestattet waren. Auf dem Boden steht ein Karton, von Fräulein Nieberding, wie sich herausstellt, ein Tropenpaket mit Schokolade, Dauerbrot und Quality-Street-Bonbons.

Bronek zeigt mir den Raum, in den er verbannt worden ist. »Im Busch habe ich auch lauter Kranke um mich«, sagt er, und es klingt ein wenig vorwurfsvoll. Auf einem der weißlackierten Krankenhausbetten liegt sein Gebetbuch, *Prières du Temps Présent* – Gebete der Gegenwart. Auch er hat ein Tropenpaket bekommen.

An Bord sind siebzig Passagiere. An diesem ersten Morgen wandert alles etwas verloren umher. Draußen weht ein rauher Wind, und drinnen laufen wir uns immer wieder über den Weg. Es könnte die Anfangsszene eines Tati-Films sein mit all den Eltern, die ihre Kinder auf der Suche nach einem Platz, wo sie sich niederlassen können, durch die Gänge schleifen. Im Salon sitzt man sich verlegen gegenüber. Ein Mann wird die ganze Reise über mit seinen Kindern unterwegs sein, treppauf, treppab, vom Promenadendeck am Swimmingpool vorbei zum Oberdeck, vom Salon zur Bar und wieder zurück. Die amerikanische Unterhaltungsmusik, die durch die Gänge schwebt, folgt ihnen überallhin.

Beim Essen erzählt mir Bronek, daß er vor seiner Abreise einen Aidstest machen mußte, weil die Krankheit in der Kasai-Region, wo er arbeitet, grassiert.

»Welcher Stamm lebt da noch mal?« fragt mein Nachbar, ein schnurrbärtiger Mittfünfziger.

»Die Tetela.«

»Ach ja, die sollen ja so mordgierig sein.«

»Ich bin jetzt seit drei Jahren dort«, sagt Bronek, »aber ich verstehe diese Menschen immer noch nicht. Sie töten jemanden, und zwei Tage später raufen sie sich die Haare vor Reue.«

»Die Schwarzen sind wie die Kinder, nur nicht so frech«, sagt mein Nachbar – er heißt Raskin –, der genauso aussieht, wie ich mir einen Kolonisten immer vorgestellt habe: klein und energiegeladen, eine Goldkette um den Hals und am Finger einen Ring, dessen Stein sein Sternzeichen Zwillinge darstellt. Vor siebenundzwanzig Jahren ist er mit zwei Koffern in den Kongo aufgebrochen, jetzt hat er dort ein Geschäft. »Es ist nicht groß, aber es ist meins«, sagt er. Wie Bronek erlebt er in Zaire täglich Überraschungen. »Zeit spielt für die Leute dort keine Rolle. *Lobi* heißt auf lingala gestern und morgen! Und das Schlimmste ist, daß sie nicht planen können. Ich kenne einen Zairer – er ist alles andere als dumm –, der fährt dreihundert Kilometer, um Bier zu kaufen, weil er die Flasche dort drei Zaire billiger bekommt. Was das Benzin kostet, daran denkt er nicht. So sind sie, die Zairer. Und das ist auch gut so, denn was sollten wir sonst dort?«

Sie lachen über den Zairer, der sein Kind DC4 nannte, und über den Mann, der in einer Bewerbung schrieb, er werde seinem Chef *jusqu'à la faillite* – bis zum Bankrott – die Treue halten. Bronek erzählt von einem flämischen Pater, der fünfundvierzig Jahre in Zaire verbracht hatte und ihm einmal sagte: »Wenn ich in den Himmel komme, bitte ich Gott, den Kopf eines Schwarzen zu öffnen – ich möchte zu gern wissen, was drin ist.«

Ich scheine die einzige am Tisch zu sein, die noch nie in Afrika war. Als ich sage, daß ich bei den Jesuiten ein Konto eröffnet habe, um in verschiedenen Missionsstationen in Zaire Geld abheben zu können, ertönt Hohngelächter. »Bei den Jesuiten! Wenn die Geschäfte machen, sperren sie Gott solange in die Sakristei«, sagt André, ein hochgewachsener Mann mit zurückgekämmtem Haar, der am Seminar, der »Priesterfabrik«, studiert hat. Ursprünglich wollte er Missionar werden, aber dann hat er es sich anders überlegt und ist als Arzt in den Kongo gegangen. Den Koffer, den Bruder Rabau mir für teures Geld verkauft hat, erwähne ich lieber nicht.

Die Zairer sind ein unerschöpfliches Thema für meine Tischgenossen. Vor allem der kleine Raskin entpuppt sich als ein bemerkenswerter Erzähler. Einmal schildert er höchst anschaulich eine Frau, die mit einer Flasche auf dem Kopf kilometerweit durch den Busch läuft; das Palmöl, das sie gekauft hat, bedeckt gerade den Boden der Flasche, und eine Woche später wird sie wieder Öl brauchen! Ein andermal erzählt er von einem Mann, dessen weiße Hose auch nach einer beschwerlichen Fahrt im Einbaum noch makellos sauber ist. Die Schwarzen seien oft tadellos gekleidet, sagt er. Ich kann mir die beiden nicht sehr gut auf einem Buschpfad vorstellen.

In diesen ersten Tagen komme ich mir beim Essen vor wie in einem Theaterstück, in dem alle außer mir mitspielen. Ich bin unterwegs in ein Land, das sie alle kennen und über das sie die gleichen Ansichten haben. Sie sagen, sie verstehen die Schwarzen nicht, aber ich verstehe *sie* nicht. Nur Bronek zögert hin und wieder und sagt: »*Ah, la vie est compliquée* – Das Leben ist kompliziert.« Auch André verstummt manchmal, wenn die Geschichten ins Spöttische umschlagen.

Ich gehöre nicht dazu, und meine Tischgenossen verteidigen ihr Revier wie Tiere, bald spaßhaft, bald bösartig. Ob ich mit dem Schiff den Zaire hinauffahren wolle? Allein? Grinsen in der Runde. Ob ich ein Moskitonetz dabei hätte? »Und immer schön den Mund zulassen«, rät Raskin, »sonst fliegen Insekten rein.« Kürzlich sei in Broneks Gegend noch ein Agraringenieur von Kannibalen gefressen worden.

Ihre Geschichten lassen den Kongo meines Onkels wiedererstehen und die Bilder des unabhängigen Zaire – das Land Lumumbas und Mobutus, das ich später kennenlernte – in den Hintergrund rücken. Ob ich durch den Busch wandern wolle? Dann müsse ich mich vor Sandflöhen hüten, die unter die Zehennägel kriechen und dort ihre Eier ablegen. Ich dürfe sie auf keinen Fall selbst entfernen, sonst fange der Zeh an zu eitern, ich müsse einen zairischen Jungen um Hilfe bitten, der hole sie mit einem Stöckchen heraus. Es gebe auch Tierchen, die gelangten ins Blut, behauptet Raskin, und Jahre später, wenn man Zaire längst vergessen habe, beginne es plötzlich am ganzen Körper zu jucken.

Weiße, die in der *cité* leben, dem Wohngebiet der Schwarzen in Kinshasa, werden von meinen Mitreisenden *wai-wais* genannt, und niemand respektiert sie. »Sie dürfen sich vor den Schwarzen niemals schwach zeigen«, sagt Raskin, »denn entweder sind wir ihre Herren oder ihre Opfer. Vor die Wahl zwischen Jesus und Barabbas gestellt, würden sie sich für Barabbas entscheiden.«

Bronek erzählt von einer französischen Ethnologin, die zu den Pygmäen im Kasai ging, um dort ihre Forschungen zu betreiben. Nach vier Jahren kam sie zurück. Sie hatte selbst wie eine Pygmäin gelebt, mit nichts als einem Lendenschurz bekleidet. Ihre Arme waren von Insektenstichen übersät, und sie war bis auf die Knochen abgemagert. Die Schwestern in der Mission hatten Mitleid mit ihr und päppelten sie wochenlang wieder auf. Dann ging sie zu den Pygmäen zurück. »Die können wir abschreiben«, sagt Raskin entschieden.

»*Qu'est-ce que l'homme* – Was ist der Mensch?« seufzt Bronek in seinem besten Französisch. Er steht mit ausgebreiteten Armen auf dem Oberdeck an der Reling und blickt aufs Meer hinaus. Die endlosen Mahlzeiten auf der *Fabiolaville* machen ihn so unruhig, daß er oft nach dem zweiten Gang aufsteht und sich hierher zurückzieht. Die Folge ist, daß er als erster mit einem Sonnenbrand herumläuft.

In einem der Deckstühle sitzt mit einem Plaid über den Knien der schweigsame belgische Botschafter – er ist auf dem Weg an die Elfenbeinküste – und liest in einem Buch. Später werden die vier alleinreisenden Damen, die bald jeder »die lustigen Witwen« nennt, hier ihr Sonnenbad nehmen, doch im Moment ist noch alles ruhig.

In den letzten Jahren, sagt Bronek, hat er sich an die Einsamkeit gewöhnt, und das Meer fasziniert ihn. Er wollte einmal Seemann werden, aber seine Mutter ließ ihn nicht, weil er noch zu jung war. Später, als sie ihm nichts mehr verbieten konnte, beschloß er, Priester zu werden.

Da es in Belgien keine Berufungen mehr gab, schickte ihn seine Kongregation nach Zaire. Es war seine erste Auslandsreise. In Kinshasa wurde er in ein Flugzeug gesetzt, das ins Landesinnere flog, dann folgte eine siebenstündige Fahrt mit dem Jeep über eine Straße voller Löcher. Links und rechts ragte der Urwald auf wie eine Mauer, die sich ab und zu öffnete und den Blick auf ein paar Schilfhütten freigab. Bronek hatte Angst, er kam sich vor, als brächte man ihn ans Ende der Welt. In der Leprakolonie, in der er schließlich landete, gab es nur alte flämische Mönche und Nonnen, und manchmal vergingen Tage, ohne daß er ein Wort redete. Die Post wurde in eine nahe gelegene Stadt geschickt, doch wenn es den Leuten dort zu mühsam war, sie weiterzuleiten, verbrannten sie die Briefe einfach. Broneks erstes Weihnachten im Busch war schrecklich. Er dachte an die rauschenden Weihnachtsfeste in Polen und fühlte sich so einsam, daß er sich nach dem Mittagessen ins Bett verkroch und für den Rest des Tages dort blieb. Heute fährt er zu Weihnachten per Fahrrad oder Moped in den Busch. Oft kommt er in Dörfer, in denen seit zwanzig Jahren kein Priester mehr war. Seine Ankunft wird mit einem großen Fest gefeiert, und manchmal tanzt er inmitten barbusiger Frauen unter dem tropischen Himmel die ganze Nacht durch. Am Morgen passen die Dorfbewohner auf, ob nicht eine Frau aus seiner Hütte kommt, denn sie können nicht glauben, daß er allein schläft. »Aber ich lehne immer ab, wenn sie mir eine Frau anbieten«, sagt er. »Ich will nicht, daß kleine Polen im Busch herumlaufen.«

Als seine Mutter ihn nach drei Jahren wiedersah, befand sie ihn für zu dünn und wollte ständig für ihn kochen. Doch das Essen, das sie ihm vorsetzte, machte ihn krank, denn im Busch hatte er sich an Maniok, Palmöl und Reis gewöhnt. Fleisch ißt er nur, wenn eine Antilope geschossen wird.

Ich will wissen, ob es in seiner Gegend viele Katholiken gibt. Er sieht mich fragend an. »Was ist ein Katholik? Mir ist noch kein Schwarzer begegnet, der Atheist war.«

Nachdenklich blickt er aufs Meer hinaus. »Im Kasai gibt es nur Nostalgie.« Er gebraucht das Wort oft, einmal auch für ein Mädchen, das er während seines Urlaubs allein in einer Warschauer Bar sitzen sah. Sie trank und sah sich still um, im Mund eine Zigarette. »Ihre Augen waren voller Nostalgie.«

An diesem Abend wird auf der *Fabiolaville* getanzt. An der Bar herrscht Hochbetrieb, doch Meneer Dewaele aus dem Pajottenland bei Brüssel verkündet seine Ansichten mit soviel Elan, daß er auch jetzt an seinem Tisch ein dankbares Publikum findet. »Passen Sie mal auf«, sagt er und stellt seinen Cocktail *Fabiolaville* ab. »Es heißt doch immer, die Belgier hätten im Kongo keinen Finger gerührt, aber haben Sie sich mal die Karte von Zaire angesehen? Wenn Sie die auf eine Europakarte projizieren, dann reicht sie von Paris bis Moskau und von Skandinavien bis ans Mittelmeer. Und dann projizieren Sie Zaire mal auf eine Karte des Amazonasgebiets. Am Amazonas, da gibt es Wilde, die haben noch nie einen Weißen gesehen, und wenn Sie den Strom runterfahren, dann wissen Sie nicht, ob Sie jemals irgendwo ankommen. Zaire ist genauso abgelegen, aber da kann man von Kinshasa bis Mbandaka fahren, ohne Angst haben zu müssen. In Zaire gibt es keine Wilden mehr. Und dafür haben wir Belgier gesorgt. Wir haben vielleicht nicht viele Akademiker ausgebildet, aber wir hatten überall Grundschulen, noch im kleinsten Dorf.«

Der Kapitän und seine Offiziere sind in Uniform, die Passagiere haben sich »fein gemacht«. Mein Tischgenosse André tanzt mit rhythmischen Bewegungen, als würde er ein Feld umgraben, wie die Schwarzen in der Provinz Bandundu, wo er früher als Buscharzt gearbeitet hat. Bronek, der am Morgen noch an einem Klappaltar im Salon die Messe gelesen hat, wird von der Botschaftergattin zum Tanzen aufgefordert und weicht von da an nicht mehr von der Tanzfläche.

»Es ist gut, daß unser Pater tanzt, das tut er ja im Busch auch. Vor mir braucht er das nicht zu verbergen«, sagt Mevrouw Dewaele. Sie und ihr Mann reisen schon seit 1965 mit dieser Linie. Damals gab es an Bord noch eine Kapelle mit Beichtstuhl. Im Salon wurde Klavier gespielt, und wenn ein Ober im Restaurant eine Gabel fallen ließ, sah man ihn nie wieder. Stürme haben sie erlebt, so schlimm, daß die Flaschen durch die Bar flogen und sie nur noch Butterbrote vorgesetzt bekamen. Jetzt sind die Handtücher verschlissen, beklagt sie sich, und die Kabinen werden nicht mehr pünktlich saubergemacht.

Es ist ihre letzte Fahrt nach Zaire, denn Meneer Dewaeles Zeit als Lehrer geht zu Ende. »Das Leben im Kongo ist nicht mehr das, was es mal war«, sagt er. »Heute sind wir nicht mehr bei uns, wir sind bei ihnen.« Doch seine Frau würde gern bleiben, sie hängt an »meinem François« und »meinem Alex«, ihren Boys, denen sie jedesmal einen Anzug oder ein Paar Schuhe aus Belgien mitbringt.

Bronek ist betrunken. Er sagt zwar dauernd, er wolle schlafen gehen, aber er bleibt bis tief in die Nacht mit dem Kapitän an der Bar hängen. Sie unterhalten sich über den Glauben. »*Devenir catholique, il faut le faire* – katholisch werden, da gehört einiges dazu«, sagt der Barkeeper aus Antwerpen kopfschüttelnd und fragt, ob er die Bar schließen kann.

Am nächsten Morgen erscheint Bronek nicht zum Frühstück, und auch mittags läßt er sich nicht blicken. »Der tut Buße«, sagt Meneer Raskin vergnügt.

Wir nähern uns Teneriffa. In der Ferne tauchen bläuliche Felsen aus dem Meer auf, dazwischen eine weiß leuchtende Stadt. Als ich nach oben gehe, steht Bronek an der Reling und schaut aus kleinen Augen hinüber. Sein Gesicht wirkt verschlossen. »Ich fühle mich schuldig«, sagt er. »Was sollen die anderen nur von mir denken?« In der Nacht hat er auf dem Weg zu seiner Krankenstation einen Offizier zu einer der lustigen Witwen hineingehen sehen. Als der Mann ihn bemerkte, flüsterte er: *Pardon, mon père.*« Bronek seufzt. »*Le plaisir sans prix* – Gratisvergnügen. Die moderne Zeit kennt keine Moral, deshalb bleibe ich lieber altmodisch.«

Immer mehr Passagiere kommen nach oben. Eltern heben ihre Kinder hoch, Kameras klicken. Auch Meneer Raskin blickt in die Ferne. Er hält die Hand über die Augen und sagt: »Stehen die Sänften bereit?«

Von hier hat mein Onkel damals die erste Postkarte geschickt: »Liebste Mutter, heute sind wir in Teneriffa angekommen. Die Reise verläuft bestens – werde nicht seekrank. Es wird jetzt allmählich angenehm warm. Das ist doch etwas anderes als der graue Himmel in Belgien – außer in Mol, da scheint die Sonne, weil ihr dort seid. Ich umarme euch, Albert.«

Ich hatte gehofft, die Händler mit den »laufenden« Puppen zu sehen, aber der Kai ist nahezu ausgestorben. Seit Teneriffa von Touristen überschwemmt wird, sind sie offenbar in die Innenstadt abgewandert. Als wir kurz vor Sonnenuntergang wieder auslaufen, stehen alle Passagiere an Deck. »Schauen Sie noch mal genau hin«, grinst Raskin. »Das ist die letzte Bastion westlicher Kultur.«

Nach Teneriffa wird es plötzlich schwül und drückend. »Warten Sie's ab, das ist erst der Anfang«, sagen alle. Es ist, als würden wir in einen Tunnel hineinfahren, an dessen Ende ein Höllenfeuer lodert.

Wir essen an langen Tischen auf dem weißen Deck der *Fabiolaville*. Meneer Raskin schaut mit Kennerblick zum Himmel auf. »Da haben Sie den afrikanischen Himmel – immer bewölkt.« Er kann Afrika bereits riechen. Der Kapitän, ein lachlustiger, beleibter Mann, erzählt von früher, als noch alles mit dem Kongoschiff nach Afrika fuhr. Eine bejahrte Dame war in ein Besatzungsmitglied verliebt und reiste ununterbrochen hin und zurück. Im Laderaum stand ihr Sarg, für den Fall, daß sie unterwegs starb.

Der Kapitän ist zufrieden mit der Fahrt. Im Salon wird Bridge gespielt, auf dem Sonnendeck Tischtennis, und der Pater an Bord ist ein sympathischer Mann. Da hat er auch schon anderes erlebt. »Im Winter haben wir manchmal nur ein paar Patres, eine Nonne und ein paar zairische Geschäftsleute an Bord«, klagt er. »Wie soll da Stimmung aufkommen?«

Am Tisch der lustigen Witwen wird fröhlich gelacht, und plötzlich fängt Mevrouw Dewaele an zu singen. Sie hat eine wunderbare Stimme. *Non, rien de rien, non, je ne regrette rien*. Wie von einer alten Grammophonplatte fließt die Melodie aus vergangenen Zeiten über das Deck, und die Afrikafahrer sehen überrascht auf. Der Kapitän lächelt. »Das macht sie immer, wenn sie ein paar Gläser Kir intus hat.« Der kleine alte Schiffsarzt, von allen »Popeye« genannt, steckt sich die Zigarre in den Mund, klatscht in die Hände und bestellt Kognak. Meneer Dewaeles Gesicht zeigt den Ausdruck, den es immer zeigt, wenn seine Frau die Aufmerksamkeit auf sich zieht, eine Mischung aus Stolz und Verlegenheit.

Jemand geht seine Kamera holen, um den Augenblick festzuhalten, doch als er wiederkommt, ist schon alles vorbei. Mevrouw Dewaele ist aufgestanden, der Schiffsarzt umarmt sie in beschwipstem Übermut, sie stimmen gemeinsam *Mylord* an und fliehen dann vor der tropischen Hitze nach drinnen. Die anderen folgen ihnen zögernd, nicht ohne Bedauern, weil dieser glückliche Moment so schnell vergangen ist.

Am Nachmittag wird mir plötzlich klar, warum diese Leute lieber mit dem Schiff als mit dem Flugzeug nach Afrika reisen. Sie fühlen sich nach all den Jahren heimatlos in Belgien, aber auch Zaire ist nicht mehr das, was es einmal war. Auf dem Schiff, zwischen den beiden Welten, lebt die glorreiche Vergangenheit fort.

Die Passagiere, die nach Senegal wollen, packen ihre Sachen. Die *Fabiolaville* wird einen Tag im Hafen von Dakar vor Anker gehen, um Ladung zu löschen, und auch wir können an Land.

Nachdem wir angelegt haben, strömen Hafenarbeiter und Händler, Männer in langen Gewändern und bunt gekleidete Frauen, aufs Schiff. Gerüche nach Moschus und Schweiß ziehen durch die Gänge. Etwas ängstlich gehe ich zusammen mit meinen Tischgenossen von Bord. Zum ersten Mal betrete ich afrikanischen Boden. Sechs Bleichgesichter mit Kameras, ein unlöslicher weißer Fleck, machen sich auf in die schwarze Landschaft. Meneer Raskin fängt sofort an, Lingala zu sprechen, und seine Frau stößt ihn peinlich berührt an. »Laß das, Edmond, das versteht hier doch keiner.«

Unser Ausflug führt uns auf die Insel Gorée. Sklaven aus dem Inneren Afrikas wurden früher von hier nach Amerika verschifft. Die alte Sklavenunterkunft, jetzt ein Museum, scheint für die Afrikaner zur Wallfahrtsstätte geworden zu sein. Vor der Tür läßt sich eine Gruppe schwarzer Studenten mit einer Sklavenkette fotografieren, die sie drinnen gefunden haben. Selbstbewußt schauen sie in die Kamera. Meneer Raskin, der an Bord noch darüber gewitzelt hat, daß wir auf Gorée ein paar Sklaven kaufen sollten, schaut betreten drein. Die Studenten beachten uns nicht, doch im Weggehen flüstert mir einer zu: »Die Schwarzen haben die besten Boxer der Welt.« Hat er das wirklich gesagt? Die anderen haben nichts gehört.

Pater Bronek sieht in seiner weiten Hose und dem Batikhemd immer mehr wie ein Tourist aus, nur auf seiner Brust baumelt noch ein kleines Kreuz. Gestern abend hatte er sich vorgenommen, in seiner Kabine zu bleiben, aber dann konnte er nicht einschlafen, und gegen neun war er wieder in der Bar. Mevrouw Dewaele sah ihn hereinkommen. »Ein Jammer, daß der Junge Priester geworden ist«, sagte sie. Jetzt trottet Bronek schuldbewußt durch die Straßen. Am Morgen hat er in seiner Kabine die Messe gelesen. »So kann das nicht weitergehen«, sagt er.

Das Ehepaar Dewaele, das sich nicht von der Bar losreißen konnte, wartet schon auf uns. Als ich von den Studenten am Museum erzähle, sagt Meneer Dewaele: »Ach, die Typen kennt man, die sind von den Kommunisten aufgehetzt.«

Nein, die Patres seien schuld, daß sie so aufmüpfig sind, wirft Raskin ein. »Die Patres, die haben den Schwarzen gesagt, sie kommen auch in den Himmel, aber daß sie nur reinkommen, weil sie unsere Koffer tragen, das haben sie nicht dazugesagt.«

»Das gibt's in Zaire auch manchmal, so eine plötzliche Feindseligkeit«, sagt Mevrouw Dewaele. »Es liegt in der Luft, man weiß nicht, woher es kommt, auf einmal ist es da. Aber ohne die Weißen sind sie nichts, das hat man ja nach der Unabhängigkeit gesehen. Das war, als würde man einem fünfjährigen Kind den Hausschlüssel in die Hand drücken und zu ihm sagen: Sieh zu, wie du zurechtkommst. Alles ist heruntergekommen. Ab und zu hat Mobutu die Nase voll, und dann sagt er ›*En avant* – Vorwärts!‹ und schickt ein paar Weiße los. Zum Glück vergessen die Zairer ihren Groll immer schnell wieder«, fügt sie versöhnlich hinzu. »Unsere Schwarzen sind angenehmer als die Männer hier, sie lachen mehr.«

»Und sie sprechen besser Französisch, das muß man ihnen lassen«, sagt Raskin. »Man muß schon tief in den Busch hinein, um einen alten *tata* zu finden, der kein Französisch kann.«

»Daß sie die besten Sportler haben, stimmt«, räumt Dewaele ein, »aber wenn meine Schüler in Zaire so etwas sagen, antworte ich immer: Aber die besten Erfinder habt ihr nicht, ihr habt ja nicht mal das Rad erfunden. Denn der Schwarze ist nicht kreativ, er ist rezeptiv.«

»Das einzige, was sie können, ist Musik machen«, sagt seine Frau. »Und das muß man mögen, dieses Geträller.«

»Das kommt doch alles aus Amerika«, fährt ihr Mann fort. »Einen Beethoven oder Bach haben die nicht hervorgebracht. Aber was wollen Sie, die brauchen sich ja nicht anzustrengen. Wenn sie sich unter eine Bananenstaude legen, fallen ihnen die Früchte in den Mund, und wenn sie am Abend eine Flasche in einen Baum hängen, haben sie am nächsten Morgen Palmwein.«

»Alles wächst da von allein«, meldet sich Raskin wieder zu Wort. »Aber wenn sie das Zeug ernten müssen, *alors là, ça commence* – dann fangen die Probleme an. Sie nehmen nur so viel, wie sie gerade brauchen, den Rest lassen sie verkommen.«

Früher waren die Schwarzen im Grunde glücklicher, sagt er, sie sind nackt herumgelaufen und haben sich von dem ernährt, was sie in der Natur fanden. »Wir haben ihnen beigebracht, Brot zu essen und Kleider zu tragen, wir haben alle möglichen Bedürfnisse geweckt, die sie früher nicht hatten.« Aber was macht er dann in Zaire, frage ich. »Ich? Ich hab da eine Plastikfabrik.« Resigniert setzt er hinzu: »Jetzt ist es sowieso zu spät.«

In Abidjan, der Hauptstadt der Elfenbeinküste, fahren wir mit dem Taxi in die *cité*, denn dort, sagen Bronek und André, spielt sich das wahre afrikanische Leben ab. Kaum haben wir das moderne Stadtzentrum hinter uns, bekommt Raskin Beklemmungen. Menschenmassen schieben sich durch die Straßen, und überall dröhnt Musik. Vor dem Restaurant, in das wir wollen, bleibt er wie versteinert stehen. »Wißt ihr, was die hier essen? Kakerlaken!« jammert er. »Und glaubt bloß nicht, der Koch wäscht sich die Hände, wenn er auf der Toilette war. Nein, nein, das ist nichts.« Er läßt sich nicht umstimmen, und so landen wir schließlich in einem Fischrestaurant am Meer, wo wir die halbe Besatzung der *Fabiolaville* vorfinden.

Auf dem Markt läßt sich Bronek ein Paar Sandalen andrehen und gewinnt damit einen großen Freund, den Händler, der ihm noch ein Elfenbeinarmband dazuschenkt. Stolz zeigt er es uns. »Also, wenn ihr mich fragt – das ist Plastik«, sagt André, der den leichtgläubigen Bronek gern aufzieht. Er hält ein brennendes Streichholz an das Armband, das sofort zu schwelen beginnt. Am Abend wirft Bronek es ins Meer.

Ich selbst habe eine Halskette aus Ebenholz gekauft. An Bord geht sie von Hand zu Hand, und es werden vielsagende Blicke gewechselt. Als mir beim nächsten tropischen Regenguß die schwarze Farbe den Hals hinunterläuft, biegt sich alles vor Lachen. Vom erstbesten Afrikaner lasse ich mich übers Ohr hauen – das kann ja heiter werden auf meiner einsamen Tour durch den Busch, denn die Zairer sind wahre Meister der List und Tücke, und einen Neuling erkennen sie auf den ersten Blick.

Da ich nun meine Naivität empirisch nachgewiesen habe, mache ich mir zum ersten Mal Sorgen. Vielleicht habe ich die Risiken dieser Reise unterschätzt. Als wir unseren vorletzten Hafen ansteuern, ist mir ziemlich mulmig.

In der Abenddämmerung kommt Cotonou in Sicht, der Hafen von Benin. Auf allen Hafenpapieren steht dort *Vive la révolution* – Es lebe die Revolution – oder *La lutte continue* – Der Kampf geht weiter –, sagt der Kapitän. Wir werden nur ein paar Stunden bleiben. Niemand hat vor, an Land zu gehen, aber alle drängen sich im grau glitzernden Abendlicht an der Reling, um dieses sozialistische Land zu sehen und ihre Kommentare dazu abzugeben. Undeutlich ist ein Platz zu erkennen, tagsüber vermutlich der Marktplatz. Nieselregen setzt ein.

»So ist das in den sozialistischen Ländern – immer nur Regen«, sagt Raskin.

»Der Markt ist ja recht bescheiden.«

»Und schaut euch nur die Slums an.«

»Autos sieht man auch kaum.«

»Und Hochhäuser gar keine.«

»Die haben hier überhaupt nichts.«

Raskin schnaubt. »Hier möchte ich nicht mal begraben sein.«

Als wir uns Zaire nähern, macht sich Anspannung unter den Passagieren bemerkbar. André hat einen Landrover und ein Klavier an Bord, und ihm graut vor der Zollabfertigung. »Die werden alles versuchen, um mir Geld aus der Tasche zu ziehen. Irgendein Formular finden sie immer, das nicht in Ordnung ist, notfalls machen sie selbst eins.« Andere haben Angst, ihre Autos könnten Dellen abkriegen oder die Scheibenwischer könnten gestohlen werden. Raskin hat zweieinhalb Tonnen Fracht an Bord. Er reist nur deshalb mit der *Fabiolaville*, weil er fürchtet, die Sachen sonst nie wiederzusehen.

Geschichten von Diebstählen im Hafen von Matadi machen die Runde. Die Lokele, sagt Raskin, ein Stamm weiter flußaufwärts, leben praktisch im Wasser und können sich dort stundenlang versteckt halten. Wenn die *Fabiolaville* einläuft, kommen sie an Bord und schwimmen dann mit den gestohlenen Sachen an Land. Manche können einen ganzen Kühlschrank auf dem Rücken transportieren.

Der Nebel hat sich noch nicht gelichtet, als wir in die Mündung des Kongostroms einlaufen. In den siebziger Jahren beschloß Mobutu, den Namen, den die Portugiesen dem Fluß gegeben hatten, wieder zu Ehren zu bringen. Seitdem heißen der Strom, das Land und die Währung »Zaire«. Die drei Z, wie Mobutu es nannte.

Das Wasser ist rostbraun, und aus dem Binnenland treiben Inseln aus Wasserhyazinthen heran. Einbäume lösen sich vom Ufer, mit einem einzigen Ruder von jungen Männern gesteuert, die mit nacktem Oberkörper kerzengerade in diesen ausgehöhlten Baumstämmen stehen. Lautlos gleiten sie auf uns zu. Es kommt mir vor, als würde ich in ein Foto aus dem Album meiner Großmutter hineinfahren.

Jetzt, da das Ende der Reise naht, verändert Bronek sich zusehends. Bei Tisch ist er schweigsam, und er trinkt nicht mehr, auch nicht, wenn ihn die anderen scherzhaft dazu nötigen. Er hofft, die Patres werden ihn schnell in den Busch schicken. Für ihn muß unsere Ankunft eine Erlösung sein. Nur äußere Mächte können seinem Wankelmut noch ein Ende setzen.

In Boma sollen die ersten Zollbeamten an Bord kommen, um unser Gepäck zu kontrollieren. Mit verschwörerischen Mienen gehen die Passagiere hin und her. Sie geben dem Zahlmeister ihr Geld in Verwahrung, und er rät uns, eine Packung Zigaretten oder eine Flasche Bier in der Kabine »herumliegen« zu lassen, dann sei alles schnell erledigt.

Die Beamten werden im Salon empfangen. Der Zahlmeister, die Unterwürfigkeit in Person, bietet ihnen Whisky-Cola an. Wir müssen in unsere Kabinen. »Hast du das gesehen?« fragt meine Nachbarin. »Die haben Taschen dabei für ihre Beute.«

Dann klopft es an meiner Tür. Zwei Zairer in Uniform treten ein. *»Bonjour madame, vous êtes seule ici* – Sie sind allein hier?« Sie schließen sorgfältig die Tür. Einer von ihnen wirft einen kurzen Blick in meine Tasche und sagt: »Sie haben doch sicher Souvenirs aus Europa dabei?« Souvenirs? Was meint er damit? »Wir vertrauen ihnen vollkommen«, sagt der andere und macht die Tasche wieder zu. »Aber haben Sie kein Geschenk für uns?« Ich überlege fieberhaft. Ich habe Parker-Kugelschreiber mitgenommen – ob sie so etwas meinen? »Uns interessiert alles«, sagen sie mit breitem Grinsen. Ich wühle meinen ganzen Koffer durch, gebe jedem von ihnen einen Kugelschreiber und stecke ihnen dann noch die Zigaretten zu, die ich bereitgelegt habe. Sie öffnen ihre blauen Taschen und lassen die »Geschenke« hineinfallen.

Als ich ins Restaurant gehe, sehe ich die beiden wie Diebe durch den Gang schleichen, die Taschen über der

Schulter. Bei Tisch erzählt jeder triumphierend, wie er die Zollbeamten bestochen hat, der eine mit einer Flasche Bier, der andere mit einem Apfel oder einer Birne aus dem Obstkorb. Eigentlich will ich den Mund halten und nichts von den Parker-Kugelschreibern sagen, aber da ist es auch schon heraus. Meine Tischgenossen lachen sich halb tot und können sich gar nicht wieder beruhigen.

Mevrouw Dewaele führt zum letzten Mal ihren Hund aus. Sie sieht ganz unglücklich aus. »Wenn wir nur auf eine Sandbank auflaufen und zwei Wochen festsitzen würden!« sagt sie. Doch Matadi ist schon in Sicht.

Am Kai wimmelt es von Menschen, die alle an Bord wollen. Sie schieben und drängen zur Treppe, und die Hafenpolizisten pfeifen und schreien. Ab und zu gibt man ihnen von Bord aus ein Zeichen, daß sie jemanden durchlassen sollen. Einheimische ohne Papiere oder Beziehungen bekommen den Schlagstock zu spüren. In der wogenden Menge sehe ich einen Jungen, auf dessen T-Shirt *Disco 't Putteke* steht. Es kommt mir vor wie eine vertraute Lichtreklame in einer fremden Stadt.

Bronek und ich sollen von Pater Guido, einem Kollegen meines Onkels, abgeholt werden, aber er ist nirgends zu sehen. Wie soll ich mein Gepäck unbeschadet an Land bekommen, wenn ich mich schon in der Abgeschlossenheit meiner Kabine so habe ins Bockshorn jagen lassen? Raskin steht auf dem Oberdeck und schaut mich grinsend an. Wahrscheinlich denkt er das gleiche.

Nach und nach ergießt sich der Inhalt der *Fabiolaville* auf den Kai, wo jetzt Äpfel und Birnen gegessen und Dosen mit Stella-Artois-Bier getrunken werden. Manche haben auch Zigaretten, eine Flasche Whisky oder einen Regenschirm ergattert. Ein Mann hat eine Decke von Bord mitgehen lassen. Kaum ist er an Land, rennt ein anderer damit weg. Die Polizisten lachen nur.

Bronek steht neben mir. Auch er hält Ausschau nach Pater Guido. Unsere Kabinen sind inzwischen abgeschlossen. Nur nichts überstürzen, haben uns alle geraten, wenn ihr runtergeht, seid ihr eure Sachen garantiert los. Raskin ist schon an Land und erteilt den Männern, die seine Fracht auf einen Laster laden, Anweisungen. Plötzlich zeigt Bronek auf einen bärtigen Mann, der sich resolut einen Weg durch die Menge bahnt. »Ich glaube, da kommt Pater Guido.«

Auf den Spuren meines Onkels

ANDERE Passagiere der *Fabiolaville* bekommen ihr Gepäck in Matadi nur gegen Geld an Land, aber Pater Guido kennt hier jeden und lotst uns geradewegs zu seinem Wagen. »Geht einfach weiter«, flüstert er uns zu. Ein zairischer Hafenbeamter will ihn aufhalten. »Passen Sie auf, sonst gibt's Ärger!« lacht er.

Es ist zwei Wochen her, seit ich Antwerpen verlassen habe, doch als wir durch das Tor der Missionsniederlassung fahren, ist es, als wäre ich wieder zu Hause. Vor uns taucht ein flämisches Kloster auf. Die breiten Galerien rings um den Innenhof sind von blühenden Geranien gesäumt.

Pater Bronek und ich bekommen benachbarte Zimmer mit Blick auf den Zaire. Trotz der tropischen Umgebung fühle ich mich sofort in meine Internatszeit zurückversetzt. Zwei schmale Betten, Steinboden, ein Kruzifix an der Wand, ein Waschbecken mit Handtuch und Seife.

Ich möchte mir die Hände waschen, aber aus dem Hahn kommt kein Wasser. Die Fenster sind mit Fliegengittern bespannt, und eine riesige fliegende Küchenschabe flattert wild dagegen. Raskin hat mir auf dem Schiff von diesen Tieren erzählt, aber ich dachte, er hätte sie erfunden, um mir Angst einzujagen. Kurz darauf schwirren vier zairische *abbés* – Priester – in der Soutane durchs Zimmer und versuchen sie zu vertreiben. Sie lachen vergnügt. »Die dürfen Sie nicht töten«, warnen sie mich, »sonst kommen hundert andere zur Beerdigung.«

Pater Bronek scheint in der Stille hier wieder zu sich zu kommen. Er erzählt, wie er zum ersten Mal allein im Busch war. Die Sprache der Eingeborenen kannte er kaum, und über ihre Sitten und Gebräuche wußte er gar nichts. Wenn sie abends tranken, bekam er es mit der Angst zu tun, denn manchmal gerieten sie außer Rand und Band und er war der einzige Weiße dort. Jetzt, auf festem Boden, scheint ihn das Leben im Busch wieder zu reizen.

Gegen Abend beschließen wir, einen Spaziergang zur *Fabiolaville* zu machen. Als wir durch das Tor der Mission hinausgehen, komme ich mir vor wie eine Internatsschülerin, die sich heimlich davonschleicht. In den hügeligen Straßen, die zum Hafen führen, sieht es aus wie nach einem Bombenangriff. Die Häuser der Belgier sind heruntergekommen, die Fensterscheiben zerbrochen, als wären schwarze Löcher in die Fassaden gebrannt worden. Die Straßen sind voller Risse und Unebenheiten, und am Rand rosten Autowracks vor sich hin, offenbar schon seit Jahren. »Kadaver« nennt Bronek sie.

Es ist still auf der *Fabiolaville*. Die Passagiere sitzen im Salon. Da es an Bord keinen Alkohol mehr gibt, haben sie ihre eigenen Vorräte mitgebracht. Von ihren Verhandlungen mit dem Zoll sind sie müde und gereizt, manche sind der Verzweiflung nahe. André weiß nicht, wo sein Klavier abgeblieben ist, andere mußten Tausende von Zaire an *matabish* – Trinkgeld – zahlen, um ihre Autos an Land zu bekommen.

Nach einigem Drängen trinkt Bronek seinen letzten Wodka. Als wir durch den dunklen Hafen zurückgehen, sagt er: »Auf dem Schiff war alles künstlich. Jetzt fängt das richtige Leben an.« Er schämt sich, weil er in den letzten Wochen so viel Geld ausgegeben hat; im Busch hätte er es so viel besser gebrauchen können.

Das Tor der Mission ist verschlossen, der Nachtwächter

liegt schlafend auf einem Stück Pappe. Wir müssen lange an der Kette rütteln, bis er aufwacht.

Am nächsten Morgen verabschiedet sich Bronek. Er hat eine Mitfahrgelegenheit nach Kinshasa gefunden. Vom Balkon aus schaue ich zu, wie er seinen Metallkoffer und das Tropenpaket ins Auto lädt. Sein Gesicht ist sonnengebräunt nach den zwei Wochen auf dem Schiff, und es zeigt einen Ausdruck, den ich noch nie an ihm gesehen habe, halb traurig, halb verbissen. Er tut mir leid; das Leben im Busch, das er sich ausgesucht hat, erscheint mir so karg und wenig verlockend. Er steigt ein, ohne sich noch einmal umzudrehen. Ich bleibe mit Pater Guido und seinen schwarzen *abbés* zurück. Es ist, als würde meine Reise jetzt erst richtig beginnen.

In seinem Büro unten macht Pater Guido sich zwischen Schachteln mit Hostien und billigen Souvenirs zu schaffen. Das Kloster bietet Patres auf der Durchreise Unterkunft und versorgt sie im Busch mit Vorräten. Pater Guido schickt die Güter, die im Hafen von Matadi ankommen, ins Landesinnere weiter: Fässer und Container voll Meßwein, Oster- und Weihnachtskerzen, gebrauchte Kleidung und Medikamente.

Pater Guido ist Redemptorist, wie mein Onkel. Zu dessen Lebzeiten zogen die Redemptoristen in Europa durch Stadt und Land, um die Menschen zur Einkehr zu bewegen. Nach der Französischen Revolution, die in vielen der Gläubigen Zweifel gesät hatte, nahm die Kongregation einen gewaltigen Aufschwung. Die Feuer- und-Schwefel-Predigten der Redemptoristen jagten den Menschen eine Heidenangst ein.

Auch im Kongo erlebte die Kongregation eine Blütezeit. Die Patres gingen von Matadi aus in den Busch, »um wenigstens ein bißchen von unserer erhabenen Religion in diese schwarzen Krausköpfe hineinzukriegen«, wie mein Onkel damals im *Gerardusbode*, der Missionszeitung, schrieb.

Auch Pater Guido hat früher im Busch gelebt. »Eines Tages hat mich mein Superior gefragt, ob ich nicht nach Matadi möchte«, erinnert er sich. »Er gab mir eine Woche Bedenkzeit. ›Ich bleibe doch lieber hier‹, sagte ich, als die Woche um war. Aber der Superior hatte sich die Sache auch noch einmal überlegt. ›Sehen Sie zu, daß Sie am Sonntag in Matadi sind‹, sagte er. Was habe ich geweint! Ich war schließlich nicht Missionar geworden, um mich mit Gelddingen herumzuschlagen.«

Heute gibt es noch an die dreißig Patres, die über ein Gebiet von der Größe Belgiens verstreut leben. Berufungen sind selten geworden. »Es ist kein Strom mehr, es ist ein tropfender Wasserhahn«, sagte mir ein Pater vor meiner Abreise. Viele von ihnen sind alt und krank. Einer leidet an »Herzverfettung«, ein anderer hatte kürzlich ein »Schlägchen«, wieder andere haben es in den Beinen oder an den Nieren, und Piet, tja, der liest zwar hin und wieder noch die Messe, aber wenn die Gemeinde falsch singt, geht er an die Decke. Für viele wäre es eigentlich Zeit, nach Hause zurückzukehren, aber sie können sich nicht mehr an die kalten flämischen Klöster gewöhnen.

Nach und nach übernehmen zairische Geistliche die Aufgaben der Missionare. »In fünf Jahren werden wir hier nicht mehr gebraucht«, sagt Pater Guido. Dann wird alles anders, so glaubt er. Die *abbés* werden ihre Verwandtschaft mit durchfüttern, und dann werden sie sich keinen Käse aufs Brot mehr leisten können. Ihn selbst schreckt der Gedanke an eine Rückkehr nicht. Pfarrer in einem ruhigen flämischen Dorf – das wäre was für ihn.

Ich fühle mich unter den Patres in der Mission zwar nicht weniger fehl am Platz als unter den Ex-Kolonisten auf der *Fabiolaville*, aber instinktiv klammere ich mich auch jetzt wieder an den Ort, an dem ich mich befinde. Ich bin hier geborgen und muß mich noch nicht sofort dem Land stellen.

Im Refektorium, einem großen Raum mit langen, einfach gedeckten Tischen, trinken wir vor dem Essen zairisches Bier. Musik tönt durch die weit geöffneten Fenster, von der Kneipe gegenüber, die sich *Cabaret de la Mission* nennt. Pater Guido ist nicht sehr glücklich über den Namen, denn es ist eine Bar, in der sich Seeleute ihr Vergnügen holen, wie er es ausdrückt. Dank dieser Nachbarschaft bekomme ich schnell mit, was der neueste Hit in Zaire ist: *Mario,* ein endloser Song von einem jungen Nichtsnutz, der sich von einer älteren Frau aushalten läßt. Der Text ist mit französischen Wörtern gespickt. *Oh Mario, tu es méchant vraiment* – du bist ein ganz Schlimmer.

Die *abbés* würzen ihre flämische Gemüsesuppe mit *pilipili* und essen *fufu,* ein zairisches Maniokgericht, Pater Guido ißt Kartoffeln. Seine Schwester hat eine Metzgerei und schickt ihm regelmäßig Salami, und zum Nachtisch gibt es Dauerbrot mit Marmelade. Pater Guido sieht mich an und lacht. »So was haben Sie in Holland bestimmt noch nicht gegessen!«

Am nächsten Morgen holen mich Pater De Neef und sein Fahrer Felix in einem Jeep ab. Sie wollen mir Matadi zeigen. Pater Guido gibt uns eine zerrissene Hose mit, für den Fall, daß wir bei den Schwestern vorbeischauen. »Die sollen auch was dafür tun, daß sie in den Himmel kommen!«

Pater De Neef wirkt mit seinem grauen Bart und dem sanften Blick hinter den hellen Brillengläsern wie ein Missionar aus alten Zeiten. Ich habe ihn schon während seines Urlaubs in Belgien kennengelernt. Er hat meinen Onkel gut gekannt. Für ihn habe ich das Marzipan mitgebracht, das er hier so vermißt. Er ist schon über sechzig und in den vergangenen Jahren mehr als einmal wieder »zusammengeflickt« worden.

De Neef wohnt in einem alten Hotel, das er zu einem Exerzitienhaus umbaut. Er lebt dort ganz allein mit »meinem Jungen«, wie er seinen Boy nennt, und seinem Computer, den er vor kurzem aus Belgien bekommen hat. Er hat mit dem PC schon des langen und breiten Zwiesprache gehalten, aber seit einigen Tagen läuft das Gerät nicht mehr, und es gibt weit und breit niemanden, der es reparieren könnte.

Der Boy, ein unterwürfiger Zairer, geht voran, als wir die staubigen Räume besichtigen. In einem liegt eine Schilfmatte auf dem Boden. »Was ist denn das?« fragt De Neef ärgerlich. »Schläft hier etwa der Nachtwächter? Das geht nicht, nimm das sofort weg.« Er traut seinem Boy nicht recht. »Vor meinem Urlaub habe ich ihm Geld für den Hund gegeben«, sagt er, »und als ich zurückkam, war der Hund dünner und mein Junge dicker.«

Trotzdem essen sie abends zusammen, denn De Neef hat gern Gesellschaft. Danach trinkt er auf der Terrasse ein Glas Bier, und gegen acht liegt er im Bett. »Manchmal lese ich vor dem Einschlafen noch«, sagt er, »am liebsten etwas Leichtes, einen Kriminalroman zum Beispiel. Aber gestern habe ich in einem Buch über Frascati gelesen, einen Italiener, der in seinem Leben viel Gutes getan hat. Es gibt Überlegungen, ihn heiligzusprechen. Vielleicht schafft er's ja, wer weiß?«

In dem Büro, in dem wir um eine Besichtigungserlaubnis für den Inga-Damm nachsuchen, treffen wir einen jungen Mann an, der bei den Patres zur Schule gegangen ist. Er nimmt einen Zettel, um unseren Antrag aufzuschreiben. »Du kannst es auch gleich ins reine schreiben«, sagt De Neef. »Habt ihr denn hier keine Vordrucke?« Der junge Mann schüttelt den Kopf, nimmt ein sauberes Blatt Papier und beginnt sorgfältig zu schreiben, den Kopf über das Blatt gebeugt wie ein Schüler bei den Hausaufgaben.

Dem Soldaten am Tor zum Gelände des Inga-Damms ergeht es nicht besser. »Du salutierst nicht richtig«, sagt De Neef. »Noch mal!« Der Soldat salutiert lachend. »So ist es besser.« Die Reaktion der Zairer erstaunt mich: Keiner scheint dem Pater seine Zurechtweisungen übelzunehmen.

Als ich De Neef am Nachmittag versehentlich mit »Bruder« anrede, ermahnt er mich streng: »Pater und Bruder sind nicht dasselbe. *Chacun son honneur* – jedem das Seine.«

In der *cité* schieben Kinder selbstgebastelte Autos über die holprigen Straßen. Es sind kleine Kunstwerke aus Holz oder Metall, getreue Nachbildungen der Autos und Jeeps, die man hier sieht. Manche sind mit bunter Plastikfolie und Stickern beklebt. Als die Kinder unseren Jeep sehen, rufen sie *»Père! Père!«* Einer der Jungen trägt Pater De Neefs Namen. »Père de Neuf« wird er genannt.

Zairische Musik schallt durch die Straßen, und hinter einem Bretterzaun läuft ein Film, dessen Titel, *Der Killer*, draußen auf einer Schultafel steht. Frauen bieten Waffeln, Süßigkeiten und winzige Zuckertüten feil, die sie vor ihren Häusern auf der Erde ausgebreitet haben, Männer sitzen vor großen Flaschen Primus-Bier. *Primus, elle fait mousser la vie* – Primus läßt das Leben schäumen! verkünden die Reklametafeln. Ein betrunkener Soldat mit blutunterlaufenen Augen torkelt den Bürgersteig entlang. Alles schaut belustigt zu. »Solange es Bier gibt, ist die Welt hier in Ordnung«, sagt Pater De Neef. »Ohne Bier würde eine Revolution ausbrechen. Es ist überall, wo Armut herrscht, das gleiche. Denken Sie nur an die belgischen Arbeiter im neunzehnten Jahrhundert. Die haben ihren Lohn auch sofort in die nächste Kneipe getragen.«

Weiter vorn versperrt eine Gruppe Frauen die Straße.

Singend wiegen sie einen kleinen Sarg im Takt hin und her. Sie wirken überhaupt nicht traurig, einige lachen und tanzen sogar. Ich bin entsetzt über den Trubel rings um den Sarg, aber Felix fährt weiter, als ob nichts wäre.

Wir lassen die Stadt hinter uns. Die Erde auf den Hügeln um Matadi ist glutrot wie die untergehende Sonne. Hütten mit leuchtend gelben Strohdächern sind zu sehen. Ich kenne diese Landschaft von dem naiven Gemälde, das mein Onkel einmal meiner Großmutter mitgebracht hat. Die Figuren auf der Leinwand, nicht größer als ein Pinselstrich, trugen Reisigbündel auf dem Kopf oder ein Tragjoch mit Eimern daran auf den Schultern und schienen ganz mit dem unveränderlichen Rhythmus eines Eingeborenendorfes verschmolzen.

Als wir näher kommen, erwacht das Bild zum Leben. Ziegen und Schweine laufen zwischen den Hütten umher, und in dem gelblich-roten Schimmer, der von der Umgebung auszugehen scheint, kauern schwarze Gestalten unter den Bäumen, geschützt vor der erbarmungslosen Sonne. Die Hütten sind, wie ich jetzt sehe, nicht aus Lehm, sondern aus Stein, und mitten im Dorf wird das Bild aus meiner Erinnerung jäh von einem einstöckigen Haus gestört. »Das gehört einem Seemann«, sagt De Neef. »Die sehen die Häuser in Europa und bauen sie hier nach.«

Auf dem höchsten der Hügel liegt die Kionzo-Mission, die zu Beginn des zwanzigsten Jahrhunderts von den Redemptoristen erbaut wurde. Damals starben viele Patres an Malaria, denn es gab noch keine Medikamente gegen die Krankheit. Ihr einziges Heilmittel war Genever, der in Fässern mit dem Kongoschiff kam. Manche tranken Whisky, um die Malaria zu besiegen, und am Schluß besiegte der Whisky sie. Erst viel später lernten die Patres, die geraspelte Rinde des Chininbaums zu benutzen.

In der Mission werden junge zairische Novizen zu Redemptoristen ausgebildet. Sie kosten die Patres eine Menge

Geld, denn sie selbst haben keinerlei Einkünfte. Es ist bereits der dritte Versuch der Redemptoristen, einheimische Nachfolger heranzubilden. Die ersten Novizen konnten sich nicht daran gewöhnen, den ganzen Tag in der Kapelle zu sitzen. Einen von ihnen trieb die Anspannung in den Wahnsinn, und er mußte zu einer Elektroschockbehandlung ins Krankenhaus. Die zweite Gruppe wurde zum Studium nach Belgien geschickt, wo sich die Patres mehr Erfolg versprachen, doch inzwischen sind die jungen Männer alle verheiratet. »Nach dem Studium schmeißen sie alles hin«, erklärt mir einer der Patres später. »Sehen Sie sich die Minister in Zaire an: Das sind fast alles ehemalige Seminaristen.«

Die Fenster im Erdgeschoß des Noviziats sind vergittert, und zwischen den Bananenstauden im Hof stolzieren Hühner umher. In der Kapelle singen die Novizen; ihre frommen jungen Stimmen klingen dünn dort oben auf dem Hügel, nach dem Lärm in der *cité*. Wie ein Hauch aus ferner christlicher Vergangenheit weht der Gesang heran. Es könnte in Flandern sein, vor fünfzig Jahren.

Am Ende des Hofes liegt Jean Baptiste begraben, einer der ersten einheimischen Katechisten, der zahlreiche Menschen bekehrt hat. »Es ist ein großes Grab, denn er war ein großer Katechist«, sagt Pater De Neef. Er hat Jean Baptiste noch gekannt. »Er war dreimal verheiratet, und mit siebzig wollte er ein viertes Mal heiraten. ›Na, hör mal, Junge‹, hab ich zu ihm gesagt, ›du kannst mit einer Frau doch gar nichts mehr anfangen.‹ Aber es mußte sein, er brauchte jemanden, der für ihn kocht.«

Immer wenn Jean Baptiste sein Ende nahen fühlte, kam er zu Pater De Neef und bat ihn um die Letzte Ölung. »Siebenmal hab ich sie ihm gegeben, und schließlich hab ich zu ihm gesagt: ›Hör mal, Junge, das ist kein Bonbon. Du kannst nicht jedesmal, wenn du husten mußt, hier angelaufen kommen.‹«

Auf der Rückfahrt begegnen uns Frauen auf dem Heimweg von der Feldarbeit. Sie tragen Körbe mit Maniok, Erdnüssen und Holz für die Zubereitung des Abendessens auf dem Kopf. An einem Friedhof halten wir an. Die Gräber sind leuchtend bunt bemalt, wie man es in dieser Gegend häufig sieht. Grellfarbige Bilder, Fotos und Gegenstände, an denen sie gehangen haben, erinnern an die Toten. »Einmal hab ich einen Mercedes aus Zement gesehen«, lacht De Neef. »Der Mann muß motorisiert in den Himmel gekommen sein!«

Bei Einbruch der Dunkelheit werden überall Buschfeuer entzündet. Es ist Trockenzeit, und später wird man die Saat in die Asche streuen. Meterhoch lodern die Feuer auf; es sieht aus, als stünden die Hügel um Matadi in Flammen. Gerüche von früher, nach schwelendem Holz und Lagerfeuern, ziehen durch die Wagenfenster herein.

An der Brücke über den Zaire müssen alle warten, nur wir nicht. »Mich lassen sie durch, weil ich Weißer bin«, erklärt De Neef, »und Pater. Die Patres haben hier noch viel Einfluß.« Die Gehälter zairischer Regierungsbeamter im Landesinneren werden oft über die Missionen weitergeleitet, und kürzlich hat man der Diözese Boma sogar die Verfügung über einen Leichenwagen übertragen, weil die Einheimischen ihn zum Transport von Maniok statt von Leichen benutzt hatten.

Vor einiger Zeit wurde De Neef zu einer Frau gerufen. Eine Verwandte hatte sie mit einem Fluch belegt, und seitdem war sie schwer krank. Sie war überzeugt, der weiße Pater sei stärker als ihre Feindin und könne sie heilen. De Neef las aus dem Evangelium und legte ihr die Hände auf, und schlagartig ging es der Frau besser. »Das ist rein psychisch«, sagt er. »Wenn sie wieder krank wird, war ihre Feindin eben doch stärker. Sollte sie mich noch einmal holen, nehme ich Weihwasser mit und kippe ihr eine ordentliche Portion über.« Seine Methoden unterscheiden sich kaum von denen der Dorfheiler, die auch nur »zitternd und zuckend« vor ihren Patienten stehen.

Natürlich verlaufen die Dinge zwischen den Patres und den Zairern nicht immer so reibungslos. Damals zum Beispiel, als Mobutu sich in seinen Reden als »Erlöser« zu bezeichnen pflegte. Es war zur Adventszeit, und De Neef verkündete von der Kanzel herab, daß der wahre Erlöser nun bald kommen werde. Kurz darauf wurde er ins Hauptquartier des Sicherheitsdienstes beordert, wo man ihn beschuldigte, das Regime angegriffen zu haben. Doch er hatte den Text seiner Predigt mitgebracht und konnte nachweisen, daß er darin Mobutus Wahlspruch *Servir et non se servir* – dienen, nicht sich bedienen – lobend hervorgehoben hatte. Daraufhin ließ man ihn laufen. An der Tür hielt ihn einer der Beamten auf: Er müsse wegen eines Todesfalles in der Familie in sein Heimatdorf. Ob der Pater ihm die Fahrt bezahlen könne? »Ich hab ihm das Geld gegeben«, sagt De Neef milde. »Ihre Toten sind ihnen sehr wichtig.«

In einem Restaurant essen wir *muambe*, Huhn in Palmkernsoße. Der Boy ißt mit und bedient uns gleichzeitig. »Einmal war ich mit einer Zairerin hier«, sagt De Neef. »Da haben sie uns in ein dunkles Kabuff mit roten und gelben Lampen gesperrt. Die dachten wohl, ich will mich mit der Frau vergnügen.«

Beim Essen erzählt er von früher. Schon auf dem Seminar hatte sich sein Talent zum Predigen gezeigt »›Du wirst einmal einen guten Missionar abgeben‹, haben sie zu mir gesagt.« Erst wollte er in die Ukraine, doch als er sein Studium beendet hatte, wurde dort niemand mehr gebraucht, und Haiti war wallonisches Gebiet.

So kam er in den Kongo. Wie die meisten Flamen ging er sofort in den Busch. Die Wallonen lebten vorwiegend in den Städten, ein Spiegelbild der Verhältnisse im damaligen Belgien. Die dummen Flamen müssen mit den Händen arbeiten, die Wallonen legen die Bibel aus, hieß es damals unter den Patres.

Die Einheimischen im Gebiet um Matadi nannten die Weißen »Wiedergekehrte«. Weil sie in Schiffen über das Wasser kamen, glaubte man, sie seien aus dem Reich der Toten zurückgekehrt, und hielt sie für wiedergeborene Schwarze.

Jahrhunderte zuvor hatten die Portugiesen hier die ersten Eingeborenen zum katholischen Glauben bekehrt. Als die Patres kamen, waren die Kruzifixe, die ihre Vorgänger zurückgelassen hatten, zu Fetischen geworden. Anfangs waren die Menschen sehr mißtrauisch. Eltern wollten ihre Kinder nicht in die Missionsschulen schicken, aus Angst, sie würden dort zu Zauberern ausgebildet. In der kleinen Schule im Busch, in der De Neef unterrichtete, ging das Gerücht, die besten Schüler würden an den Fluß hinter der Schule gebracht und nach Belgien entführt. In der Klasse wagte niemand die Hand zu heben, um nur ja keine richtige Antwort zu geben. Die Mädchen wurden von ihren Müttern versteckt gehalten, und De Neef mußte sie in Wäldern und Feldern aufspüren.

Nach einiger Zeit merkten die Schwarzen, daß Kinder, die zur Schule gingen, große Vorteile hatten; sie bekamen Essen und Kleidung von den Patres, und später konnten sie Büroangestellte werden oder in der Missionsschule arbeiten. Schließlich schickten so viele Eltern ihre Kinder zur Schule, daß die Patres weder genug Geld noch genug Lehrer hatten, um alle aufzunehmen.

Wie mein Onkel hat auch De Neef jahrelang im Busch gelebt. Zu Fuß brach er mit fünf Trägern von der Missionsstation zu seinen Expeditionen auf. Der erste trug die »Kapelle«, einen Koffer mit Meßgewändern, Meßbuch, Meßwein und Taufregistern, der zweite trug Töpfe und Pfannen, der dritte ein Feldbett, der vierte die Lebensmittel, der fünfte Medikamente gegen Malaria, Schlafkrankheit, Würmer und Durchfall. »Denn der Bauch eines Schwarzen ist ein Zoo«, sagt De Neef.

Als mein Onkel hierherkam, trugen die Frauen noch Baströcke und die Männer Lendenschurze. Den Anblick eines Mannes in Hosen empfand man als anstößig; er laufe nackt herum, hieß es. In vielen Dörfern hatten die Patres schwarze Katechisten, die sich um die Bekehrung der Bewohner bemühten. Der Pater kam nur, um die Sakramente zu spenden, und schickte dann einen Jungen mit einer Botschaft für den Häuptling voraus. Wenn die Frauen von der Feldarbeit kamen, hielt er eine kurze Predigt, gefolgt von der Abendandacht. Sein Koch buk Brot, mit Palmwein statt mit Hefe: Er grub ein Loch in den Boden, machte darin Feuer, legte den Teig auf eine Platte und bedeckte ihn mit Bananenblättern und Erde. Als Vorspeise aß De Neef oft gegrillte Larven; sie lebten in morschen Palmen und troffen nur so von Öl. Wahrscheinlich hat mein Onkel auch noch Katzen gegessen, sagt er, das war in dem Gebiet, in dem er gearbeitet hat, so üblich.

Nach dem Essen war es Zeit für das Palaver, denn die Patres fungierten für die Christen im Dorf als Friedensrichter. »Gestern gab es auf dem Marktplatz eine Schlägerei«, schrieb mein Onkel 1925 im *Gerardusbode.* »Ein Mann wurde dermaßen verprügelt, daß er schwer lädiert in sein Dorf getragen werden mußte. Daraufhin brach zwischen den beiden Dörfern ein Krieg aus, der vor zehn Jahren noch zahlreiche Opfer gefordert hätte. Aber jetzt sind die Patres da, und die Menschen strömen in Scharen in die Mission. Der Pater hört beide Seiten an und fällt dann sein Urteil. Und dann werden die Kalebassen hervorgeholt, denn nach solch schwerer Arbeit sind unsere schwarzen Brüder durstig. Ihr Palmwein ist ihnen wichtiger als der arme Tropf, der mit gebrochenen Rippen daliegt und warten muß, bis die Herren und Damen geruhen, ihn nach Hause zu tragen. So ist der Neger!«

Wenn er im Busch unterwegs war, las der Pater morgens die Messe, dann war Appell, und danach wurde nachgesehen, ob nicht ein Kind getauft oder in die Missionsschule geschickt werden mußte. »Wenn sie nicht wollten, hab ich sie trotzdem mitgenommen, als Gefangene sozusagen«, erzählt De Neef. »Ich hab das Gepäck auf sie verteilt, und sie mußten mir tragen helfen.« Wieder in der Mission, notierte er genau die Zahl der Taufen, Beichten und Kommunionen und hielt fest, wie die Dorfhäuptlinge sich ihm gegenüber verhalten hatten. Als er einmal erschöpft von einer solchen Expedition zurückkam, fand er ein Telegramm von seiner Mutter vor. Sein Vater war drei Wochen zuvor gestorben.

Eines Abends nimmt De Neef mich mit zu Guillaume und Albert, zwei Patres aus Limburg, die seit über zwanzig Jahren in einem alten Pfarrhaus mitten in der *cité* wohnen. Die angrenzende Kirche hat Pater Albert selbst gebaut. Im Lauf der Jahre ist die Stadt immer näher herangerückt, und jetzt sind sie ringsum von Kneipen umgeben, aus denen laute zairische Musik durch jedes Fenster und jede Ritze dringt. »Es ist der reinste Jahrmarkt hier, das geht so bis drei Uhr morgens«, klagt Pater Albert. »Ich frage mich, woher sie das Geld für ihren Alkoholkonsum haben.« Auch hier dröhnt der Hit »Mario« aus den Boxen.

In der *cité* soll es von Dieben wimmeln. Kürzlich trieb eine Bande ihr Unwesen, die sich »Jesus und die zwölf Apostel« nannte. Das Pfarrhaus wirkt mit seinen hohen Mauern, dem schweren Tor und dem Wachhund wie eine Festung. »Wir leben in einem Gefängnis«, sagt Pater Albert. Trotzdem wurde neulich eingebrochen. Wenn ich die armseligen Behausungen ringsum sehe, wundert mich das nicht: Das Pfarrhaus ist der einzige Ort, wo es etwas zu holen gibt. Die elektrischen Gitarren der Kirche wurden gestohlen und auch Pater Guillaumes Rechenmaschine. Seitdem haben die beiden eine Alarmanlage. Pater Guillaume würde sich zwar nicht aus dem Bett wagen, wenn sie losgeht, aber er ist guter Hoffnung, daß der Lärm die Diebe in die Flucht schlägt. »Die Schwarzen sind Feiglinge«, sagte er.

Wir essen selbsteingelegte Salzheringe. Das Wohnzimmer ist braun gestrichen und riecht muffig. In der Küche gibt es eine altertümliche Wurstschneidemaschine; Pater Albert hat sie geschenkt bekommen, als der Metzger in seinem Heimatdorf seinen Laden modernisiert hat. Sie macht »eins a Brotscheiben«. Die Tischbeine stehen in Konservendosen mit Petroleum, in dem die Ameisen ertrinken, ehe sie hochkrabbeln können.

Es ist, als wäre die Zeit hier vor zwanzig Jahren stehengeblieben. Ich muß an die Bauernhöfe denken, die man in Flandern da und dort noch sieht. Die beiden Männer leben zusammen wie zwei unverheiratete Brüder. Pater Guillaume ist vergeßlich und muß alles dreimal fragen, Pater Albert trinkt zuviel, und so gibt es Tage, an denen sie nur dasitzen und einander anknurren. Und auch Tage, an denen sie so gut wie gar nicht miteinander reden.

Pater Guillaume ist Pfarrer und sehr aktiv in der Marienlegion, einer Evangelisierungsgemeinschaft für Laien. »In Belgien geht da nichts mehr«, sagt er. »Wenn man da bei den Leuten klingelt, rufen sie durch die Sprechanlage ›Wir brauchen nichts!‹ Aber hier hat die Marienlegion im vergangenen Jahr noch zwanzig Ehen legalisiert. Die Frau ist allerdings meistens schon schwanger, wenn sie in die Kirche kommt; unter dem Brautkleid sieht man ihren Bauch.«

Die Zairer, die ich in diesen ersten Tagen kennenlerne, arbeiten alle in der Mission: Felix, Pater De Neefs Fahrer, der im Auto keine zairische Musik spielt, »weil der Pater das nicht mag«, die Köche und die Boys, deren Familien zum Teil schon seit Generationen im Dienst der Patres stehen.

Der alte Bischof Nzita war der erste schwarze Priester in Matadi. Sein bischöfliches Wappen zeigt einen Elefanten, das Wahrzeichen seiner Region. Sein Vater war Stammesoberhaupt, und eigentlich sollte Nzita sein Nachfolger werden, doch statt der Häuptlingsabzeichen trägt er heute ein großes Kreuz an einer lila Kordel. Schon mit dreizehn trat er ins Seminar ein. Mein Onkel schaute hin und wieder dort vorbei, um zu sehen, ob die Schüler auch brav Latein lernten. Nzitas Eltern widersetzten sich seiner Berufung jahrelang. Seine Schwestern hatten Angst, er würde sie zum Opfer darbringen, wie es beim Eintritt in eine zairische Sekte üblich war.

Und dann ist da noch Honoré. Als Kind nahm seine Mutter ihn einmal mit zu Tata Houben, wie er meinen Onkel nannte, und er weiß noch, was mein Onkel ihm damals schenkte: zwei Franc. Sein Vater arbeitete bei der Mission, und dadurch konnte Honoré studieren. Heute ist er Rektor einer höheren Schule in Matadi. Da er kein Auto hat, geht er jeden Nachmittag in der glühenden Sonne eine Dreiviertelstunde zu Fuß in die *cité*. Eines Tages begleite ich ihn. Wir erregen Aufsehen, denn Weiße sieht man hier selten, und schon gar nicht zu Fuß. Die Frauen unter ihren Haustüren starren uns schweigend an, und als wir den Hügel hinaufsteigen, wird die Schar johlender Kinder, die uns folgen, immer größer. Sie tragen blauweiße Schuluniformen, an denen bis auf die Farbe nichts stimmt – zu klein, zu groß, schmutzig oder zerrissen.

Honoré kommt mit seinem Gehalt nicht über die Runden und versucht deshalb, sich mit Seeleuten anzufreunden, die ihm Waren aus Europa mitbringen. Vor kurzem hat er einen Kühlschrank ergattert, und da er der einzige im Viertel ist, der einen besitzt, kommen alle zu ihm und kaufen Eis und kaltes Bier. »*Nous vivons par miracle* – Es ist ein Wunder, daß wir überhaupt überleben«, sagt er. »Hier muß jeder sehen, wo er bleibt. *Article quinze* – Paragraph fünfzehn – nennen wir das.«

All diese Menschen sind von den Patres abhängig. Manche haben wie Bischof Nzita ihre gesamte Vergangenheit hinter sich gelassen, um ihnen zu folgen, andere sind wohl eher unfreiwillig bei ihnen gelandet, doch daran scheint sich niemand mehr zu erinnern. Ihre Dankbarkeit ist ihnen anzumerken, und einige der Älteren denken sogar wehmütig an die Zeit vor der Unabhängigkeit zurück, vor über einem Vierteljahrhundert, als noch die Belgier im Kongo das Sagen hatten. Der Koch vermißt sogar die nachmittägliche Zwischenmahlzeit der Patres, die sie vor einiger Zeit abgeschafft haben.

Honoré entschuldigt sich für den schlechten Zustand der Straßen in der *cité*. Niemand kümmert sich mehr darum, seit die Belgier nicht mehr da sind. Auch die Schulen verfallen, seit der Staat sie übernommen hat. Die Schulbänke stammen noch aus der Zeit vor der Unabhängigkeit, keines der Klassenzimmer hat Fensterscheiben, und Schulbücher gibt es auch schon lange nicht mehr. Aber jeder Schultag beginnt mit einer Hymne an den Präsidenten. »Meine Schüler kennen Mobutu besser als Gott«, sagt Honoré.

Bischof Nzita meint, das Land sei zu früh in die Unabhängigkeit entlassen worden. »Die Kongolesen waren nicht darauf vorbereitet. Sie haben geglaubt, die Toten würden auferstehen und sie müßten nie mehr Steuern zahlen. Manche sind wahnsinnig geworden. Ich kannte zwei Leute, die sich vor lauter Angst in den Kongo gestürzt haben. Früher war Diebstahl eine Sünde, aber seit die Weißen weg sind, ist der Dieb ein Held und der Ehrliche ein Dummkopf. Damals hatten die jungen Leute Angst, vom Familienoberhaupt verflucht zu werden, heute haben sie keinen Respekt mehr vor den Alten.«

Für diese Menschen scheinen die Patres ein letzter Halt zu sein, und sie würden niemals schlecht von ihnen reden, schon gar nicht vor »Mama Lieve«, Tata Houbens Nichte. Und so habe ich auch unter ihnen immer das Gefühl, die Zairer durch einen Schleier zu sehen.

In diesen ersten Tagen erscheint mir Zaire wie ein verschwommenes Gemälde, auf dem die Figuren noch nicht deutlich hervortreten. Die Farben fließen ineinander, und wenn einmal etwas klar aufblitzt, wird es schnell wieder von dem allgemeinen, verwirrenden Nebel verschluckt. Mit diesem Bild breche ich in den Busch auf.

Wir fahren nach Kimpese, einer der ersten Missionsstationen der Redemptoristen im Landesinneren. Die Landschaft erstaunt mich mehr und mehr. Ich hatte mir meinen Onkel immer in einem undurchdringlichen Urwald vorgestellt, dabei gibt es hier kaum Bäume. Ob er das mit »Busch« gemeint hat?

Eine Christusfigur mit ausgebreiteten Armen weist den Weg zu einem Gebäude, das auf den ersten Blick wie ein Bauernhof aussieht. Ein weißer Renault parkt im Hof, mit einem Aufkleber auf dem »*'t Pallieterke*, Frank und Frei« steht. Im Refektorium oben sitzt ein magerer alter Pater mit einem langen, zerzausten Bart und Hosenträgern über dem Unterhemd. Er trinkt Kaffee aus einer Suppenschale und raucht starke zairische Tumbaco-Zigaretten. Das muß Pater Willekens sein. Ich kenne ihn von einem Foto aus Großmutters Album, das ihn mit meinem Onkel auf einem von tropischen Bäumen gesäumten Weg zeigt. Damals war sein Bart noch voll und dunkel. Jetzt ist Pater Willekens alt, und der schelmische Gesichtsausdruck, den er auf dem Bild hat, ist verschwunden.

Er stammt aus Hamont, nicht weit von meinem Heimatdorf. »Ich glaube, ich hab Sie als Kind noch gesehen«, sagt er. Über das *phonie*, die Funkverbindung zwischen den Missionsstationen, hat er erfahren, daß ich komme. Frauen werden normalerweise zu den Nonnen geschickt, aber für eine Nichte von Pater Houben wird eine Ausnahme gemacht. Er schlurft mir ins Gästezimmer voran, das aussieht, als sei es jahrelang nicht mehr benutzt worden. Die Decke hängt durch, und in den Ecken sind Spinnweben. Der Tisch, auf den ich meinen Koffer lege, ist staubbedeckt, und an der Wand huscht eine durchsichtige Eidechse hinter ein Bild.

Pater De Munck kommt herein, ein kleiner, stämmiger Mann mit rötlicher Gesichtsfarbe. Er ist es, der kürzlich einen leichten Schlaganfall erlitten hat. »Mir geht's nicht gut. Zu hoher Blutdruck, wissen Sie, und Diabetes hab ich wohl auch«, sagt er. Eigentlich sollte er nach Belgien zurück, aber er wartet noch auf eine Sendung gebrauchter Kleider von der Oostpriesterhulp. Danach will er nach Hause fahren. Pater Willekens schaut ihn mitleidig an. »Das glaub ich erst, wenn ich's sehe.«

Wir gehen die Galerie entlang. Von hier aus sieht man den Weinberg. Willekens hat vor kurzem noch Wein gemacht; die Trauben hat er durch den Fleischwolf gedreht. »Er war ziemlich sauer«, sagt er, »aber den Schwarzen hat er geschmeckt.«

Neben der Mission steht die Grundschule. Die Sommerluft ist von Kinderstimmen erfüllt, die aus den schwarzen Löchern in der Wand aufsteigen. Früher war es eine Missionsschule, jetzt wird sie von Zairern geleitet, und die Patres sehen nur noch ein wenig nach dem Rechten. Willekens scheint darüber nicht allzu erfreut. »Morgens müssen die Kinder die Fahne grüßen«, murrt er, »und dann singen sie ihre Nationalhymne.«

»›Brüllen‹ muß man das eher nennen«, sagt De Munck. »Die sind völlig verwildert.«

Die Mission hat eine Schreiner- und eine Autowerkstatt, aber Willekens ist zu alt, um noch zu arbeiten. Die meiste Zeit sitzt er in seinem Zimmer, wo er über die Pensionszahlungen an die alten Patres Buch führt. In der Ecke steht ein Faß mit Rizinusöl; er verkauft es in Literportionen an Einheimische, die von Würmern geplagt werden. An einem Nagel in der Wand hängen Plastik-Rosenkränze, und auf seinem Schreibtisch liegen Andachtsbilder und -plaketten, alles Dinge, die er an Durchreisende verteilt. Neulich kam ein Mann, um zu beichten. Er sprach Lingala, das Willekens nicht versteht, aber der Pater erteilte ihm die Absolution trotzdem und zeigte dem Sünder mit den Fingern, wie viele Ave-Maria er zur Buße sprechen sollte. In seiner Freizeit – und davon hat er eine Menge – sucht er an seinem Weltempfänger belgische Sendungen.

Belgien ist für ihn das Land geblieben, das er in den vierziger Jahren verlassen hat, das Land der Auseinandersetzungen zwischen Flamen und Wallonen, ein Kampf, der in seiner Leib-und-Magen-Zeitschrift *'t Pallieterke* verbissen fortgesetzt wird. Zaire dagegen geht seiner Meinung nach vor die Hunde. Die Veränderungen rauschen an ihm vorbei, und er leistet hartnäckig Widerstand, den schütteren Bart vorgestreckt wie ein Symbol unbeugsamen Willens. »Kinshasa«, sagt er, »das hätten Sie früher sehen sollen. Eine blühende Stadt, sauber und anständig. Jetzt ist dort alles voll Dreck.« Aber er würde nie weggehen, um nichts in der Welt. »Ich möchte hier begraben werden«, sagt er. »Da liege ich schön warm.«

Gegen Abend kommt Pater Louis, der Superior, nach Hause. Er ist Mitte Vierzig, einer von den »Jungen«, wie die anderen sie nennen. Der Boy hat frei, und die Patres müssen allein zurechtkommen. Unbeholfen decken sie den Tisch. Pater Louis entscheidet, was aus dem Kühlschrank und dem Vorratsschrank genommen wird: ein Stück Käse und zwei Dosen Sardinen. Sie freuen sich über das Dauerbrot, das ich mitgebracht habe – und darüber, daß ich den Tisch abräume, denn darin sind sie nicht sehr gut.

Nach dem Essen trinken wir auf der Terrasse Bier. »Gute Traditionen muß man hochhalten«, sagt Willekens. Jeden Abend um die gleiche Zeit sitzen sie am *phonie*. Eine wunderbare Erfindung, sagen sie. Bei einem Todesfall in der Familie können sie einander verständigen, und wenn den Patres auf der anderen Seite des Flusses das Gas ausgegangen ist, erfahren sie es sofort.

Knisternd, pfeifend und quietschend kommen die Nachrichten herein. Drei alte Nonnen in einer entlegenen Missionsstation sollen demnächst nach Belgien zurück, aber sie können nicht reisen, weil eine von ihnen schwer krank ist. Die Patres lauschen gespannt. Die Straßen sind schlecht, es wäre zu gefährlich, die Nonne zu transportieren. »Die will nicht nach Hause, das ist es«, sagt Pater De Munck nachdenklich. »Sie will hier sterben.«

Die Sonne ist untergegangen. Im Garten unten zirpen Grillen zwischen Rosen, Bohnen und Lauch, und eine frische Brise weht über die Terrasse. Pater Louis sitzt in seinem Schaukelstuhl, und wenn Pater Willekens sich zurücklehnt, höre ich seine Knochen knacken.

»Zu Pater Houbens Zeit gab es hier noch Elefanten und Leoparden«, sagt De Munck plötzlich, »aber nach der Unabhängigkeit haben die Soldaten alles Großwild ausgerottet, weil es soviel Schaden angerichtet hat. So ein Elefant braucht sich bloß an einer Hütte zu scheuern, schon stürzt sie ein. Aber Schlangen, die gibt es noch, die sind wie Unkraut, man wird sie einfach nicht los.«

Willekens hat einmal den Stoßzahn eines Elefanten mit nach Belgien genommen. Beim Zoll wurde er gefragt, ob er etwas zu deklarieren hätte. Nein, antwortete er. Der Beamte zeigte auf den Stoßzahn. »Und was ist damit?« – »Ach, der – der muß plombiert werden«, sagte Willekens. »Machen Sie, daß Sie wegkommen«, lachten die Beamten. Später hat er den Zahn in Hamont amerikanisch versteigert.

Sie bekommen immer noch Geld aus Belgien. Missionsausstellungen, flämische Jahrmärkte, Spenden der Organisation Broederlijk Delen – es leppert sich zusammen. Sie predigen nur nicht mehr soviel wie früher. Die Pfarreien in Belgien haben kaum genug Geld für Licht und Heizung in ihren eigenen Kirchen.

Sie alle haben meinen Onkel – »Houbeke« nennen sie ihn – noch gekannt. »Als wir hierherkamen, waren er und die anderen die Alten«, sagt De Munck. »Er war wie ein Vater für uns. Die Messe hat er noch auf lateinisch gelesen. Das ist die Messe aus dem Alten Testament, haben die Schwarzen gesagt, die braucht man nicht zu übersetzen, die geht direkt zu Gott.« Manchmal ging Willekens mit meinem Onkel angeln oder Kaninchen fangen, das gab dann eine schöne Suppe.

Mein Onkel – das war die Generation des Kampfes gegen die »Protten«, wie die Protestanten damals genannt wurden. Sie waren über die Kongomündung hierher gelangt. Die Patres kamen später, nach dem Bau der Eisenbahnlinie Matadi-Léopoldville. Joseph Conrad schreibt in seiner Novelle *Herz der Finsternis*, daß jedesmal ganze Dörfer die Flucht ergriffen, wenn die belgische Eisenbahngesellschaft eine Felswand sprengte. Für die Patres aber brachen mit der Bahn goldene Zeiten an. Mit den Bautrupps kamen Geistliche, die sich alsbald daranmachten, die Schwarzen zu bekehren.

Als die Bahnlinie 1898 fertiggestellt war, traten die Redemptoristen an ihre Stelle. Sie reisten gratis und brauchten auch keine Frachtkosten zu bezahlen, und so konnten sie entlang der Strecke die ersten Missionsstationen errichten. Die Protestanten nannten sie »Wölfe im Schafspelz« und warfen ihnen vor, beim Kolonialregime eine Vorzugsbehandlung zu genießen.

1930 schrieb mein Onkel in seiner Missionschronik: »Ich kam in F. an. Der Empfang war mehr als kühl. Die protestantische Tyrannei hat die Bevölkerung fest im Griff. Offensichtlich beherrschen einige wenige Personen das ganze Dorf. Wir müssen herausfinden, wer sie sind, damit wir die Menschen hier von dieser Schreckensherrschaft befreien können. Die meisten Dorfbewohner kamen am Abend heimlich zu mir, um mich zu begrüßen, gingen aus Angst vor den Protestanten aber bald wieder. Zur Abendandacht erschien niemand. Auch am nächsten Tag habe ich mit meinen Trägern allein gebetet. Ich werde erst dann wieder dorthin gehen, wenn bessere Aussichten bestehen, die Menschen für uns zu gewinnen.«

»Diese Protestanten, das waren Schweden, schreckliche Langweiler und Miesepeter«, sagt De Munck. »Wenn man die besucht hat, haben sie einem Tee statt Bier vorgesetzt. Deswegen sind sie bei den Menschen hier in der Gegend auch nicht angekommen.«

Mein Onkel weigerte sich, das Haus eines Protestanten zu betreten. Im *Gerardusbode* schrieb er 1925: »In Mongo haben wir die Protestanten hinausgeworfen – diese Burschen hatten übel gehaust mit ihrer Irrlehre. Wir mußten die Gemeinden erst einmal säubern, indem wir mit all unserer Kraft das wahre Wort Gottes verkündeten, und das ist uns auch sehr gut gelungen.«

Ein legendärer Redemptorist der damaligen Zeit war Pater Van de Steen. Er zahlte den Kindern der Missionsschule fünfzig Centimes für jedes Häufchen, das sie auf der Straße, die zu den Protestanten führte, hinterließen. Einmal bekam er Besuch von einem protestantischen Häuptling. Van de Steen überhäufte ihn mit Geschenken. Der Mann war begeistert von ihm und machte sich überglücklich wieder auf den Heimweg in sein Dorf. Unterwegs wurde er von Van de Steens Leuten überfallen; sie hatten Anweisung, ihm alle Geschenke wieder abzunehmen.

Als ein Häuptling ihm einmal eine Ziege brachte, sagte Van de Steen: »Eine Ziege kann ich nicht unterrichten, bring mir Kinder.« Aber er piesackte nicht nur die Protestanten, auch seinen Mitbrüdern spielte er manchen Streich. Damals durften die Patres keine weiblichen Angestellten haben. Als einmal der Vize-Provinzial zu Besuch kam, steckte Van de Steen seinen Boy in Frauenkleider und ließ ihn die Suppe in einem Nachttopf servieren, denn, so klagte er, er habe so wenig Geschirr.

Die Patres lachen. »Ja, dieser Van de Steen, das war einer!« Doch es hatte in der Vergangenheit noch andere ungewöhnliche Vorfälle gegeben. Pater Van Geel, ein streitbarer flämischer Kapuziner, hatte einmal während einer Zeremonie der Eingeborenen alle ihre Fetische zertrümmert und wurde daraufhin so schwer verprügelt, daß er an Tetanus starb. Später wollten die Patres ihn zum Märtyrer erklären lassen, aber daraus wurde nichts.

In Magembo, wo Van de Steen arbeitete, wurden jeden Abend Filme vorgeführt. Den Strom erzeugte ein Schwarzer, der auf einem Standfahrrad hinten im Saal wie wild in die Pedale trat. Erst wurden religiöse Filme gezeigt, dann »ein Charlie, damit die Leute wieder ins Lot kamen«. Von Charlie Chaplin wurde der Schwarze so aufgekratzt, daß er schneller und schneller radelte, bis schließlich die Glühbirnen durchbrannten.

Van de Steen war für seine furchterregenden Predigten bekannt. »Feuer wird herabkommen vom Himmel und euch für eure Sünden bestrafen!« rief er einmal, und im selben Moment loderten in der Dunkelheit Flammen auf. Einer seiner Leute hatte eine Hütte in Brand gesetzt.

»Wenn der Provinzial ihn zur Rede stellte, wand er sich wie ein Aal«, erinnert sich Willekens. »›So etwas würde ich doch nie tun‹, hat er dann gesagt.«

»Damals hatten die Schwarzen Angst vor den Patres«, erzählt De Munck. »Sie glaubten an *ndokis*, böse Geister, aber das wollten sie uns nicht sagen, weil sie dachten, wir würden sie auslachen. Wir waren zwar Halbgötter für sie, aber die Geister konnten wir nicht vertreiben. In letzter Zeit kommen wieder alle möglichen verrückten Sekten und abergläubischen Vorstellungen auf. Die Leute sind arm, sie haben kein Geld für Medikamente, also gehen sie zum Fetischheiler. An den glauben sie nach wie vor.«

»Sogar die *abbés*«, sagt Willekens. »Wußten Sie, daß der Vater des Bischofs von Matadi ein bekannter Fetischheiler war?«

»Ja, diese Fetischheiler...«, seufzt Pater Louis. »Die wollen nur eins: die Leute schikanieren. Niemand stirbt hier eines natürlichen Todes, es wird immer etwas hineininterpretiert. Im Grunde sind die Schwarzen arme Kerle, sie haben vor allem und jedem Angst. Die wahre christliche Liebe haben die noch nicht intus. Wenn jemand einen schönen kleinen Laden hat oder wenn auf seinem Feld alles gut gedeiht, dann besorgen die anderen *nkisi*. Wir müssen sogar die Hostien wegpacken, sonst würden sie die auch noch als *nkisi* benutzen. Der Neid macht hier alles kaputt, da sind sie verdammt gut drin.«

Willekens pflichtet ihm bei. »Man schenkt jemandem einen Rosenkranz, und sofort fragt ein anderer: ›Und ich?‹ Die reine Mißgunst.«

Auch mit der einheimischen Geistlichkeit haben sie es nicht leicht. Kürzlich hat der Bischof von Matadi dreiundzwanzig *abbés* versetzt, weil sie Frauen geschwängert hatten.

»Der Zölibat kommt sie hart an«, sagt Willekens. »Aber wenn man ihnen eine Frau zugesteht, dann nehmen sie sich sofort eine zweite, denn das erhöht ihr Prestige. Es ist zwecklos, sie zu versetzen; auf dem neuen Posten schwängern sie sofort die nächste Frau. Da ist es besser, sie bleiben bei einer, das akzeptieren die Leute im allgemeinen. Ein zairischer Mann, der keine Kinder hat, gilt hier als impotent, er ist eine lächerliche Figur.«

Es ist fast neun. Der Mond hängt schwer am Himmel und taucht den Garten in glitzerndes Licht. Ächzend erhebt sich Willekens. Zeit, schlafen zu gehen. Eine halbe Stunde später liegt die Mission in tiefer Ruhe.

Allein in meinem Zimmer, spüre ich zum ersten Mal, was mein Onkel mit »Busch« gemeint hat. Die Verlassenheit, die Weltabgeschiedenheit. Pater Willekens' mühsame Schritte, das Schlurfen in den Fluren – es ist, als wäre ich in ein Altersheim geraten. Ich werde in eine müde Welt hineingezogen, in der sich mit den Jahren hartnäckige Gewohnheiten herausgebildet haben.

Am Tag hatte ich Pater Willekens erzählt, was ich in Zaire alles vorhabe. Er sah mich ungläubig an. »Donnerwetter! Da haben Sie sich ja was vorgenommen!« Er selbst ist noch nie über diese Gegend hinausgelangt. Kimpese muß für ihn eine Art Hamont sein.

Als ich mit De Munck durch Kimpese fuhr, sah ich überall Bars mit bunten Lichtern. *Select Dancing Club* stand über einer der Türen. »Ja, ja, Spelunken gibt's hier genug«, sagte De Munck. Was abends dort wohl vor sich geht? Die Mission ist eingezäunt, ich könnte gar nicht hinaus. Solange ich bei den Patres wohne, bin ich von der Welt auf der anderen Seite abgeschnitten. Leichte Panik erfaßt mich: Wie soll ich jemals dorthin gelangen?

Am Sonntag wache ich früh auf. Das Licht scheint viel zu hell durch die Vorhänge, und ich höre Glockengeläut. Meine Tischgenossen auf der *Fabiolaville* haben oft Witze darüber gemacht. »In Missionsstationen wollen Sie übernachten? Da müssen Sie aber beten!« Pater Louis spricht vor jeder Mahlzeit ein Gebet. Wenn die anderen antworten, murmle ich irgend etwas vor mich hin, denn ein Tischgebet habe ich seit meiner Internatszeit nicht mehr erlebt. Ob ich jetzt auch in die Messe muß? Es wird sich wohl nicht vermeiden lassen.

Kurz darauf sitze ich zwischen schwarzen Frauen und Kindern in der überfüllten Kirche. Neben mir stillt eine Mutter ihr Kind. Dann schiebt sie ihm Brotstückchen in den Mund, aber es verschluckt sich und spuckt sie wieder aus. In den Seitenbänken sitzen die Kinder der Missionsschule. Sie haben sich die verrücktesten Gegenstände ins Haar gesteckt: Bleistifte, Kugelschreiber, Perlen und sogar Sicherheitsnadeln. Ein Mädchen flüstert mit ihrer Nachbarin und wird prompt von Lehrerin aus der Bank geholt.

Trommeln ertönen, und jede Gelegenheit wird benutzt, um zu singen. Die Menge wogt hin und her, und am Altar wiegt sich auch Pater Louis im Takt der Musik.

»In Belgien halte ich die Messe gar nicht gern«, sagt er, als wir zur Mission zurückgehen. »Da ist alles so steif.«

Zum Mittagessen gibt es Beefsteak, Pommes frites und Weißkohl mit Milchsoße und als Dessert Vanillepudding mit Rosinen. Das Öl für die Pommes frites stammt von der Caritas. »*Fufu* mögen wir aber auch«, sagt De Munck. »Man kann ja nicht jeden Tag Kartoffeln essen!«

Nach der Mittagsruhe sitzen wir auf der Terrasse und unterhalten uns über den Gottesdienst am Morgen. Früher, so erfahre ich, waren manche Patres dagegen, daß die Schwarzen in der Kirche tanzten. Sie fanden diese Verrenkungen wollüstig und unsittlich und fühlten sich zu sehr an den Fetischismus erinnert. Damals hatte jede Kirche eine Orgel, und man sang gregorianische Choräle. Einmal warf ein Pater eine Trommel ins Feuer, und am nächsten Tag war die Kirche leer. Alle waren in den Wald gegangen, um eine neue Trommel zu bauen. »Inzwischen ist die Messe den hiesigen Verhältnissen angepaßt worden. Die Leute müssen singen und tanzen können«, sagt De Munck, »aber sie tun es nicht mehr auf diese wilde, heidnische Art.«

»Ein beliebter Feiertag ist hier der Palmsonntag«, sagt Pater Louis. »Vor der Messe werden die Glocken geläutet, während der Konsekration wird geschossen, und zum Gloria werden wieder die Glocken geläutet. Wenn einem schier das Trommelfell platzt, dann sind sie zufrieden. Wir bremsen sie noch ein bißchen, aber bei den schwarzen *abbés* geht es zu wie in einem Tollhaus. Die Lieder, die sie komponieren, sind teilweise nicht gerade christlich, die denken sich die verrücktesten Texte aus. Neulich war in Matadi eine Priesterweihe, die hat über fünf Stunden gedauert!«

»Je länger die Predigt, desto ergiebiger die Kollekte«, sagt Willekens. »Hier ist man noch altmodisch. Höllenpredigten, wie sie die Redemptoristen früher in Flandern gehalten haben, kämen hier auch gut an. Die Leute haben ja sonst keine Abwechslung. Es ist wie in Belgien, bevor es das Fernsehen gab. Da saßen abends auch alle im Wohnzimmer und haben den Rosenkranz gebetet.«

Draußen fährt ein Auto vor. De Munck schaut auf. »Ja, wen haben wir denn da?« Es ist eine Gruppe Novizen auf dem Weg zu ihrer Ordination in Kionzo. Kurz darauf sind die Flure der Mission von aufgeregtem Geschnatter und Gelächter erfüllt. De Muncks Augen leuchten. In seinem Bart hängen noch Kohlreste vom Mittagessen. »Ja, ja, die Jugend«, sagt er. »Das sind die Nachfolger von Pater Houben.« Pater Willekens ist weniger erfreut über den Besuch. »Jetzt müssen wir Französisch sprechen«, murrt er, »sonst werden sie argwöhnisch und denken, wir reden über sie.«

Ein Belgier, der in Kimpese einen kleinen Laden hat, kommt vorbei. Am Morgen ist er von Soldaten angehalten worden, weil er nicht stehengeblieben ist, als auf dem Dorfplatz die Flagge gehißt wurde. Sein Bericht löst eine Flut von Geschichten aus.

»Mobutu hat Angst, deshalb läßt er die Soldaten machen, was sie wollen«, sagt Willekens schließlich.

»Es genügt nicht, daß man seine Papiere vorzeigt, die wollen auch noch den Taufschein sehen«, beklagt sich der Mann. »Demnächst erheben sie noch eine Steuer aufs Pinkeln!«

Ich kenne diese Diskussionen von der *Fabiolaville*. Einmal in Gang gekommen, wüten sie wie ein Unwetter weiter, und das Ende ist immer das gleiche.

»Die Schwarzen sind sich selbst der schlimmste Feind.«

»Die wollen einfach nicht arbeiten.«

De Munck wirft mir einen verstohlenen Blick zu. Wie Bronek und André auf der *Fabiolaville* versucht er, die Gemüter zu beruhigen. Die Szene ist mir peinlich, aber es hat keinen Zweck, Einspruch zu erheben, das habe ich schon auf dem Schiff gemerkt. Es läuft immer auf einen Frontalangriff hinaus: Dann sind Sie wohl auch gegen Südafrika? Das einzige Land, wo noch alles funktioniert? Oder glauben Sie etwa, bei den Kommunisten in Angola ist es besser?

Aber ich verstehe das alles jetzt noch weniger als vor einigen Wochen auf dem Schiff. Was meinen sie, wenn sie sagen, die Schwarzen wollen nicht arbeiten? In der Küche spült ein Boy das Geschirr, ein anderer bügelt unten, und in der Werkstatt reparieren zwei Einheimische ein Auto. Ich muß an meinen Onkel denken. Ob er auch so geredet hat? Seine Beiträge im *Gerardusbode*, die provinzielle Art, wie er versucht hat, das Geschehen auf diesem fremden Kontinent zu begreifen, haben mich immer gerührt. So lebten die Belgier im Kongo. Aber jetzt ist dieses Land unabhängig. Ob er auch so bitter geworden wäre wie Willekens? In solchen Momenten bin ich froh, daß er nicht mehr lebt, daß er nicht einer von denen ist, die hier auf der Terrasse sitzen.

Pater De Munck nimmt mich mit nach Tumba, einer anderen Missionsstation an der Bahnlinie, »denn was Sie bisher gesehen haben, ist alles noch ultramodern.« Er nennt die Region, in der wir uns befinden, das Europa Zaires, weil die Schwarzen hier über Jahrhunderte Kontakt mit anderen Kulturen hatten. Aber tiefer im Landesinneren, am Äquator, leben die Menschen noch in Lehmhütten, dort werde ich noch Wilde sehen.

Bevor wir aufbrechen, läuft er unruhig hin und her. Sein Kittel hängt halb offen über dem schmutzigen Hemd und der Hose. Er sucht etwas, kann es aber nicht finden. In seinem Zimmer herrscht ein unbeschreibliches Chaos. »Wie ein alter Junggeselle lebe ich hier, was?« sagt er. Überall liegen Bücher, Schriftstücke und Bilder von Fetischen herum, denn De Munck arbeitet an einer wissenschaftlichen Abhandlung über die Menschen in dieser Gegend. Er hat alle Stämme registriert. Doch seine Bibliothek haben weiße, geflügelte Insekten in Besitz genommen, eine Ameisenart. »Wenn ich nicht aufpasse, fressen sie mir noch alles auf.« Er hat etwas Melancholisches an sich, als würde er bedauern, daß er plötzlich zu alt ist, um alles zu Ende zu bringen, was er sich vorgenommen hat.

Als erstes müssen wir bei den schwarzen Nonnen vorbei; sie haben ein Hostienbackgerät, und De Muncks Oblaten sind fast aufgebraucht. Im Hof sitzen einige zairische Frauen mit bunten Kopftüchern fröhlich beisammen. De Munck bestellt »*deux paquets de petites* – zwei Päckchen Kleine« und grinst mich an. »Wir machen das hier auf afrikanische Art.«

Auf dem Weg nach Tumba kommen wir an den Schulen vorbei, die er vor Jahren gebaut hat. »Damals stand ich noch in der Blüte meiner Jugend«, sagt er. Er scheint meine Gedanken über Pater Willekens erraten zu haben. »Manche Patres haben nach der Unabhängigkeit den Anschluß verpaßt. Aber es ist ein großer Trost für mich, daß wir die Fackel an unsere schwarzen Mitbrüder weitergeben können. Und solange die wirtschaftliche Lage hier so schlecht ist, wird es genug Nachwuchs geben, denn der Priesterstand ist für den Durchschnittsmann hier die einzige Möglichkeit weiterzukommen.«

Er hat der unterwürfigen Haltung der Schwarzen vor der Unabhängigkeit nie getraut. »Ich war ein Bauernjunge mit nüchternem Verstand, und ich habe eine Zeitlang in der belgischen Borinage gelebt, einer Kommunistenhochburg, daher war Heidentum nichts Neues für mich. 1960 hab ich mich köstlich amüsiert. Damals hab ich Weiße gesehen, bärenstarke Kerle, die standen vor den Leuten und haben wie Kinder geweint. Manche Patres haben um Verzeihung gebeten: ›Vergebt uns, wir haben gefehlt.‹ Aber ich hatte keine Angst. Ich hatte immer meine Soutane an, das hat mir Respekt verschafft. Wenn ich an eine Straßensperre kam, hab ich gesagt ›Seht zu, daß die Straße frei ist, bis ich zurückkomme.‹ Nach einiger Zeit haben sie mich um meinen Segen oder um eine Plakette gebeten, statt auf mich zu schießen.« Die Farm war von Anfang an sein Leben. In Tumba hatte er zweihundert Kühe. Mein Onkel mischte sich da nicht ein. »Das war ein Gentleman.«

In der Ferne kommt Tumba in Sicht. Die Gegend ist kahl und flach, da und dort stehen ein paar Hütten. Aus dieser afrikanischen Landschaft ragt wie eine Fata Morgana die Mission mit ihren wuchtigen Gebäuden, ihren geraden Mauern und spitzen Türmen auf.

Von hier schrieb mein Onkel 1924 eine Postkarte nach Hause: »Liebste Mama, liebe Freunde und Verwandte, meinen zweiten Gruß schicke ich euch aus Tumba. Ich ruhe mich hier eine Weile aus, bevor ich meine Reise zu Fuß fortsetze. Noch vier Tagesmärsche, dann sind wir hoffentlich da. Es ist verd … heiß hier. Der Schweiß läuft mir aus den Hosenbeinen. Nun ja, *à la grâce de Dieu* – mit Gottes Hilfe wird alles gutgehen.«

De Munck steigt aus und steuert geradewegs auf die Kirche zu. Der *abbé* von Tumba sitzt dort allein und liest in seinem Brevier. Der Altar stammt aus Het Madeleintje, einer Kirche in der Nähe des Brüsseler Südbahnhofs. Hinter Glas liegt eine Wachsfigur des heiligen Alfons, des Begründers der Redemptoristen. Er hat einen Stock in der Hand und eine rote Mütze auf dem Kopf. »Die Schwarzen sind zu Tode erschrocken, als sie ihn zum ersten Mal gesehen haben«, sagt De Munck. »Sie dachten, da schläft ein lebendiger Mensch.«

Das gesamte Material für den Bau der Kirche stammt bis auf den letzten Nagel aus Belgien. »Und jetzt verfällt alles«, sagt De Munck bedauernd. Seine Stimme klingt hohl unter dem Gewölbe. Auch die Buntglasfenster kommen aus Het Madeleintje. Sie haben Löcher, weil die Kinder hier ständig auf Vögel schießen. Lange Sonnenstrahlen voller tanzender Staubpartikel dringen herein. De Munck bleibt stehen, die Hände in den Taschen seines Kittels. »Schön ist es hier, schöner als in Europa, finden Sie nicht? Hier kommt das alles besser zur Geltung.«

Neben der Kirche steht das Gebäude, in dem mein Onkel viele Jahre gewohnt hat. Es ist ein altmodisches belgisches Haus mit grünen Türen und weißen Brüstungen. Ich schaue durch die schmutzigen Fenster hinein. Der Raum ist fast leer, nur eine kaputte Heiligenfigur steht darin. »Das war sein Büro«, sagt De Munck. »Hierher kamen die Kinder, wenn sie eine Plakette oder ein Karamellbonbon von ihm wollten. Er würde sich wundern, wenn er das heute sehen würde. Beim ihm mußte immer alles schön sauber und ordentlich sein.«

In Tumba war mein Onkel in seinem Element, erinnert sich De Munck. »Er war mit portugiesischen *commerçants* befreundet, Kaufleuten, die ihm ab und zu eine Flasche Schnaps brachten. Das hat sie schließlich zu guten Katholiken gemacht, nicht wahr? Beim Essen saß er als Superior am Kopfende des Tisches, und wenn die Suppe aufgegessen war, schlug er mit der Hand auf den Tisch und rief: ›*La suite* – Nächster Gang!‹«

Von hier schrieb mein Onkel 1969 an meine Großmutter: »Liebste Schwester Cecile, ich spüre, daß meine Kräfte schwinden – das Herz ist abgenutzt, aber es schlägt noch. Ich mache weiter, als wenn nichts wäre, und hoffe, daß es noch ein paar Jahre so geht. Alle sind hier sehr nett zu mir und versuchen, mir das Leben so angenehm wie möglich zu machen, ich kann mich also nicht beklagen. Ich grüße Dich sehr herzlich, Albert.«

Er litt in jenen Jahren an einem schrecklichen Husten. Die meiste Zeit saß er lesend oder betend in seinem Zimmer. Der Arzt nannte ihn einen »Rasselkasten«, und die Schwarzen gaben ihm den Spitznamen »John Glenn«, weil er sich so mühsam fortbewegte wie der Astronaut im All.

Hinter dem Haus stehen mehrere heruntergekommene kleine Gebäude, die einstige Druckerei, in der mein Onkel die Missionszeitschrift *Ku Kiele* hergestellt hat. Jetzt wohnen die Angestellten der Mission darin.

»Wenn die Kinder Ihren Onkel begrüßt haben, sind sie vor ihm niedergekniet und haben seine Hand genommen«, erzählt De Munck. »Darauf hat er großen Wert gelegt, die Kinder mußten sich gut benehmen. Diese Männer waren noch von ihrer Überlegenheit überzeugt. Er hat den Schwarzen oft vom König erzählt. Dann hingen sie an seinen Lippen und wollten alles nachmachen. Aber sie wurden auch geschlagen, die Kinder und die Arbeiter. Es waren eben Wilde, nicht wahr?«

Die Menschen in Tumba sind damals zu Wohlstand gelangt, sagt er. »Alles wurde importiert, alles war gratis, und davon wurden die Leute faul. Aber jetzt geht es hier abwärts, und zwar rapide. Und die Regierung kümmert sich nicht darum. Die schwarzen Geistlichen tun sich schwer damit, das alles hier zu übernehmen. Sie bräuchten ein kleineres Haus, mit diesen Dimensionen hier kommen sie nicht zurecht. Die *abbés* arbeiten lieber in der Stadt, da werden noch Totenmessen bestellt.«

Der *abbé* hat sein Gebet beendet und kommt auf uns zu. Er sieht müde aus. Er ist gerade erst angekommen, aber seine Koffer sind noch nicht da, klagt er, denn sein Auto ist kaputt. In der Kirche wimmelt es von Fledermäusen, und seine Hostien sind Würmern zum Opfer gefallen. »Sie sollten immer nur eine Tüte auf einmal anbrechen«, lautet De Muncks väterlicher Rat.

»Einmal war der Bischof von Matadi hier«, sagt der *abbé*. »Wir müssen alles, was wir brauchen, selbst herstellen, hat er gesagt, so wie die Missionare früher. Aber was können wir hier schon groß machen?« Unglücklich zeigt er auf das kahle Gelände mit den vielen leerstehenden Gebäuden. »Und womit?«

In der »Blüte seiner Jugend« lebte mein Onkel nicht an der Bahnstrecke, sondern nördlich des Zaire. Es war eine unwirtliche Gegend, in die belgische Beamte strafversetzt wurden. Von dort schickte er in den dreißiger Jahren die ersten Fotos nach Hause.

Eines zeigt ihn an seinem Schreibtisch, einem wackligen Möbel mit ein paar Büchern, einem Tintenfaß und einem Bild seines Lieblingsbruders Gerard darauf, der ebenfalls Redemptorist war. An der Wand des fensterlosen Raumes steht eine eiserne Truhe, an der ein Fahrrad lehnt. »Mein Salon«, steht auf der Rückseite.

In diesem Raum muß er die Unglücksnachricht erhalten haben, die die ganze Familie auf Jahre hinaus lähmte: Nach kurzer Krankheit war sein Bruder Gerard in Belgien gestorben. Und an diesem Tisch muß er den folgenden Brief geschrieben haben: »Innig geliebte Mutter, ich wage kaum zu schreiben, denn ich weiß nicht, wie ich beginnen soll. Aber ich muß es tun. Die schreckliche Nachricht vom Tod unseres lieben Gerard hat mich in Etappen erreicht. Man wollte es mir so schonend wie möglich beibringen und mir allzu große Gefühlsqualen ersparen. Doch ich wußte sofort, daß nichts mehr zu machen war, daß unser Herr gesprochen und Gerards reine Seele zu sich gerufen hatte. Ich kann nicht beschreiben, was für ein Schlag das für mich ist. Du weißt ja, was Gerard mir bedeutet hat, und ich ihm. Ja, und nun hätte ich in Belgien sein und euch Trost spenden sollen, obwohl ich selbst so dringend Trost brauche. Dennoch: Hätte ich nur bei Dir sein und Dir etwas sagen können, was Dein Herz ein wenig erleichtert nach dem Verlust Deines geliebten Sohnes, Deines jüngsten Priesters. Der Herr gab ihn Dir, Er ließ zu, daß Du ihn mehr liebtest als die anderen. Und so hatte Er auch das Recht, ihn zurückzufordern, zu Seinem Ruhm und Seiner Ehre. Wir müssen uns fügen und den Ratschluß des Herrn ehren, auch wenn uns das Herz blutet. Wir waren allzu glücklich, und so wollte der Herr unsere Liebe zu Ihm auf die Probe stellen. Was Gott tut, das ist wohlgetan. Unser lieber Gerard war reif für den Himmel. Liebste Mutter, noch viele Jahre wird uns nach diesem furchtbaren Verlust das Herz bluten. Wir dürfen weinen, auch unser Herr hat geweint, aber wir müssen noch mehr beten – nichts anderes tue ich hier. Das gibt mir ein wenig Trost und die Kraft, diesen unendlichen Kummer zu ertragen. Mir wird jetzt auch das Ausmaß meiner Opfer bewußt, denn ich war nicht da, und konnte die letzten Augenblicke meines liebsten Gerard, der mir so viel bedeutet hat, nicht miterleben. Und ich bin nicht da, um seine Stelle einzunehmen. Liebe Mutter, noch kenne ich die Einzelheiten nicht. Hat man Dich rechtzeitig benachrichtigt, war jemand bei ihm, war er noch ansprechbar, hat er die Sterbesakramente erhalten, war er Weihnachten noch zu Hause? Bitte sorge dafür, daß man mir das alles schreibt. Du mußt es nicht selbst tun, liebste Mutter – bitte Cecile oder Eugenie darum –, aber ich möchte so gern alles wissen. Ich hoffe mit der nächsten Post Näheres zu erfahren. Dein trauernder Sohn Albert.«

Als mein Onkel einige Jahre später mit dem Kongoschiff nach Antwerpen kam, holte mein Vater, der damals noch ein Kind war, ihn zusammen mit seiner Mutter ab. Der Kummer, so erinnert er sich, war meinem Onkel schon von weitem anzusehen.

Dort will ich hin – in jene abgelegene Gegend nördlich des Flusses. Doch die Patres machen bedenkliche Gesichter. Wie soll das gehen? Autos haben nur die Missionen, und das Benzin ist knapp, weil alles mit der Fähre herangeschafft werden muß. Ich werde eine »Gelegenheit« abwarten müssen – wenn zufällig ein Pater oder eine Schwester in die gleiche Richtung will. Am Abend gibt Pater Louis über das *phonie* eine Anfrage durch.

Einige Tage später nimmt mich Pater Hugo mit nach Luozi, dem ersten Dorf auf der anderen Seite des Zaire. Mein Onkel ist damals im Einbaum hinübergefahren. Wir müssen auf die Fähre warten, die ohne Treibstoff am anderen Ufer liegt. Ein baufälliges kleines Haus steht am Wasser, das *Restaurant de Luxe*. Alles wartet geduldig, niemand scheint sich über die Verspätung aufzuregen.

Der Abend hat einen leichten Nebel über den breiten Strom gelegt, als die Fähre endlich kommt. Lastwagen, die Autos der *commerçants*, junge Leute, die sich vergnügt begrüßen – nach und nach füllt sich das Schiff und legt schließlich ab. Ich steige aufs Oberdeck hinauf. Einige Einheimische sind dort in ein angeregtes Gespräch vertieft, halb auf französisch, halb auf kikongo. Es dreht sich um eine Frau, die gestern von einem Krokodil gefressen wurde. Ein Krokodil? Ich schaue auf die glatte Wasserfläche hinaus. Gibt es hier Krokodile? Mir ist, als würde ich aus einem Traum erwachen. Da sitze ich bei den flämischen Patres in den Missionsstationen, und hier werden Menschen von Krokodilen gefressen!

»Ach, solche Geschichten hört man hier dauernd«, sagt Pater Hugo, als ich ihn später darauf anspreche. »Man weiß nie so recht, wieviel davon stimmt. Ich habe hier noch nie ein Krokodil gesehen.«

Pater Hugo lebt allein in einem einfachen Haus mit herrlichem Blick über den Fluß. Sein Boy legt jeden Tag drei Gedecke auf. Morgens ißt Pater Hugo vom ersten Teller, mittags vom zweiten, abends vom dritten. »So hab ich nicht das Gefühl, allein zu essen.«

Der Speisezettel ist hier wesentlich bescheidener als in den anderen Missionsstationen: Salami, Dosenpastete, Pulverkaffee. Oft ißt Pater Hugo auch Eiserne Rationen der Armee, die er von einer holländischen Nonne bekommt. Sobald das Verfallsdatum abgelaufen ist, schickt sie ihm die Päckchen. »Gut, daß bei uns kein Krieg ist«, sagt er, »sonst wär ich schlecht dran!«

Pater Hugo gehört zu den jüngeren Redemptoristen und sieht die Zairer sehr realistisch. »Manche sind Schnorrer, aber daran sind wir selbst schuld, weil wir ihnen in unserem Paternalismus immer alles gegeben haben. Und was sie gratis kriegen, dafür fühlen sie sich nicht verantwortlich, das lassen sie verkommen. Ein Vater muß seinem Sohn geben, was er braucht, das ist hier die Mentalität. Fensterscheiben zum Beispiel: Sie begreifen nicht, wozu die gut sein sollen, also werfen sie sie ein.

Die Schwarzen haben die Bibel nur so verschlungen«, sagt er, »sie sind stolz darauf, Christen zu sein. Und sie sind auch wirklich fromm, zu fromm sogar. Aber Religion und Moral sind für sie zwei Paar Schuhe. Ein Dieb ist man nur, wenn man erwischt wird.«

Bis acht Uhr liefern die Generatoren in einer Ecke des Gartens Strom. Sie machen ein Getöse, als wäre ein wildes

Tier darin eingesperrt. Als das Licht ausgeht, gibt Pater Hugo mir eine Sturmlaterne, ein *smoutpeerke,* wie er es nennt. Mit der Laterne in der Hand gehe ich über die stockdunkle Rasenfläche zu Charles, einem pensionierten Lehrer, der meinen Onkel in Bienga, einem Dorf weiter flußaufwärts, kennengelernt hat. Er erzählt mir von den Buschexpeditionen meines Onkels und fängt dann plötzlich an zu singen, ein Lied, mit dem die Leute meinen Onkel in ihren Dörfern begrüßten:

Bamisioni vetoooo ngongueeee
Yaya yaya tata Houben kwetooooo.

Wir wollen die Protestanten nicht,
Wir wollen Pater Houben.

Seine krächzende Stimme geht mir durch und durch und hängt noch lange in dem dunklen Raum. Tränen treten mir in die Augen. »Eine halbe Stunde von ihrem Dorf entfernt, kamen mir die Leute entgegen«, schrieb mein Onkel 1925 im *Gerardusbode,* »singend und weinend, um ihrer Freude Ausdruck zu verleihen. Die Älteren, die nicht mehr so weit laufen können, erwarteten mich am Dorfeingang und fielen dann mit ihren kratzigen alten Stimmen in den großen Chor ein. Das schönste Haus im Dorf stand für den Pater bereit, für Wasser und Holz war gesorgt, und die traditionellen Geschenke wurden übergeben: Hühner, Zwiebeln und Palmwein.«

Pater Hugo schickt mich allein los. Ich bin ihm dankbar dafür, denn so gern ich mich ins zairische Leben stürzen möchte, habe ich doch auch Angst davor. Sein Fahrer bringt mich zu einer Kreuzung in der Nähe der Missionsstation. Hier soll ich auf den Lastwagen nach Bienga warten. Wann er kommt, weiß der Fahrer nicht. Gegen Mittag will er nachsehen, ob ich noch da bin. Ich habe die Post für Bienga dabei und einen Karton Tomaten für die Schwestern. Patres gibt es dort nicht mehr, aber Abbé Mussoki ist per *phonie* von meiner Ankunft verständigt worden.

Ich bin nicht die einzige, die auf den Laster wartet. Frauen in bunten Gewändern – auf einigen prangt das Porträt Mobutus – sitzen in der sengenden Sonne auf ihrem Gepäck. Die Männer stehen in Gruppen beisammen und unterhalten sich. Zum ersten Mal bin ich allein unter Zairern, ohne einen Pater, der mir für alles, was ich sehe, eine Erklärung liefert. Sie betrachten mich ungeniert und lassen ihre Augen von meiner Bluse und meiner Hose über die Sandalen zu meinem Missionarskoffer und dem Pappkarton wandern, den Pater Hugo mit einer Schnur zugebunden hat.

Ein junger Mann kommt auf mich zu. Ich erkenne ihn wieder, er stand gestern auf dem Oberdeck der Fähre. Er ist besser angezogen als die meisten anderen Männer in dieser Gegend, die Gebrauchtkleider tragen. »Der Laster kommt gleich«, sagt er. Chico wohnt in Kinshasa und spricht fließend Französisch. Er ist mit einer Partie Handelsware nach Brazzaville unterwegs, wo er die Sachen verkaufen will. Zwischen Kinshasa und Brazzaville liegt zwar nur der Fluß, aber Chico macht einen Umweg, weil er den Zoll umgehen will. »Dann hab ich nicht den ganzen Papierkram am Hals.«

Laut hupend kommt der Lastwagen angefahren. Auf der Ladefläche sitzen Dutzende von Menschen auf Bergen von Gepäck. Als der Fahrer mich sieht, schickt er den Mann neben sich nach hinten, denn die *mundele*, die Weiße, muß vorn sitzen. Chico setzt sich zwischen uns, und dann muß auch noch für den Schaffner Platz gemacht werden. In einer roten Staubwolke donnern wir davon.

Das Fahrzeug ist ein deutscher Armeelaster aus dem Zweiten Weltkrieg. Von den Windschutzscheiben sind nur noch die Rahmen übrig, so daß uns der Staub ungehindert ins Gesicht weht. Was den Fahrer jedoch nicht daran hindert einzunicken. Der Laster gerät im losen Sand ins Schlingern, und von hinten kommt lautes Geschrei. Der Fahrer schreckt hoch. Chico schlägt ihm lachend auf die Schulter. Das war knapp!

Für den Rest der Fahrt herrscht auf der Ladefläche Hochstimmung. Fröhlicher Gesang dringt nach vorn, und offenbar spielen die Leute auf improvisierten Instrumenten, denn ein rhythmisches Geklimper, Gerassel und Geklingel gibt den Takt an. Irgendwann steigt jemand mit einem Transsistorradio zu, und zum ersten Mal seit Matadi höre ich wieder den Hit *Mario*. »Dieser Mario, der hat ausgesorgt«, sagt Chico. »Der läßt sich von einer reichen *commerçante* aushalten, so einer wie die da hinten. Die machen Geld wie Heu.« Solche Marios laufen heute zu Hunderten in Zaire herum, sagt er, denn es ist schwer für einen jungen Mann, seinen Lebensunterhalt zu verdienen. Er selbst ist das beste Beispiel.

Ich frage Chico nach dem Krokodil von gestern. Hat es wirklich eine Frau aufgefressen? »Das war kein echtes Krokodil«, sagt er, »das war ein *ndoki*, ein alter Mann, der sich in ein Krokodil verwandelt hat.«

Die Patres haben mir zwar von bösen Geistern erzählt, aber ihre Geschichten schienen mir zu weit hergeholt, und ich dachte, nur alte Leute im tiefsten Busch glauben daran. Doch Chico ist jung, er hat studiert und kommt aus der Stadt. »Glaubst du an so etwas?« Er lacht. »Ob ich daran glaube oder nicht – es passiert hier tatsächlich!« Er klärt mich genauestens darüber auf, wie so ein *ndoki* vorgeht: Wenn er jemandem Schaden zufügen will, wartet er, bis es dunkel wird, dann schleicht er sich aus dem Dorf an eine einsame Stelle und fängt an zu beten. Und während er betet, verwandelt er sich in ein Krokodil. Schließlich lockt er sein Opfer ans Wasser und schlägt zu.

»Hast du das mal gesehen?«

»Nein, natürlich nicht, das kann man nur sehen, wenn man selbst ein *ndoki* ist.« Aber einmal wurde ein Krokodil in den Schwanz geschossen, und am nächsten Tag hatte der alte Dorf-*ndoki* eine Schußwunde am Bein.

Ich will wissen, ob *ndokis* auch Weiße angreifen. »Nein«, antwortet er entschieden, »denn ihr habt stärkere *ndokis* als wir, ihr habt Maschinen, Fabriken, Computer.«

Hat Alberto Moravia das gemeint, als er in *A Quale Tribù Appartieni?* schrieb, einer der Gründe, warum die Afrikaner die westliche Kultur so schnell übernommen hätten, liege in ihrem Glauben an Zauber und Fetische. Er bilde kein Hindernis für das Akzeptieren der industriellen Zivilisation, sondern eher einen Anreiz, und zwar aufgrund des magischen Elements, das der Maschine innewohne. Als ich das las, konnte ich es kaum glauben, aber jetzt erscheint es mir plötzlich einleuchtend.

Chico ist nicht katholisch, dazu haben ihn die Patres zu oft enttäuscht. Sie sagen, sie hätten keine Frauen, aber sie haben Affären mit weißen Nonnen, und der frühere *abbé* von Massangi hatte sogar sieben Kinder. Abbé Mussoki in Bienga, der sei auch so ein *amoureux*.

»Die Patres haben immer gesagt, für die Armen steht die Himmelstür weit offen«, sagt er gekränkt, »und eher geht ein Kamel durch ein Nadelöhr, als daß ein Reicher in den Himmel kommt. Dabei waren sie selber reich, sie waren die einzigen im Dorf, die Autos hatten.«

Er schnaubt. »Die Patres sind doch alle nur hierhergekommen, um Geschäfte zu machen. Und von dem Geld, das sie verdienen, bauen sie sich in Belgien Häuser, in denen sie dann später wohnen können.« Er glaubt mir nicht, als ich ihm sage, daß die Patres keinen persönlichen Besitz haben und daß sie in Belgien in Klöstern leben.

Was soll er in der Kirche? Er ist arm, er hat Probleme. Die Politiker in Kinshasa sagen auch, sie seien Katholiken, und trotzdem beuten sie ihn aus. Manchmal sieht er sie im Fernsehen, zusammen mit Missionaren und *abbés*. »Wenn Mobutu stirbt, kauf ich mir einen Kasten Bier und schließ mich damit ein. Und zu seiner Beerdigung geh ich ganz bestimmt nicht. Er ist doch schuld an dem ganzen Elend hier.« Er zieht einen Ein-Zaire-Schein aus der Tasche. »Früher, als wir noch Francs hatten, da war das Geld noch was wert«, sagt er zornig. »Aber dann mußte der hier ja unbedingt seinen Kopf auf die Scheine setzen.«

Wir machen weite Umwege, um Passagiere ein- oder auszuladen. Ganze Dörfer kommen angelaufen, wenn wir haltmachen. Die Kinder rufen »*Mundele! Mundele!*« und starren mich kichernd an. Die Sardinenbüchsen mit den klappernden Rädern, die sie durch die Straßen schieben, kommen für einen Moment zum Stillstand. »Weiße sehen die hier nicht oft«, sagt der Fahrer, »schon gar nicht in einem Lastwagen.«

Während Ziegen und Hühner auf die Ladefläche gehoben werden, gibt der Fahrer die Post aus. Die Hühner sind fest in Lianenkörben verschnürt und geben keinen Laut von sich, denn selbst ihre Schnäbel sind zugebunden. Nur ihre Augen wandern angstvoll hin und her.

Wir kaufen Bananen und Palmwein, der aus einer Kalebasse in Plastikbecher gegossen wird. Er hat die Farbe verdünnter Milch und riecht säuerlich, aber da alle zu mir herschauen, als ich den Becher an die Lippen setze, trinke ich ihn wie Medizin in einem Zug aus. Die Zuschauer klatschen Beifall.

Zwischen den Hütten sehe ich plötzlich einen großen schwarzen Kessel über einem Holzfeuer hängen, genau wie der in einem Comicheft meiner Kindheit; ein zappelnder Weißer schmorte darin, von dem man nur Kopf, Arme und Beine sah. Ich schäme mich für diese Assoziation, die sich mir förmlich aufdrängt. Genauso beschämt war ich, als ich während der Vorbereitungen für meine Reise einen

Film sah, in dem ein Zairer aus vollem Halse lachte. Die rote Zunge schnellte zwischen den weißen Zähnen hervor, und ich zuckte zusammen, weil ich plötzlich an eine schwarze Pappmarionette denken mußte, die ich als Kind besessen hatte; wenn man an einer Schnur zog, streckte sie die Zunge heraus. Ich sehe meine Reisegefährten an: Sie haben nichts gemerkt.

Wir fahren durch eine wilde Landschaft. Auf den Hügeln haben Protestanten und Katholiken ihre Missionsstationen, Kirchen und Schulen errichtet. Einige sind noch in Betrieb, andere stehen leer. Abweisend ragen sie über den afrikanischen Dörfern auf. Der Fahrer und der Schaffner zeigen sie mir voll Stolz, als fühlten sie sich geehrt, daß ihre Gegend für den Bau solch großer, fremdartiger Gebäude ausersehen wurde.

In Mangembo, dem Dorf, in dem Pater Van de Steen jahrelang seinen Schabernack getrieben hat, steigt Chico aus. Seinen Platz nimmt ein geheimnisvoller Mann in einem abgewetzten Regenmantel ein. »Seien Sie vorsichtig mit dem«, warnt mich der Schaffner, »das ist einer von der Regierung.« Ich sehe mir den Mann genauer an. Mit seinem Strohhut und der Plastiktüte, die er an sich drückt, sieht er aus wie ein drittklassiger Detektiv. Immer wieder schaut er nach hinten, um zu sehen ob sein Koffer noch auf der Ladefläche steht und ob sich auch niemand daran zu schaffen macht.

Er zeigt mir seine Karte. *Agent de recherches* – Ermittler – steht darauf. Er will zu einer Gerichtsverhandlung nach Bienga. Nach einer Weile gestattet er mir einen kurzen Blick in seine Plastiktüte, um zu beweisen, daß er einen bedeutenden Auftrag auszuführen hat. Schmuddelige Papiere liegen darin, aber auch ein Kassettenrecorder, mit dem er in Kneipen Gespräche aufnimmt. Wer etwas gegen die Regierung sagt, wird angezeigt. Er sieht mich triumphierend an: »Und leugnen können sie nicht, ich habe ja alles auf Band!« Nach dieser Erklärung verfällt er in tiefes Schweigen, als hätte er das Gefühl, zuviel gesagt zu haben.

Es wird allmählich Abend, als wir uns Bienga nähern. Jetzt beginnt der Schaffner zu erzählen. Er ist in Tumba zur Schule gegangen. Damals lebten dort flämische und wallonische Patres. »Ich weiß nicht warum, aber die hatten dauernd Streit«, sagt er. »Wissen Sie vielleicht, warum?« Ich versuche es ihm zu erklären, aber es ist ihm zu kompliziert. Wahrscheinlich wollte er mir nur zu verstehen geben, wie verwundert er darüber war, daß zwei Weiße sich streiten.

Er würde gern nach Europa, sagt er, aber er hat kein Geld für das Flugticket. Als ich nicht reagiere, sagt er es noch einmal, nachdrücklicher diesmal, als würde er von mir erwarten, daß ich ihm die Reise bezahle. »Ich hoffe, Sie schenken mir etwas«, fährt er fort, »Ihren Regenmantel zum Beispiel.« Ich muß an den Zollbeamten auf der *Fabiolaville* denken und sage ihm, daß ich den Mantel selbst brauche. »Dann geben Sie mir gar nichts? Die erste Weiße, die je in unserem Laster mitgefahren ist?«

Da ist Bienga. Ein Dorf mit nur einer einzigen Straße. Am einen Ende liegen die Kirche und Abbé Mussokis Pfarrhaus, am anderen die Mission der Nonnen, bei denen ich wohnen werde. Wir fahren mit Vollgas durch das Tor. Schwester Godwine und Abbé Mussoki stehen auf den Stufen und erwarten uns schon. Beim Aussteigen stecke ich dem Fahrer und dem Schaffner jeweils fünfzig Zaire zu. Schwester Godwine sieht es. »Sie haben's noch nicht gelernt, was?« sagte sie. »Jetzt müssen wir ihnen nächstes Mal auch was geben.«

Abbé Mussoki erobert mein Herz im Sturm. In seinem pechschwarzen Hemd, der schwarzen Hose und der schwarzen Mütze sieht er ein wenig aus wie ein Limburger Bergmann. Er strahlt nur so vor Freude, und obwohl er auf die Sechzig zugehen muß, ist sein Gesicht glatt und jugendlich. Die Brille muß er von jemandem geerbt haben, denn die Bügel sind zu kurz.

Die Nachricht, daß ich kommen werde, hat einigen Wirbel verursacht, wie Schwester Godwine mir später erzählt. Als Mussoki über das *phonie* davon hörte, lief er in heller Aufregung schnurstracks zu den Nonnen. Pater Houbens Nichte würde nach Bienga kommen! Eine Europäerin! Was sollte er nur tun? Sie konnte doch nicht bei ihm wohnen! Nein, nein, entschieden die Schwestern, eine Frau müsse bei ihnen wohnen.

Schwester Godwine ist eine energische flämische Matrone in flachen Schuhen. Sie leitet die Nähschule neben der Mission. Kaum bin ich angekommen, schickt sie Abbé Mussoki weg – den kann ich auch morgen noch sehen. Gebieterisch faßt sie mich am Arm und zieht mich ins Haus. Sie trägt eine Jerseybluse und einen Rock aus afrikanischem Stoff, unter dem knotige Beine hervorschauen. Im Internat hätte ich Angst vor ihr gehabt; sie ist der Typ, der keinen Widerspruch duldet, der einem mit wenigen Worten klarmacht, wer das Sagen hat.

Sie kann es nicht fassen, daß ich mit dem Lastwagen gekommen bin. Ich bin doch sicher todmüde, heute abend muß ich früh ins Bett. Sie genießt es, wieder einmal Flämisch sprechen zu können, denn sie lebt hier mit drei zairischen Nonnen, und Besuch bekommen sie nicht oft. Sie führt mich ins Badezimmer. Da es kein fließendes Wasser gibt, bekomme ich zwei Zinkeimer und eine leere Nivaquin-Dose, mit der ich mir das Wasser übergießen kann.

Nach dem Abendessen sitzen die Schwestern im Wohnzimmer zusammen. Mama, die älteste der zairischen Nonnen, die im Haus das Regiment führt, blättert in einer alten Ausgabe von *Paris-Match*, die zweite arbeitet an einer Stickerei, die dritte schreibt einen Brief. Sie erinnern mich an drei Edelfräulein in einem abgelegenen Flügel ihres Schlosses. Auf dem Tisch liegen Illustrierte, die von Königshäusern und Filmstars berichten, alle uralt. »Aber das macht nichts«, sagt Schwester Godwine, »für uns ist alles neu, was wir noch nicht gelesen haben.«

Sie sind hier meilenweit von der Zivilisation entfernt. Wenn ihnen über das *phonie* in Matadi mitgeteilt wird, daß eine Sendung für Bienga eingetroffen ist, dauert es noch Monate, bis die Sachen schließlich hierher gelangen. Die Schokolade, die ich mitgebracht habe, wird daher sofort ausgepackt.

Schwester Godwine war vor nicht allzu langer Zeit in Belgien und erzählt ununterbrochen von dem Leben dort. Ich kann mir kaum vorstellen, daß diese belgischen Geschichten die schwarzen Nonnen interessieren, und sie tauschen auch hin und wieder verschwörerische Blicke. Als Weiße bin ich automatisch Schwester Godwines Gast, und so behandeln sie mich in den ersten Tagen auch: höflich, aber ein wenig distanziert.

Am nächsten Morgen muß Abbé Mussoki, wie er mir gesagt hat, zu einer Beerdigung in ein acht Kilometer entferntes Dorf. Da sein Auto kaputt ist, wird er zu Fuß gehen. Ich würde gern mitkommen und über die Wege wandern, die mein Onkel gegangen ist. »Kommt nicht in Frage«, sagt Schwester Godwine. »Sie müssen morgen ausschlafen, sonst werden Sie noch krank.«

Sie gibt mir eine Sturmlaterne mit auf mein Zimmer. *Dans le silence et la solitude on n'entend plus que l'essentiel* – In Stille und Einsamkeit hört man nur noch das Wesentliche, sagt ein Spruch über meinem Bett. Unter dem Waschbecken steht ein Plastik-Nachttopf.

Vom Flur dringt noch eine Zeitlang Eimergeschepper herein, das dann in behagliches Schnarchen übergeht. Im Halbschlaf höre ich in der Ferne Trommeln. In einem Dorf in der Nähe ist ein Kind an Unterernährung gestorben, wie ich von Schwester Godwine weiß. Die Verwandten haben sich um ein großes Feuer versammelt, um bei dem Leichnam zu wachen. Sie singen, tanzen und trinken. Der Busch rückt näher, und doch ist er noch so weit weg.

Die ganze Nacht pulsiert der Busch, ruhelos und bedrohlich. Bei Tagesanbruch hört das Trommeln abrupt auf. Die plötzliche Stille weckt mich. Es ist erst fünf. In der Ferne kräht ein Hahn. Hohe, kindliche Stimmen wehen durchs Fenster herein. Woher mögen sie kommen? Ich schlüpfe in meinen Morgenrock und gehe leise in den Flur hinaus. Die Fenster der Kapelle stehen offen. Es sind die Schwestern, die dort singen.

Als ich Stunden später erneut aufwache, ist Abbé Mussoki schon zu der Beerdigung aufgebrochen. Aber Tata Victor erwartet mich, der frühere Katechist meines Onkels. Ich möchte ihm etwas mitbringen, aber was? Geld? »Damit kann er nichts anfangen«, sagt Schwester Godwine. »Da kommt er nur hier angelaufen und fragt, ob ich ihm etwas verkaufe.« Sie stellt ein Päckchen für ihn zusammen, mit Seife, Zündhölzern, Sardinen und Zucker.

Als ich am Vormittag zu Tata Victor gehe, werde ich von allen Seiten gegrüßt. Das ganze Dorf weiß bereits, daß ich da bin. Die Kinder nennen mich *sœur* – Schwester; wahrscheinlich sind Nonnen die einzigen weißen Frauen, die sie je gesehen haben. Eine alte Frau, die meinen Onkel noch gekannt hat, begleitet mich ein Stück. »*Ah, madame, c'est un miracle* – es ist ein Wunder!« Ob ich aus Europa komme? Eine entfernte Verwandte von ihr lebt dort. Sie ist vor Jahren von hier weggegangen, und seitdem ist ihre Haut immer heller geworden. Ich will der Frau sagen, daß das unmöglich ist, aber dann muß ich an das Krokodil in Luozi denken und halte lieber den Mund.

Victor wohnt in der Straße, die von der Mission zum

Pfarrhaus führt. Die Häuser hier sind aus Stein und haben Zinkdächer. Die Patres müssen sie vor ungefähr vierzig Jahren gebaut haben. Die Dächer sind verrostet, die pastellfarbenen Wände ausgebleicht und voller Risse. Einige der Fenster hat man mit bunter Pappe oder Plastikfolie abgedichtet, und da und dort hängt ein schmutziger Vorhang. Aus einem der Fenster lehnt Victor, der *kapita* der Mission, wie ihn früher alle nannten. Er ist dreiundachtzig und sieht nicht mehr gut, was ihn aber nicht hindert, nach den Mamas zu spähen, die unter dem Baum vor dem Pfarrhaus ihre Waren feilbieten. Vielleicht lauscht er auch nur ihrem munteren Geschnatter, das den ganzen Tag kein Ende nimmt, das einzig Lebendige in der Straße.

Jetzt kommt er an die Tür geschlurft. Er ist klein und schmächtig, sein weißes Haar ist kraus wie ein Schaffell, und seine Brille hat er mit Gummiband befestigt. An einer Kette um den Hals trägt er eine große Marienplakette aus Messing.

In seinem Zimmer sieht es aus wie in einem Schweinestall. An der abblätternden Wand steht ein Tisch voller Kaffeeflecken, und unter einem Schrank, der keine Glasscheiben mehr hat, liegt eine tote Ratte. Victors Sohn Honoré, den ich in Matadi kennengelernt habe, hat ihm geschrieben, daß ich komme, aber Victor scheint nicht zu begreifen. Wer ist die Weiße, die da in seinem Zimmer steht? Eine Verwandte von Tata Houben, hat man ihm gesagt. Aber Tata Houben hat Bienga doch schon vor langer Zeit verlassen. Andere Patres kamen nach ihm, Tata De Groote, Tata Cesar, Tata Van Impe. Und auch sie sind wieder weggegangen. In seinem Gedächtnis müssen alle diese Männer in ihren schwarzen Soutanen einen bizarren, verwirrenden Tanz aufführen. Er zieht einen Stuhl heran und nimmt mir gegenüber Platz. Seine schwachen Augen versuchen angestrengt, mich klar zu sehen. Ich muß ihm vorkommen wie eine Geistererscheinung.

Ich habe Fotos von meinem Onkel mitgebracht und schiebe sie zu ihm hinüber. Er nimmt eines, hält es verkehrt herum und betrachtet es lange. »*Tiens, tiens, père Houben* – Sieh an, Pater Houben.« Dann steht er auf und verschwindet im anderen Zimmer, wo ich ihn endlos herumkramen höre. Ich schaue mich um. In einem Schrank an der Wand steht der ovale Nähkorb meiner Großmutter. Wie kommt der hierher? Es ist ein besonders schöner Korb aus dichtgeflochtenem violettem und naturfarbenem Schilf. Dann wird mir klar, daß er gar nicht aus Belgien stammt; mein Onkel muß meiner Großmutter genau so einen Korb aus Bienga mitgebracht haben.

Victor kommt mit der Fotografie eines Paters zurück, den ich nicht kenne. »Tata De Groote«, sagt er lachend und mit einem Augenzwinkern. Als De Groote Bienga verließ, schenkte er Victor seinen Volkswagen. Victor fuhr unter dem Jubel der Zuschauer die Straße entlang. »*J'ai commencé… mais pas tout à fait* – Ich bin losgefahren… aber nicht richtig«, sagt er zögernd. Denn beim zweiten Versuch blieb der Wagen stehen, und Victor brachte ihn nicht wieder in Gang. Sein Sohn, der in Mangembo ein »*mécanicien magnifique* – ein großartiger Mechaniker – ist, versuchte vergeblich, ihn zu reparieren, und so mußten die Patres aus Kimpese kommen und ihn holen.

Victors Enkel wird hinzugezogen, denn Victor spricht kaum Französisch. Sein Kikongo ist mit französischen Jahreszahlen und Wörtern wie *surtout* – vor allem – und *dis donc* – na, hör mal – durchsetzt. Allmählich scheinen seine Erinnerungen wiederzukehren, und wenn ihm etwas nicht einfällt, seufzt er: »*Ah, merde!*«

Mit zwölf verließ Victor das Dorf und ging nach Kionzo, wo er in der Küche der Patres arbeitete. Er wurde getauft, und zehn Jahre später schickten ihn die Patres nach Bienga, das damals noch protestantisch war. Er bekehrte die ersten Bewohner zum Katholizismus und hielt die Patres über seine Fortschritte auf dem laufenden, und nach einiger Zeit beschlossen sie, in Bienga eine Missionsstation einzurichten. Als mein Onkel, zu Fuß und auf seinen Stock gestützt, hierherkam, wurde er von Victor empfangen. Victor pflanzte auch die ersten Orangen- und Avocadobäume und half meinem Onkel beim Bau der Mission. Erst wurden die Schilfhütten errichtet, die ich von den Fotos kenne, später dann das Pfarrhaus, in dem Abbé Mussoki jetzt wohnt. Victor wurde in *mbongo na Belgique* bezahlt, belgischem Geld, und manchmal gab mein Onkel ihm noch etwas extra, Kleidung oder ein Kaninchenpaar.

Am besten, so erinnert er sich, gefiel es meinem Onkel in dem sechzig Kilometer entfernten Dorf Yangapompe. Er hatte sein Herz an diesen Ort verloren und redete ständig davon. »In Yangapompe, da weinen die Leute heute noch um ihn.«

Victor wird immer aufgeregter, das Feuer früherer Jahre scheint wieder in ihm aufzuflammen, und ich bedaure, daß ich ihn nicht verstehe, denn er scheint eine schöne alte Form des Kikongo zu sprechen. Doch seinen Enkel macht das nur ungeduldig. »*Allez* – Weiter!« drängt er seinen Großvater jedesmal, wenn der alte Mann die Augen schließt, um in seinem Gedächtnis nachzuforschen.

Victor führt mich ins Nebenzimmer, ein Museum von Gegenständen, die die Patres zurückgelassen haben. Es gibt nichts, was er nicht aufgehoben hätte. Ein Bidet, ein Waffeleisen, ein kaputter Regenschirm, ein Bügeleisen, eine Bratpfanne – das alles ist seit Jahren nicht mehr angerührt worden, und dazwischen haben Spinnen ihre Netze gespannt. Auf dem Bett steht eine alte Keksdose voller Fotos, Papiere und Briefe. Aus ihr muß Victor das Bild meines Onkels hervorgekramt haben.

In der Ecke steht eine Nähmaschine, ein Geschenk meines Onkels. *Sinave-Mignot, Rue Neuve, 155, Bruxelles* steht in goldenen Lettern darauf. »*Ah, bono machine, machine mokitoko*«, sagt Victor gerührt, »*mais elle manque de cassettes* – aber es fehlen Spulen.« Vorsichtig nimmt er den Deckel ab. Unter der rostigen Nadel liegt ein kariertes Stück Stoff. Er nimmt eine zerbrochene Spule heraus und fragt mich, ob ich ihm in Europa eine neue besorgen kann. Ich fürchte, antworte ich, die werden heute nicht mehr hergestellt.

Am Fenster steht ein altes Grammophon mit einem riesigen Schalltrichter. Victor geht mit besorgter Miene hinüber. Eine Platte mit Weihnachtsliedern liegt noch auf dem Teller, aber die Diamantnadel ist abgebrochen. Nachdem das Grammophon seinen Geist aufgegeben hatte, hat er mit dem Trichter noch jahrelang die Gläubigen zum Gebet gerufen. Er nimmt ihn ab und setzt ihn an die Lippen. Und dann tanzt die kleine, magere Gestalt mit dem Trichter im Zimmer umher und singt mit krächzender Stimme von *Jezu* und *Nzambi* – Gott –, ein Lied aus der Zeit, als die Patres noch in Bienga waren.

Mussoki steht schon in der Tür, als ich komme. Dem Pfarrhaus gegenüber ragt die Kirche auf. Sie ist so groß wie eine stattliche Dorfkirche in Flandern; alle anderen Gebäude und die Menschen in Bienga wirken dagegen fast zwergenhaft. »Das ist Pater De Grootes Werk«, klärt Mussoki mich auf. »Der muß in Belgien reiche Verwandte gehabt haben.« Ehrfürchtig blickt er zu dem Produkt dieses Reichtums auf. Niemand war je im oberen Stock. Nur an Weihnachten gelingt es den Gläubigen von Bienga und Umgebung, die Kirche zu füllen.

Auf Mussokis Schreibtisch steht eine Glaskugel; wenn man sie schüttelt, wirbeln Schneeflocken um die Marienfigur darin herum. Daneben kniet eine kleine silberne Skulptur der heiligen Bernardette betend an der Grotte. Auch diese Gegenstände kenne ich aus dem Haus meiner Großmutter. Es war Spielzeug, mit dem man nicht spielte;

man betrachtete es nur. Mussoki berührt sie liebevoll. Die Glaskugel hat ihm eine belgische Nonne geschenkt, die Bernadette hat er auf seiner einzigen Europareise in Lourdes gekauft.

Ich frage ihn, wo er seine schwarzen Priestergewänder herhat. Er schüttelt betrübt den Kopf. »Ach, fragen Sie mich nicht.« Aber gleich darauf sagt er es doch. Pater Van Nol hat sie ihm geschenkt. Jetzt ist der Pater tot, und es macht Mussoki traurig, seinen Namen auszusprechen, denn dann sieht er sein Gesicht wieder vor sich. »*Son cœur reste avec nous* – Sein Herz ist noch immer bei uns«, sagt er bewegt.

Als er in das Zimmer hinter dem Vorhang geht, kann ich einen kurzen Blick hineinwerfen. Sein Schreibtisch ist ordentlich aufgeräumt, aber ringsum herrscht das gleiche Chaos, das ich in anderen zairischen Häusern gesehen habe. Bücher und aller mögliche Plunder liegen über den Boden verstreut, halboffene Metallkoffer voller Kleider stehen herum, und irgendwo muß auch die Pritsche sein, auf der Mussoki schläft.

Als er zurückkommt, hält er stolz eine Flasche Palmwein hoch. »Den hat Pater Houben so gern getrunken.« Er stellt zwei Gläser auf den Tisch. Der Wein ist süßer als der, den ich auf der Fahrt nach Bienga getrunken habe. Mussoki lacht. »Wissen Sie, wie Pater Houben diesen Wein genannt hätte? ›Die Haut des Leguans.‹ Das hat er immer gesagt, wenn der Wein gut war. Denn Leguanhaut ist weich und nur Respektspersonen dürfen darauf sitzen.«

Vor dem Essen machen wir einen kleinen Spaziergang. Die Bäume wachsen hier wild durcheinander, überall sprießen sie aus dem Boden, doch der Weg zu Pater Cesars einstigem Garten ist von exakt angeordneten Mangobäumen gesäumt, die einen ganz unafrikanisch gleichmäßigen Schatten werfen. Es ist ein Pfad wie aus einer flämischen Landschaft. Im Gehen merke ich, wie mir der Palmwein in den Kopf steigt.

Dann sind wir an dem überwucherten Garten angelangt. Der Geräteschuppen ist von Spinnweben überzogen, das Schloß an der Tür verrostet. Die Patres haben die Kinder der Missionsschule hier arbeiten lassen, sagt Mussoki. Er selbst besitzt ein kleines Stück Land, auf dem die Katholiken von Bienga Erdnüsse und Maniok für ihn anbauen, denn die tausend Zaire monatlich, die er von der Diözese bekommt, reichen hinten und vorne nicht. Wenn er auf die Dörfer geht, stecken ihm die Gläubigen alles mögliche zu.

Wieder in der Mission, besteht Mussoki darauf, daß ich mir die Hände wasche. Aus dem Durcheinander hinter seinem Schreibtisch fördert er ein Handtuch und ein Stück Fa-Seife zutage. Dann führt er mich ins Eßzimmer. Hier hielten sich die Patres in ihren besten Zeiten auf. Eine Sitzecke, ein langer Holztisch, eine altmodische Uhr, eine Vitrine mit verstaubten Büchern über religiöse Themen. Abbé Mussoki nimmt eine Flasche mit der Aufschrift »Stärkungstonikum« aus der Vitrine. Eine belgische Nonne hat sie ihm einmal mit einem Kleiderpaket geschickt. Es schmeckt wie Portwein.

Ich habe Mussoki gesagt, daß ich gern esse, was er sonst auch ißt, aber es gibt Suppe wie zu Zeiten meines Onkels, dann Fleisch mit Reis und Bohnen und zum Nachtisch Reisbrei. Und auch Palmwein steht wieder auf dem Tisch.

Der erste Weiße, der in Mussokis Heimatdorf kam, war ein Redemptorist. Er landete dort mit einem kleinen Flugzeug, und das ganze Dorf ergriff die Flucht, denn die Vorfahren der Bewohner, die sich noch an die Zeit des Sklavenhandels erinnerten, hatten immer vor den weißen Männern gewarnt. Mussokis Mutter brachte ihre Kinder in Sicherheit und schnürte sogar den Hühnern die Schnäbel zu, aus Angst, ihr Gackern könnte sie verraten.

Später kam Pater Dosogne, und Mussoki erinnert sich noch, wie er durch das Dorf ging, ein hochgewachsener, stattlicher, bärtiger Mann. Mussoki hatte Angst vor ihm, denn Dosogne hatte seine ältere Schwester mit nach Mangembo genommen, und über die Patres in Mangembo erzählte man sich im Dorf die seltsamsten Geschichten. Sie lehrten die Kinder, Symbole auf eine Tafel zu schreiben, hieß es, in einer Sprache, die Schwarze und Weiße gleichermaßen verstünden. Das konnte nur Zauberei sein.

Als es für Mussoki Zeit wurde, die Missionsschule zu besuchen, hielt ihn sein Onkel versteckt. Seine Freunde aber wurden nach Mangembo gebracht, und als sie zu Weihnachten wieder nach Hause kamen, waren sie viel fröhlicher als vorher. Das muß doch interessant sein dort, dachte Mussoki, und nach den Ferien lief er von zu Hause weg und schloß sich seinen Freunden an.

Damals starben noch viele Kinder im Dorf an Malaria, Schlafkrankheit und Ruhr. Die Patres hatten kostenlose Medikamente, und wenn sie in ein protestantisches Dorf kamen, schickten sie jemanden zum Häuptling, mit der Bitte, ihnen einige kranke Kinder zu bringen. Wurden die Kinder wieder gesund, trat oft ein ganzes Dorf zum katholischen Glauben über. In der Missionsschule bekamen die Kinder Kleidung und einen Franc pro Woche für Lebensmittel. »Die Patres haben uns immer Geschenke gemacht«, sagt Mussoki. Bei den Protestanten kam das viel seltener vor; sie brachten den Menschen bei, selbst herzustellen, was sie brauchten.

»Das Dorf K. ist überwiegend protestantisch«, schrieb mein Onkel in seiner Missionschronik. »Ich habe den Leuten einen Gong gekauft, der jetzt in der protestantischen Kirche hängt. Sie sehen, daß wir die Protestanten nicht mehr fürchten als ihre Hunde, und stehen dem katholischen Glauben aufgeschlossener gegenüber. Dank des Gongs hat der Häuptling jeden Kontakt mit den Protestanten abgebrochen. Er kommt jetzt regelmäßig zur Messe.«

Mussoki scheint dieses Vorgehen, das ich selbst als Bauernfängerei bezeichnen würde, nicht übelzunehmen. Er schenkt noch einmal nach. »Ach ja, das waren andere Zeiten«, sagt er versöhnlich. »Die Patres haben uns die Zivilisation gebracht, sie haben uns lesen, schreiben und Häuser bauen gelehrt.«

Er war dreizehn, als der erste Schwarze in der Region zum Priester geweiht wurde. Daß ein Schwarzer genau wie ein Weißer Priester werden konnte! An jenem Tag ging er in die Mission und fragte, ob man ihn nicht aufs Seminar schicken könne.

Dort lernte er meinen Onkel kennen. Auch er erinnert sich, wie sehr mein Onkel an dem Dorf Yangapompe hing. Zuvor war er Superior in Bandakani gewesen, einer Missionsstation in der Nähe. Eines Nachts wütete dort ein Unwetter, eine Bö verwüstete den Schlafsaal der Missionsschule, und drei Kinder kamen ums Leben. Sofort flammte das latente Mißtrauen gegen die Weißen in aller Heftigkeit wieder auf. »Denn hier stirbt niemand einfach so«, sagt Mussoki, »und ein Kind schon gar nicht. Die Dorfbewohner suchen immer einen Schuldigen. Erst kürzlich mußte eine Schwester in einem gepanzerten Wagen in Sicherheit gebracht werden, nachdem zwei Schulkinder ertrunken waren.«

Die Bewohner von Bandakani gaben meinem Onkel die Schuld an dem Unglück, und er mußte Hals über Kopf fliehen. So landete er in Yangapompe, wo man ihn mit offenen Armen aufnahm. Er baute dort ein Haus, eine Kapelle und eine Schule. Mein Onkel war der einzige Weiße, der je in dem Dorf gelebt hatte.

Ich höre zum ersten Mal von dem Vorfall. Keiner der Patres hat mir davon erzählt, und auch in den Aufzeichnungen meines Onkels findet sich nichts darüber. Im Vergleich zu Bienga ist Yangapompe natürlich ein kleines Dorf. In Bienga gibt es eine Mission, eine Schule und ein Krankenhaus, und die Frauen von Yangapompe kommen in tagelangen Fußmärschen zur Entbindung hierher; manchmal werden die Babys auch schon unterwegs geboren. Kranke werden in einem *tipoi*, einer Sänfte, nach Bienga gebracht.

Könnte Abbé Mussoki nicht mit mir nach Yangapompe fahren? Er zögert. Sein Auto ist kaputt, und bis Yangapompe braucht man einen halben Tag. Es hat in den letzten Tagen viel geregnet, und die Straße ist schlecht. »Wenn ich jemanden finde, der das Auto repariert, können wir fahren«, verspricht er.

Ich gehe zu den Nonnen zurück, ganz benommen vom Palmwein, der dieser Straße im Schatten der monumentalen Kirche etwas geradezu Poetisches verleiht. Unter dem Baum am Pfarrhaus sitzen die Mamas noch immer plaudernd beisammen. Vor ihnen auf dem Boden sind Trockenfisch, Maniok, Salz, Zucker und Reis säuberlich aufgehäuft. Sie lachen und rufen mir dies und das zu. Kinder laufen mir nach, und Tata Victor schaut immer noch aus dem Fenster.

Da ist das Klostertor. Die Schülerinnen stehen in Reih und Glied vor Schwester Godwine auf dem Schulhof. Sie hält ihnen eine Standpauke; ganz rot ist sie im Gesicht. Mucksmäuschenstill stehen die Mädchen in der glühenden Sonne und sehen sie an. Ich gehe um den Hof herum in mein Zimmer und schlafe sofort ein.

Schwester Godwines Büro geht auf den Schulhof hinaus. Wer sie sprechen will, muß auf der Bank vor der geschlossenen Tür warten. Den ganzen Tag höre ich sie drinnen tönen. Ab und zu kommt jemand weinend heraus.

Für die Leute in der Gegend hier muß ihr Büro ein Heiligtum sein. Es erinnert mich an die angstvollsten Momente meiner Internatszeit, an das Zimmer der Rektorin, wo unsere Zeugnisse aufbewahrt wurden. Der Raum war immer abgeschlossen und weckte deshalb die wildesten Phantasien. Wer diese magische Welt betreten durfte, war bereits verloren, denn man gelangte nur hinein, wenn man etwas angestellt hatte. Doch auch dann blieben die düsteren Wandschränke, die hinter der kleinen, kratzbürstigen Rektorin aufragten, verschlossen.

Schwester Godwines Büro dagegen kann ich ohne Angst betreten, und sie zieht mich sogar in ein vertrauliches Gespräch. Das erfüllt mich mit seltsamer Genugtuung, als sollte ich nach all den Jahren doch noch das wahre Wesen der bösen Nonnen meiner Kindheit ergründen.

Schwester Godwine will wissen, was ich bei *Tata Curé*, Vater Pfarrer, wie Mussoki hier allgemein genannt wird, gegessen habe. Denn gestern stand Mussokis Boy vor ihrer Tür. »*Ma sœur, j'ai un problème* – Schwester, ich habe ein Problem«, sagte er gewichtig und öffnete den Korb, den er dabeihatte. Eine Packung Haferflocken und eine Packung Milchreis lagen darin. Ob er das der *mundele* vorsetzen könne? Schwester Godwine inspizierte die Päckchen. Die Haferflocken hatte sie Tata Curé vor zwei Jahren selbst mitgebracht. »Wenn es Reis zum Hauptgang gibt, kannst du zum Nachtisch nicht auch noch Reisbrei servieren«, sagte sie, »höchstens mit Ananasstücken drauf, wie auf der Packung.«

Aber sie habe Tata Curé doch einmal eine Tüte Saroma-Puddingpulver gebracht, das könne er ja verwenden. Sie gab dem Boy noch eine Tütensuppe mit. »Wenn Mussoki Besuch von einem Pater bekommt, klopft er auch immer bei mir an und holt sich zehn Kartoffeln. Normalerweise ißt er Maniok.«

In ihrem Büro verwahrt Schwester Godwine Schulmaterial, Medikamente und gebrauchte Kleider, alles Dinge, an denen in Bienga akuter Mangel herrscht. Vor kurzem kam eine Schülerin zu ihr, weil sie glaubte, Würmer zu haben. Schwester Godwine gab ihr Tabletten, und am nächsten Tag erzählte ihr das Mädchen, die Würmer seien ihr aus dem Mund gekrochen. »Daraufhin mußte die ganze Schule eine Wurmkur machen.«

Normalerweise aber kuriert sie die Kinder »mit nichts«. »Wenn sie Bauchweh haben, sage ich: ›Ich gebe dir jetzt etwas ganz Besonderes.‹ – ›Kommt es aus Belgien?‹ fragen sie dann. ›Ja, sicher‹, sage ich und schütte ein Tütchen Vitamin-C-Pulver in ein Glas Wasser. Und im Nu geht es ihnen besser!«

Es sind Buschkinder, sie kommen aus weit entfernten Dörfern, und es ist nicht leicht, ihnen Manieren beizubringen. Schwester Godwine zeigt ihnen, wie man mit Messer und Gabel ißt und eine Serviette benutzt, und wie man sich zu Hause einrichtet, doch wenn sie in ihre Dörfer kommt, ist sie oft schockiert. »Dann essen sie wieder mit den Fingern, wie die Ferkel, und die Wände hängen voll mit Fotos von Büstenhaltern, Korsetts und Regenschirmen. Ein Skandal ist das!«

Den Lehrern verkauft sie Seife und Zündhölzer, die sie auf dem Markt weiterverkaufen, denn ihre Gehälter sind so niedrig, daß sie etwas dazuverdienen müssen. »In letzter Zeit geht es ziemlich bergab mit dem Bildungswesen«, sagt Schwester Godwine. »Neulich kam ich in eine Klasse, und was der Lehrer da an die Tafel schrieb, war völlig unleserlich. Ich hab ihm ein doppelt liniertes Heft gegeben, damit er noch mal ganz von vorn schreiben lernen kann.«

Jeden Sonntag kommen Mütter von nah und fern und bringen ihren Kindern Lebensmittel. Bis zum Wochenende sind die Vorräte meist aufgebraucht, und die Kinder haben manchmal einen ganzen Tag nichts zu essen. »Vor einiger Zeit haben wir an einem Feiertag Marmeladenbrote verteilt. Die haben sich gefreut!«

Ich frage sie, warum sie gestern im Hof so wütend war. Ein Mädchen hatte einem anderen ein Heft gestohlen, sagt sie. Sie ließ die ganze Schule antreten und sagte, sie erwarte, daß die Missetäterin bis zum Abend einen Zettel mit ihrem Namen unter der Bürotür durchschiebe, sonst würden alle bestraft. »Ich krieg schon raus, wer das war!«

Neulich in der Kirche, als die Mädchen aus den Reihen vor ihr zur Kommunion an den Altar gegangen waren, sah sie unter einem der leeren Stühle einen Zettel liegen. »Ich mußte ihn einfach aufheben, das hatte ich im Gefühl.« Er war an einen Jungen gerichtet. »Treffen wir uns später am Fluß, damit wir nachholen können, was gestern nicht mehr ging?« stand darauf.

Nach der Messe ließ sich Schwester Godwine die Diktathefte der Schülerinnen vorlegen. Sie verglich die Schrift auf dem Zettel mit der in den Heften und fand auf diese Weise heraus, wer ihn geschrieben hatte. Das Mädchen wurde nach Hause geschickt.

Das sind in meinen Augen doch recht absonderliche Sorgen in einer Gegend, in der noch immer Kinder an Unterernährung sterben, doch Schwester Godwine führt einen erbitterten Kampf gegen die Verwilderung der Sitten in Bienga und Umgebung und kann endlos davon erzählen. Das erinnert mich an die Artikel meines Onkels im *Gerardusbode* über seinen Kampf gegen die »Vielweiberei« und die »herzlosen alten Männer«, die ihre Töchter so jung verheirateten: »Diesen heidnischen Bräuchen und Mißbräuchen müssen wir entgegentreten, liebe Leser, indem wir die barmherzige Lehre des katholischen Glaubens verbreiten, um so die kalten, grausamen Herzen dieser alten Heiden milder und mitleidiger zu stimmen, und indem wir die jungen Mädchen in unseren Missionen beschützen und betreuen.«

Schwester Godwine scheint nicht zu wissen, daß auch in Belgien nicht mehr so strenge Moralvorstellungen herrschen wie einst. Die Dorfbewohner bestärken sie noch in ihren überholten Anschauungen. Vor einiger Zeit kamen die Eltern eines Mädchens, das sie nach Hause geschickt hatte, zu ihr und brachten ihr zum Dank ein Huhn und Eier. »Man muß streng sein«, sagt sie. »Die Leute wissen das zu schätzen.«

Plötzlich sieht sie mich forschend an. Wie alt ich eigentlich sei? Zweiunddreißig schon und noch nicht verheiratet? Dann wird das wohl nichts mehr werden. Und wie es mit meinem geistlichen Leben bestellt sei? Ob die Mission nichts für mich sei? Sie könne eine Nählehrerin gebrauchen. Und vielleicht könnte ich ja in den Niederlanden Geld sammeln, damit ein neues Auto für Tata Curé angeschafft werden kann. Ich glaube, es wird Zeit, daß ich mich wieder auf den Weg mache.

Tata Ferdinand, der frühere Koch meines Onkels, kommt gerade aus dem Krankenhaus und hat noch einen Verband um den Fuß. Als ich vor ihm stehe, mustert er mich von Kopf bis Fuß. »Oh, là là«, sagt er und klatscht in die Hände.

Es ist dunkel in seinem Haus, nur durch die offene Tür fällt ein wenig Licht herein. In der Ecke sitzt seine zahnlose Frau. Mein Onkel hat die Ehe der beiden eingesegnet. Ihr Sohn, der im Krankenhaus von Bienga arbeitet, ist auch da.

Hühner und Küken stolzieren im Zimmer umher. Die Wände sind voller Löcher, als hätte jemand darauf geschossen. An einer hängt eine alte Fotografie von Papst Paul VI., vielleicht der deutlichste Hinweis darauf, wann hier die Zeit stehengeblieben ist. Auch Heiligenbilder und Fotos von Tata Ferdinands Söhnen sind da. Einer von ihnen lebt jetzt in Kinshasa; seine Adresse steht an der Wand.

Tata Ferdinand hat viele Jahre bei den Patres gearbeitet. Er weiß nicht mehr genau, wann er angefangen hat, er erinnert sich nur noch, daß es damals in Bienga noch keine Straßen gab.

Ursprünglich war er Protestant, doch die Patres erzählten ihm, die Protestanten seien die Söhne der Katholiken, und so ließ er sich taufen. Die Patres bekamen Lebensmittel aus Europa: Sardinen, Mehl und Dosenerbsen. Immer wenn eine Sendung im Hafen von Matadi eintraf, wurden Träger geschickt, um sie zu holen.

In Bienga erzählt man sich, Ferdinand habe einmal drei Hühner für die Patres zubereiten müssen. Als er den Topf auf den Tisch stellte, hob mein Onkel den Deckel und zählte die Beine. Es waren nur fünf. Wo war das sechste? Ferdinand schwor Stein und Bein, daß die drei Hühner insgesamt nur fünf Beine gehabt hätten. Er wird verlegen, als ich ihn darauf anspreche, als würde er sich nach all den Jahren noch immer schämen. »Ich kann mich nicht daran erinnern«, sagt er.

Manchmal mußte er rohe Kartoffeln in lange, schmale Streifen schneiden und in kochendes Öl werfen. Die Patres aßen *salata* dazu und eine Soße, deren Zubereitung mein Onkel ihm beigebracht hatte. Ferdinand erinnert sich genau an das Rezept: Er mußte ein Ei aufschlagen, das Eiweiß wegwerfen und den Dotter in einen tiefen Teller geben. Dann streute er Salz und Pfeffer darüber und goß langsam Öl dazu. Er macht Rührbewegungen und fängt an zu kichern. »Und beim Rühren wurde der Teller immer voller!« Zum Schluß kamen noch ein paar Tropfen Essig in die Soße. »Aber wirklich nur ein paar Tropfen«, sagt er, »sonst wurde sie ganz weiß.« Die Patres nannten das *majonnessie*.

Pommes frites und Mayonnaise – Rezepte, die sich seinem Gedächtnis eingeprägt haben wie die Zusammensetzung einer geheimnisvollen Medizin. Wenn die Patres aufgegessen hatten, bekam er die Reste. *»Bon? Oh, là là«*, sagt er. Doch als die Patres weg waren, hat er diese Dinge nie wieder gegessen.

Mein Onkel nahm Ferdinand auch auf seinen Expeditionen in den Busch mit. Er lehnte es ab, sich in einem *tipoi* tragen zu lassen, doch wenn ein Fluß zu überqueren war, trug Ferdinand ihn zusammen mit einem der Träger hinüber. Man kann sich den großen Weißen auf Ferdinands Rücken kaum vorstellen. »Wenn der Fluß sehr breit war«, sagt er, »haben wir ihn zu viert getragen.«

Jetzt meldet sich sein Sohn zu Wort. Mein Onkel habe ihn geschlagen, sagt er. Er zeigt auf sein Hinterteil. »Da!« Es ist das erste Mal, daß jemand unfreundlich von meinem Onkel spricht, und Ferdinand schaut ganz erschrokken drein. Doch sein Sohn fährt entschlossen fort: »*Père Houben, vraiment, il était tellement méchant* – Pater Houben, der war so gemein!« Und warum hat er ihn geschlagen? »*Parce que je suis trop bandit* – Weil ich so ein Schlingel bin«, grinst er.

Oft brachte Ferdinand seine Kinder selbst in die Mission, damit die Patres sie ins Gebet nahmen. Manchmal kam mein Onkel abends auch zu ihm. »Was machen die Jungen?« fragte er dann. »Sie waren heute nicht in der Messe.« Wenn sie etwas angestellt hatten, kam er sie holen, und mitunter lockte er sie auch mit Bonbons. Kaum waren sie in der Mission, schloß er die Tür und verpaßte ihnen eine gehörige Tracht Prügel. Dann bekamen sie ein Bonbon und durften gehen. Später begriff Ferdinands Sohn, daß mein Onkel nur seinen Charakter formen wollte. Und sooft er auch auf diese Weise hereingelegt wurde – er ging immer wieder mit, wenn mein Onkel ihn rief. »Denn wenn er mich verprügelt hatte, bekam ich immer das versprochene Bonbon.«

Als ich gehen will, nimmt der Sohn mich beiseite. Sein Vater habe für all die Arbeit bei den Patres nie etwas extra bekommen. Ob ich ihm nicht etwas schenken könne? Ich gebe Ferdinand tausend Zaire. Sein Sohn sieht mich enttäuscht an. Und er? Ob er nichts bekomme?

Am Abend schickt Mussoki seinen Boy mit einer Petroleumlampe durch die dunkle Straße zu den Nonnen: Tata Curés Jeep ist repariert, morgen können wir nach Yangapompe.

Yangapompe – der Name klingt allmählich vertraut. Ich muß dorthin, das spüre ich, so wie Schwester Godwine an dem Morgen in der Kirche gespürt hat, daß sie den geheimnisvollen Zettel aufheben mußte. Seit mein Onkel das Dorf verlassen hat, war nie mehr ein Weißer dort, es muß also noch weitgehend unberührt sein. Vielleicht kann ich dort einen Blick in die Vergangenheit werfen und sehen, wie mein Onkel gelebt hat.

Abbé Mussoki trägt eine Soutane, die einmal weiß gewesen sein muß, jetzt aber fleckig und durch das viele Waschen vergraut ist. Es ist das symbolische Gewand eines Dorfpfarrers, der seine Gläubigen besucht. Vor zwei Tagen hat er einen Boten nach Yangapompe geschickt, um uns anzukündigen.

Halb Bienga ist zum Abschied erschienen. Der Jeep ist mit Zementsäcken beladen, für die Kapelle, die Mussoki an der Straße nach Yangapompe baut, und auf den Säcken sitzen inmitten von gackernden Hühnern und Körben mit Reis und Bohnen Frauen, Männer und Kinder, die die Mitfahrgelegenheit in ihr Dorf nutzen. Alles ist in Hochstimmung. Abbé Mussoki schlägt das Kreuz. »Jetzt liegt unsere Fahrt in Gottes Hand«, sagt er und fährt hupend los.

Angespannt sitzt er neben mir, die Hände um das Lenkrad geklammert, vorgebeugt wie ein Kind in einem Spielzeugauto. »*Autoroute* – Die Autobahn!« ruft er fröhlich, als wir in die Sandpiste nach Yangapompe einbiegen. Andere Autos sind weit und breit nicht zu sehen. Frauen rennen erschrocken zur Seite, wenn wir uns nähern, als würde ein wildes Tier die Straße entlangrasen. Mussoki streckt den Arm aus dem Fenster und winkt ihnen zu, und wenn Kinder mitgenommen werden wollen, ruft er: »*Pas de place* –

Alles besetzt!« Die Federung des Jeeps knarrt und quietscht wie mein Bett in der Mission.

Wo hat Mussoki bloß Auto fahren gelernt? Er lacht. »Ich? Ich hab's gar nicht gelernt. Ich hab ein einziges Mal neben dem Fahrer einer belgischen Firma gesessen, der hat mir gezeigt, wie's geht. Nach einem Kilometer hab ich mich selbst ans Steuer gesetzt, und seitdem kann ich's!« Ich komme mir vor, als wäre ich mit Don Camillo unterwegs. Mussoki kurvt durch die hügelige Landschaft, als gehörte die Straße ihm.

Nur ein einziges Fahrzeug kommt uns an diesem Tag entgegen, ein Lastwagen, und wir bemerken ihn erst, als wir mit ihm zusammenstoßen. Drei junge Zairer sitzen im Führerhaus und sehen uns verdattert an. Wir sind eindeutig schuld, aber Mussoki stürmt aus dem Jeep und liest dem Fahrer mit erhobenen Fäusten die Leviten. Da steht er, eine kleine, zornsprühende Gestalt in einer zu großen, schmuddeligen Soutane, ein wild gewordener Engel. Von hinten höre ich Gekicher. Zum Glück ist der Schaden nicht groß, und wir können weiterfahren. Mussoki schimpft noch eine Weile, so aufgebracht, wie er vorher vergnügt war, aber seine Tiraden bringen unsere Mitfahrer nur zum Lachen, und bald hört er auf. Gleich darauf er singt wieder.

Dieu nous accueille dans sa maison.
Dieu nous invite à son festin.
Jour d'allégresse, jour de joie.
Alléluia!

Gott heißt uns willkommen in seinem Haus.
Gott lädt uns ein an seinen Tisch.
Tag des Jubels, Tag der Freude.
Halleluja!

»Ach ja, plötzlich sehe ich Pater Houben vor mir, so wie er in seinen letzten Jahren in Bienga ausgesehen hat«, sagt Abbé Mussoki nachdenklich. »Er war ziemlich dick für seine Größe, und er hatte einen kurzen weißen Bart. Es war direkt vor meiner Ordination. Er stand mit ausgebreiteten Armen in der Tür des Refektoriums, gut gelaunt und lachend. Er hatte Orangenwein für mich gemacht.«

Wir fahren über schmale Holzbrücken, die unter dem Gewicht des Jeeps schier zusammenbrechen. Mein Onkel ist die Strecke oft zu Fuß gegangen, erzählt Mussoki, aber er nahm Abkürzungen. Ich kann ihn mir vorstellen, wie er dort in der dunstigen Ferne dahinwandert, auf seinen Stock gestützt, bergauf und bergab, gefolgt von singenden Trägern. Eine skurrile Prozession unter sengender Sonne.

Etwa zehn Kilometer vor Yangapompe kommt uns ein junger Mann entgegen. Er wirkt förmlich in seinem *abacost*, einer Art Mao-Anzug, den Mobutu in den siebziger Jahren zur offiziellen zairischen Kleidung erklärt hat. Wie sich herausstellt, ist er Katechist. Er sieht mich an wie jemand, der die Ehre hat, einer bedeutenden Persönlichkeit das Geleit zu geben. Es ist ein großer Tag für Yangapompe, sagt er, denn heute kehrt Tata Houben in Gestalt seiner Nichte zurück. Das ganze Dorf steht zu meinem Empfang bereit.

Ich muß daran denken, was Tata Victor gesagt hat, als ich ihn besucht habe. Erst konnte er gar nicht glauben, daß ich aus Fleisch und Blut bin, er dachte, ich sei eine »Wiedergekehrte«. Vielleicht war ich auch die Jungfrau Maria. Er mußte selbst lachen, als er das sagte, sah mich dabei aber prüfend an.

Da ist Yangapompe. Am Fuß des Hügels erwartet uns eine Anzahl älterer Männer. Sie stehen auf ihre Stöcke gestützt in einer Reihe, klapperdürr und mit alten Medaillen und Mobutu-Anstecknadeln geschmückt. Das Empfangskomitee. Sie haben etwas drollig Würdevolles in den alten

Kleidern, die sie für den Anlaß hervorgeholt haben. Einer von ihnen trägt einen Tropenhelm, ein anderer hat eine abgewetzte Schultasche bei sich. Er war Lehrer in der Missionsschule, sagt der Katechist.

Hinter ihnen ist ein malerisches Dorf zu sehen, und ich verstehe sofort, weshalb mein Onkel so gern hier war. Gelbe Hütten ziehen sich den Hügel hinauf, dazwischen üppiges Grün von Palmen, Bananen- und Ananasstauden. Von oben tönt schwaches Glockengeläut herab.

Die Männer gehen uns entgegen, und plötzlich sind wir ringsum von melodischem Geschnatter umgeben. »Ah, Tata Houben!« Unter Medaillengeklimper führen sie uns den Hügel hinauf. Aus der Ferne haben ihre Kleider noch ganz ordentlich ausgesehen, aber jetzt merke ich, wie verschlissen sie sind. Der Mann vor mir hat einen Riß in seiner türkisfarbenen Hose, und der Kragen seines zu engen Jacketts ist mit groben Stichen geflickt. Der Stock, an dem er geht, ist das einzige, was aus der Nähe besser aussieht als von weitem. Der Griff ist in der Form eines Männerkopfes kunstvoll geschnitzt. Zwei Plastiksandalen baumeln daran.

Hühner und Ziegen laufen zwischen den Hütten umher, und an Wäscheleinen trocknen Kleider. Der Pfad, der den Hügel hinaufführt, ist felsig, und ich höre Abbé Mussoki hinter mir keuchen. Er muß sich mächtig anstrengen in seiner schweren Soutane. Dorfbewohner kommen den Hügel herabgelaufen und fangen spontan an zu singen: »*Tata Houben! Yeeeyeeyee! Tata Houben!*« Eine Frau tritt zu mir. Die Risse in ihrer Bluse werden von Sicherheitsnadeln zusammengehalten. Sie öffnet die Hände. Zwei Eier liegen darin, ein Geschenk für mich.

Ein Mann zieht mich am Arm und erzählt Mussoki, er habe es Tata Houben zu verdanken, daß er noch am Leben sei. Er sei krank gewesen, und mein Onkel habe ihn wieder gesund gemacht. »*Malade* – Krank«, sagt er und zeigt auf sein Hinterteil; offenbar hat mein Onkel ihm eine Spritze gegeben.

Für manche Kinder muß ich die erste Weiße sein, die sie je gesehen haben, denn sie laufend kreischend vor mir davon. Eines trägt ein knallgelbes T-Shirt mit der Aufschrift *Dierenpark Wassenaar* – Zoo Wassenaar. Wie kommt das Hemd hierher? Ein kleiner Junge hat eine Hose an, die überwiegend aus Löchern besteht: Po und Penis schauen heraus. Die ganze abgerissene Gesellschaft begleitet uns, man versucht mich zu berühren und ruft mir etwas zu. Allmählich wird mir unbehaglich bei soviel Interesse. Wie soll ich mir die Leute anschauen, wenn sie mich nicht aus den Augen lassen?

Das Glockengeläut kommt immer näher. Auf dem Hügel steht die Kapelle, die mein Onkel gebaut hat. Die Tür ist mit Palmzweigen geschmückt, und im Innern dienen halbierte Baumstämme als Bänke. Das Kreuz mit dem blutenden Christus muß von Trägern hier heraufgeschafft worden sein. Die Wände sind mit Kinderzeichnungen von Autos und Flugzeugen geschmückt.

Die Kapelle war das erste Steingebäude in Yangapompe, erzählen die Männer stolz. Mein Onkel hatte ein besonderes Gerät zur Herstellung der Ziegel aus Bienga kommen lassen. Später baute er in seinem Garten alle möglichen Gemüsesorten an, die man hier noch nie gesehen hatte: Karotten, Sellerie, Kartoffeln und Kopfsalat.

Neben der Kapelle ist das Haus meines Onkels. Es steht leer, als hätte nach seinem Weggang niemand mehr darin zu wohnen gewagt. In einem Baum hängt die Glocke, die er selbst angebracht hat.

Palaver und Feste fanden auf dem kleinen Platz vor seinem Haus statt. Er saß dann auf einem Fell in dem Lehnstuhl, den die Dorfbewohner für ihn gebaut hatten. Die Dorfältesten brachten ihm Palmwein, und manchmal, wenn sie tanzten und sangen, tanzte er mit.

Er war einundvierzig, als er hierherkam. Auf den Fotos aus dieser Zeit lichtet sich sein Haar bereits, aber sein Bart ist noch voll und lockig. Mit einem Glas Palmwein in der Hand in seinem Lehnstuhl kann ich ihn mir vorstellen, beim Tanz in der Tropennacht nicht so recht. Oder doch?

Im *Gerardusbode* schrieb er: »Der schönste Lohn für einen Missionar ist es, wenn er die Zuneigung der Heiden gewinnt, denn damit gewinnt er sie für seinen Glauben. Es genügt daher nicht, sie zu unterweisen und sie den Katechismus zu lehren; man muß an ihrem Leben teilnehmen, oder, wie ein Bischof einmal sagte: Menschen bekehrt man abends am Feuer. Laßt uns deshalb inbrünstig beten, daß wir viele Schwarze zu Gott bringen, wenn wir abends am Feuer ruhig mit ihnen reden.«

Bevor mein Onkel kam, war Yangapompe protestantisch, erzählen die Männer. Seit er nicht mehr da ist, sind viele zu ihrem alten Glauben zurückgekehrt, denn in der Nähe lebt ein protestantischer Pfarrer. »Wenn Pater Houben wiederkäme, würden sie alle wieder katholisch werden«, sagt Mussoki.

Dann wandert die Prozession den Hügel wieder hinunter, wo eine Reihe Stühle bereitsteht. Ich muß in der Mitte Platz nehmen, flankiert vom Empfangskomitee. Die Frauen sitzen uns gegenüber auf der Erde. Einer der jungen Männer aus dem Dorf hält eine Rede, erst auf kikongo, dann auf französisch.

»Mademoiselle, im Namen der ganzen christlichen Gemeinde von Yangapompe heißen wir Sie willkommen. Wir danken Ihnen, daß Sie gekommen sind, um zu sehen, wie Ihr verstorbener Onkel, der hochwürdige Pater Albert Houben, hier gewirkt hat. Wir fordern alle Anwesenden auf, zum Gedenken an den Verstorbenen eine Minute Schweigen zu bewahren...

Pater Houben war der erste Missionar, der uns die frohe Botschaft von Jesus Christus, unserem Erlöser, brachte. Er hatte vor, hier eine Mission aufzubauen. Das Dorf war ihm wohlgesinnt, aber leider war der Boden zu felsig. Doch er hat sein Dorf nie vergessen, denn er hinterließ uns vieles – eine Glocke, ein großes Kruzifix –, Dinge, die wir in Ehren halten …«

Schutzlos der stechenden Sonne ausgesetzt, sitzen wir auf unseren Stühlen und hören zu. Ich fühle mich ein wenig unbehaglich. Wie soll ich den Leuten klarmachen, daß ich nicht gekommen bin, um die Kruzifixe und Häuser zu bewundern, die mein Onkel hier zurückgelassen hat, oder um zu sehen, wie die Gläubigen nach seinem Wort leben? Die Rede nimmt und nimmt kein Ende.

»Mademoiselle, der Weggang des hochwürdigen Pater Houben hat uns viel Kummer bereitet. Sein Tod hat in allen, die ihn gekannt haben, eine Leere hinterlassen, die niemand füllen kann. Mit ihm haben wir einen wahren Hirten verloren. Doch der Herr sei gepriesen! Nun sind Sie hier, Mademoiselle, und es ist, als sei er von den Toten auferstanden … Tata Houben wußte um die Probleme seiner Gläubigen. Er wollte hier ein Krankenhaus bauen, aber leider verließ er Yangapompe, bevor dieses Projekt verwirklicht werden konnte. Heute wie damals befindet sich sein geliebtes Volk in einem beklagenswerten Zustand. Deshalb bitten wir Sie, Mademoiselle, um Hilfe im Bereich der Gesundheitsfürsorge. Wir sind guter Hoffnung, daß Sie sich bei den zuständigen Stellen für uns verwenden werden …«

Ich bin bestürzt. Plötzlich schäme ich mich dafür, daß ich hier sitze. Was für Erwartungen habe ich geweckt? Aber ich komme nicht dazu, weiter darüber nachzudenken, denn jetzt fangen die Frauen mir gegenüber an zu singen. Ich erkenne die Melodie wieder, es ist ein Lied, das wir als Kinder in den Sommerferien am Lagerfeuer gesungen haben: *Ich sage nicht lebwohl, mein Freund, denn bald sehn wir uns wieder* … Doch hier hat es einen afrikanischen

Rhythmus, und auf kikongo klingt es viel lebendiger und wärmer. Die Männer neben mir stehen auf und stimmen in den Gesang ein.

Ist es die tropische Sonne, die Melodie meiner Kindheit so fern von zu Hause, die Scham, die Verwirrung? Ich weiß es nicht, doch plötzlich kommen mir die Tränen. Pierre, der alte Mann mit dem geschnitzten Stock, weint auch.

Jemand gibt mir drei Flaschen Bier und eine Flasche Palmwein. Sie werden sofort geöffnet, und jeder der Männer auf den Stühlen bekommt ein Glas. Ich gebe ihnen die Fotos meines Onkels, die ich mitgebracht habe. »Tata Houben«, sagt eine Frau zu einem der Bilder, »ich sehe dich hier, aber warum sagst du nichts?« Eine andere ruft: »Was ist mit all den Versprechen, die du uns 1935 gegeben hast?« Am Ende der Stuhlreihe fragt ein uralter Mann, der fast taub ist, nach Pater Van Impe. Wie geht's ihm denn? Van Impe ist seit Jahren tot.

Pierre, der neben mit sitzt, fängt wieder an zu weinen, als er die Fotos sieht. Seine nackten, verhornten Füße scharren im Sand. Seine Stimme bricht, und die Augen in dem runzligen Gesicht verengen sich zu schmalen Schlitzen. Er trinkt sein Glas Palmwein in einem Zug leer.

Pierre hat meinen Onkel auf allen seinen Expeditionen in den Busch begleitet. Er war sein Meßdiener, er machte sein Bett und wusch seine Kleider. »Tata Houben war wie ein Bruder für mich. Ich hab sogar einmal mit ihm im selben Bett geschlafen«, sagt er. Mein Onkel hat auch eine Frau für Pierre ausgesucht. Sie war Waise, und mein Onkel stellte die Mitgift: Ohrringe, einen Armreif und ein Kopftuch. Pierre ist noch heute mit ihr zusammen. »Ah, Tata Houben – er war weiß wie ein Europäer, aber er hatte das Herz eines Zairers.« Ich kann jederzeit wiederkommen, sagt er, und auch meine ganze Familie mitbringen. Wir werden in Yangapompe immer willkommen sein.

Der Katechist stößt mich an. Jetzt muß ich etwas sagen.

Neben mir nimmt jemand meine Worte mit einem Kassettenrecorder auf. Ich danke den Dorfbewohnern und versuche ihrer Bitte um Hilfe so diplomatisch wie möglich auszuweichen. Meine kleine Rede endet in Beifall und Gesang, und jemand drückt mir ein wild flatterndes Huhn in die Arme. Hühner und Eier waren die traditionellen Willkommensgaben der Dorfbewohner für Weiße, denen sie wohlgesinnt waren. Und die Weißen revanchierten sich mit dem Bau von Missionsstationen, mit Kleidern und Medikamenten. Aber was kann ich hier tun? Warum mußte ich unbedingt in den tiefsten Busch? Und warum haben die Patres mich nicht gewarnt? Am liebsten würde ich auf der Stelle nach Bienga zurückfahren und mich in meinem Zimmer bei Schwester Godwine verkriechen.

Essenszeit. In der Hütte hinter uns ist ein Tisch mit tiefen Tellern gedeckt. Eine Frau bringt zwei Töpfe, einen mit Reis und einen mit Fisch und Bohnen. Die Dorfbewohner drängen sich am Eingang und schauen zu. Es kommt nicht oft vor, daß sie jemanden an einem Tisch und mit Messer und Gabel essen sehen.

Die Nacht bricht in Yangapompe jäh herein. Überall werden Petroleumlampen angezündet, und die Leute eilen geschäftig hin und her. Sie machen Feuer auf dem Platz vor der Kapelle, auf dem mein Onkel seine Palaver gehalten hat. Im Mondlicht, das durch die Palmen scheint, führt mich ein Junge zu der Toilette, die eigens für den Anlaß gebaut worden ist: ein Loch in der Erde in einer Hütte aus Palmzweigen. »Jetzt siehst du, wie Tata Houben gelebt hat!« lacht er.

Auf dem Kapellenplatz stehen wieder die Stühle bereit. Es ist eine romantische Szene: Trommeln ertönen, Augen glänzen im Feuerschein, Stimmen steigen in die Dunkelheit auf. Was ich kürzlich gehört habe, als ich nachts in der Mission im Bett lag, muß etwas Ähnliches gewesen sein. Und schon steht wieder jemand auf, um eine Rede zu halten. Es ist der *chef de collectivité*, der Dorfvorsteher. Er ruft etwas, und die Leute antworten:

Servir? Oui!
Se servir? Non!
Mouvement Populaire de la Révolution? Oyééé!
Mobutu? Oyééé!
Yangapompe? Oyééé!

Ich hätte ja nun gesehen, wie baufällig die Kapelle ist, sagt der Redner. Ob ich nicht Mittel für ihre Renovierung beschaffen könne? Und eine höhere Schule bräuchten sie auch, ob ich das nicht ermöglichen könne? Es überrascht mich, diese Worte ausgerechnet von einem Vertreter der Politik zu hören. Sollte sich nicht seine Partei, die MPR, um diese Dinge kümmern? Ein einziges Mal während meines Aufenthalts in Yangapompe spreche ich diesen Gedanken aus, aber da sieht mich alles verständnislos an. Sie können sich nicht vorstellen, hat mir Mussoki am Nachmittag gesagt, daß ich ohne einen bestimmten Auftrag meines Onkels von so weit her gekommen bin. Ein Onkel ist hier für die Familie verantwortlich; wahrscheinlich denken sie, mein Onkel habe mir auf dem Sterbebett aufgetragen, nach Yangapompe zu gehen und sein Werk weiterzuführen.

Eine zahnlose alte Frau tanzt ums Feuer und singt:

Ohne die Macht und die Stärke Gottes
Hätten wir dich, Tata Houben,
In Yangapompe nie gesehen.

Sie klatscht in die Hände, und die anderen fallen ein:

Ohne die Macht und die Stärke Gottes
Hätten wir dich, Mama Lieve,
In Yangapompe nie gesehen.

Neben mir sitzt ein alter Mann. Er zupft an seinem Bart und lacht. »Ein Andenken an Pater Houben!« Der alte Pierre ist auch da. Man erzählt von früher. Die Patres brachten Gemüse und Kaffee von den Feldern der Dorfbewohner mit dem Auto nach Kinshasa und kamen mit Waren aus der Stadt zurück. Jetzt sind keine Autos mehr da, und der Handel ist zum Erliegen gekommen.

Als sie noch jünger waren, saßen sie oft so ums Feuer. Die Alten unterhielten sich, und die Jungen hörten zu. Aber heute geht jeder seine eigenen Wege. Die jungen Leute wandern in die Stadt ab, wenn sich die Möglichkeit bietet, und die meisten von ihnen kommen nie wieder zurück. »Sie haben Angst vor den Alten. Wir sind dem Tod nahe, wir wissen vieles. Sie glauben, wir würden sie aus Neid verzaubern.« Verzaubern? Was meinen sie damit? Aber dann fallen mir die Krokodile ein. Man weiß nie.

Jetzt stehen die Dorfältesten von Yangapompe auf und beginnen ebenfalls ums Feuer zu tanzen. Die Messingknöpfe an ihren Jacken und die Plaketten an ihren Mützen blinken. Einer von ihnen löst sich aus der Gruppe. Er tut so, als stützte er sich schwer auf einen Stock und zupft an seinem imaginären Bart. Dann schlägt er das Kreuz und blickt in die Ferne. Er gibt vor, einen schweren Koffer zu tragen. Die anderen Männer folgen ihm singend und tanzend.

Öffne deinen Koffer,
Zeig uns, was drin ist.

Der Mann bleibt stehen, dreht sich um und öffnet den Koffer. Die anderen stellen sich in einer Reihe auf und strecken die Hände aus. Er steckt jedem etwas zu.

Wenn mein Onkel von Dorf zu Dorf zog, begleiteten ihn die Leute noch ein Stück, erzählt Pierre. Sie sangen dieses

Lied und mein Onkel gab jedem einen Franc. Der *chef de collectivité* neben uns ist eingeschlafen.

Langsam erlischt das Feuer, die Trommeln verstummen, und alles macht sich bereit, schlafen zu gehen. Ein Junge führt mich im Schein einer Petroleumlampe zu meiner Hütte. Auf dem Boden liegt eine Matratze mit sauberen Laken, und sogar eine nagelneue, noch in Plastik verpackte Decke ist da. An der Wand hängt ein Foto von Mobutu.

Ich fühle mich ungeschützt in diesen vier Wänden. Die Stimmen draußen, die Schritte auf dem steinigen Weg, das Schnauben der Tiere – alles scheint so nah. Ich kann sogar das Gras riechen.

Am Morgen wecken mich Kindergeschrei und ein krähender Hahn. Die alten Männer sitzen bereits vor meiner Tür. Sie haben Reis, Bohnen und Bananen mitgebracht, und sobald ich mich blicken lasse, fangen sie wieder an zu singen. Ich betrachte sie in ihren zerlumpten Kleidern, und ihre Fröhlichkeit inmitten dieser Armut rührt mich an. Ich kann die nostalgischen Gefühle der alten Patres verstehen, die Sentimentalität der Ex-Kolonisten, ihre Sehnsucht nach diesem Land, diesem Volk, und doch will ich so schnell wie möglich von hier weg. Ich fühle mich hin- und hergerissen zwischen Rührung und Widerwillen.

In den vergangenen Wochen konnte ich ungestört durch die Vergangenheit schweifen. Hier in Yangapompe aber scheint es keinen Unterschied zwischen Vergangenheit und Gegenwart zu geben, hier sind Menschen dem ausgeliefert, was von außen auf das Dorf zukommt – die Ankunft eines Paters, seine Abreise, der Wunsch ihrer Kinder, in die Stadt zu gehen. Und jetzt mein Besuch. Sollten die Menschen in Yangapompe je bessere Zeiten erleben, werden sie glauben, Tata Houben oder Mama Lieve hätte dabei die Hand im Spiel.

Bevor ich ins Auto steige, tanzen die Frauen um mich herum und wünschen mir mit einem Lied gute Fahrt. Ich lache und winke und schüttle Hände, aber meine Abreise aus Yangapompe gleicht eher einer Flucht.

Kinshasa: Leben unter Paragraph fünfzehn

ES wird Nacht, und die regennasse Straße nach Kinshasa glänzt im Scheinwerferlicht des Missionsjeeps. Die Dörfer ringsum sind in Finsternis gehüllt. Ein Auto nach dem anderen gibt den Kampf gegen den strömenden Regen auf und hält an. Ein umgestürzter Laster liegt wie ein verendendes Tier am Straßenrand. Einige der Fahrer versuchen Feuer zu machen, und da und dort holt das spärliche Licht eine ockerfarbene Hütte oder einen kleinen Dorfplatz aus dem Dunkel hervor. Andere Fahrer winken uns zu wie Ertrinkende, und von Zeit zu Zeit kommt uns ein Auto entgegen, unerwartet und schwarz wie die Nacht oder mit nur einem Scheinwerfer, wie ein Einäugiger.

Der Fahrer der Mission fährt in unbeirrbarem Schweigen weiter. Die Scheibenwischer wandern hin und her, und durch die Windschutzscheibe sehe ich verschwommen die ersten Lichter der Stadt in der Ferne auftauchen. Kinshasa! Als wir näher kommen, dehnt sich ein Dickicht von Lichtern vor uns aus. Nach all den Wochen im Busch, wo abends unwiderruflich die Dunkelheit hereinbrach, ist es, als kämen wir in eine hell erleuchtete Konzerthalle. Eine Mercedes-Reklame, eine Tankstelle, eine Zairerin im ledernen Minirock, die Autofahrer auf sich aufmerksam zu machen sucht, eine von Mauern umgebene Villa in einem beleuchteten Garten. Wie schnell habe ich mich an die monotone Landschaft im Landesinneren gewöhnt! Ich weiß gar nicht, wo ich zuerst hinschauen soll, so viel stürmt plötzlich auf mich ein. Ein Transparent über der

Straße, das den belgischen Pianisten Jean-Claude Vanden Eynden ankündigt, eine Reklame für Bata-Schuhe...

Wir fahren einen breiten Boulevard entlang, der gar kein Ende zu nehmen scheint. Links und rechts stehen imposante Gebäude, einige davon im Kolonialstil. Ich bin aufgeregt wie ein Landbewohner, der zum ersten Mal in die Stadt kommt, aber auch ängstlich, denn in Kinshasa bin ich nicht mehr Mama Lieve, die Nichte von Tata Houben. Von jetzt an bin ich auf mich allein gestellt.

Die erste Nacht in Kinshasa schlafe ich in der Missionsniederlassung, obwohl Frauen dort eigentlich nicht übernachten dürfen. Beim Aufwachen bin ich unruhig: Ich muß hier so schnell wie möglich weg.

Meine ersten Schritte in der großen Stadt. Jeder sieht natürlich sofort, daß ich gerade erst angekommen bin. Die Passagiere der *Fabiolaville* haben mich gewarnt: Ich müsse auf meine Tasche aufpassen. Meine Armbanduhr stecke ich sicherheitshalber ein; ich will nicht, daß sie recht behalten und ich gleich am ersten Tag bestohlen werde.

Der Himmel ist bewölkt, die Luft feucht und drückend. Auf dem Boulevard des dreißigsten Juni rast der Verkehr dahin. Überfüllte, schiefhängende Busse ziehen pechschwarze Auspuffwolken hinter sich her, und wenn sie halten, klettern Fahrgäste durch die Fenster hinein oder heraus. Plötzlich hupt jemand neben mir. Es ist Hélène, eine der lustigen Witwen von der *Fabiolaville*. An Bord habe ich kaum ein Wort mit ihr gewechselt, aber jetzt, in der fremden Stadt, falle ich ihr fast um den Hals, so froh bin ich, ein bekanntes Gesicht zu sehen. Ob ich eine Unterkunft suche? Sie weiß da jemanden.

Und so lande ich in einem der höchsten Häuser am Boulevard. Unten ist die belgische Botschaft untergebracht, das Personal wohnt darüber. Mein junger französischsprachiger Gastgeber Alain – er ist Junggeselle, und

Kinshasa ist sein erster Posten – freut sich, Gesellschaft zu bekommen. Ich habe sein Angebot nur zögernd angenommen – würde ich nicht wieder in den Sog der ex-kolonialen Atmosphäre von der *Fabiolaville* geraten? –, aber ich wollte von den Patres weg, und das gab den Ausschlag.

Alain steht in der Tür, eine schlaksige, etwas nüchtern wirkende Erscheinung mit Metallbrille. Sein Wohnzimmer geht auf den Zaire hinaus. Überall liegen Bücher und Autozeitschriften, und die Wandschränke beherbergen eine Sammlung ausländischer Nummernschilder und Spielzeugautos. Alain ist Autofan. Als er die hohen Schiebetüren zum Balkon öffnet, weht uns die heiße Luft Kinshasas ins Gesicht, und der Verkehrslärm dröhnt herauf. Der ganze Balkon ist voll mit Autoteilen, und auch in meinem Zimmer stolpere ich darüber.

In der Tiefgarage – sie gäbe die perfekte Kulisse für eine Mannix-Episode ab – steht Alains cremefarben blitzender Chevrolet. Das Auto ist wie eine Geliebte für ihn. Er setzt sich hinters Steuer, lehnt sich lässig zurück und fährt in einem einzigen eleganten Schwung die Spiralen der Rampe hoch. Oben wird sein amerikanischer Traum grausam unterbrochen durch die beiden Zairer, die den Schlagbaum an der Ausfahrt bedienen und sich erst nach langem, ärgerlichem Hupen in Bewegung setzen.

Mit Alain durch die Straßen von Kinshasa zu fahren ist ein Erlebnis der besonderen Art. Junge Einheimische bleiben stehen und schauen uns nach, er selbst aber scheint kaum zu merken, was um ihn herum vorgeht. Der Schwarze mit den Kopfhörern auf den Ohren, der uns von der Bierwerbung an den Bussen anlacht: *Skol, au rhythme de la vie* – im Rhythmus des Lebens – die Zairer mit ihren Aktentaschen, die inmitten von Hitze, aufwirbelndem Sand und Auspuffwolken ein Taxi anzuhalten versuchen – das alles nimmt er gar nicht wahr. Er achtet ausschließlich auf die Straße, die von Schlaglöchern übersät ist. Und die machen sein Auto kaputt. »Jetzt schau dir das an!« ruft er empört, als wir uns wieder einem tiefen Loch nähern. Manchmal kann er nicht ausweichen und fährt dann mit verbissener Miene durch. Der miserable Straßenzustand gibt ihm immer wieder Anlaß, sich über den allgemeinen Niedergang des Landes auszulassen.

Die Fenster öffnen sich auf Knopfdruck, aber sie müssen geschlossen bleiben, denn Alain hat Angst, ein Dieb könnte sich meine Tasche schnappen. »Ist deine Tür verriegelt?« erkundigt er sich mehrmals. »Die Gegend hier ist nämlich sehr gefährlich.« Später, als ich Kinshasa besser kenne und auch öfter zu Fuß in diesen Vierteln unterwegs bin – ohne daß auch nur ein einziges Mal jemand nach meiner Tasche greift –, kabbeln wir uns oft darüber, wie gefährlich es hier ist. Und ob nicht vielleicht der Chevrolet die Leute überhaupt erst auf Ideen bringt.

In den kommenden Monaten werde ich zwischen meinen Reisen ins Landesinnere oft in Kinshasa Station machen, denn die meisten Flüge von einer Stadt zur anderen führen über die Hauptstadt. Meist logiere ich während dieser Zwischenstopps bei Alain.

Als ich eines Tages ins Botschaftsgebäude komme, steht die Eingangshalle voll mit Paketen und Kartons, darunter auch sperrige Stücke, die in ihrer braunen Verpackung wie bizarre Kunstobjekte aussehen. Wie sich herausstellt, sind es Alains Autoteile; Alain ist nach Brazzaville versetzt worden, der Hauptstadt der *République Populaire du Congo*, der Volksrepublik Kongo, am gegenüberliegenden Ufer des Zaire. Wochenlang warten seine Sachen darauf, abgeholt zu werden. Das Botschaftspersonal lacht nur darüber.

Brazza ist für einen Diplomaten kein so prestigeträchtiger Posten wie Kinshasa, aber Alain ist hocherfreut. Er hat die Straßen dort einer eingehenden Inspektion unterzogen, und eines ist sicher: Sein Chevrolet geht herrlichen Zeiten entgegen.

Wo halten sich Leute wie Alain in Belgien nur versteckt? Oder werden sie durch das Leben im Ausland so exzentrisch? Die einfachste Erklärung ist wahrscheinlich, daß ich Alain in Belgien nie über den Weg laufen würde, so wie ich auch jahrelang keinem Pater mehr begegnet war, bevor ich mich entschloß, nach Zaire zu fahren. Als Neuling in dieser Stadt bin ich auf ihn angewiesen, doch das Kinshasa, das ich später kennenlerne, ist eine ganz andere Stadt, als die, in der Alain lebt.

Für ihn ist Kinshasa ein Ort, der einen wahren Schatz an alten Autos birgt. Sein Boy Célestin spürt sie für ihn auf, und wenn er einen Fund meldet, fahren sie zusammen hin. Célestin muß diese Suche nach Autos, die in seinen Augen nur noch Wracks sind, ziemlich seltsam erscheinen, doch wenn Alain zufrieden ist, bekommt er ein Trinkgeld, und so widmet er sich dieser Aufgabe getreulich und hingebungsvoll.

Es dauert Tage, bis ich in Kinshasa gut schlafe. Vorbei sind die seligen Nächte bei den Patres im Busch, wo ich in den Schlaf sank, als würde ich in einen tiefen Keller hinabsteigen, wo zaghaftes Gebimmel oder krähende Hähne mich morgens weckten. Hier dringt das Glockengeläut so jäh und überwältigend in mein Zimmer, als hätte jemand auf dem Balkon ein Radio auf volle Lautstärke gestellt. Dreizehn Stockwerke tiefer hupen sich Autos und *fulafulas*, wie die überlasteten Kleinbusse genannt werden, gegenseitig nieder. Die Fenster zittern, als würde der Teufel daran rütteln.

Kurz darauf zieht Kaffeeduft herein – Célestin macht Frühstück. Er hat bereits eine stundenlange Reise hinter sich, denn er wohnt in der *cité*, der *ceinture de misère*, dem Armutsgürtel, der das Geschäftszentrum von Kinshasa umgibt. Teils zu Fuß, teils mit dem *fulafula* gelangt er zu seinem Herrn.

»*Oui, oui, patron*«, tönt es aus der Küche, als Alain ungeduldig nach ihm ruft. Schnell schneidet er die Kruste vom Brot und nimmt die Schokolade aus dem Kühlschrank, die Alains Mutter mit der diplomatischen Post schickt. Spielzeug für die Katze wird auf demselben Weg befördert, und zu Weihnachten will Alain sogar einen Plastik-Christbaum kommen lassen.

Célestin ist klein und schmal und nicht so fügsam wie die Boys, die ich in den Missionen erlebt habe. Alain besteht darauf, daß er sich anständig kleidet. Er mag es nicht, wenn ein Boy Risse in der Hose hat oder, schlimmer noch, in weißen Shorts und T-Shirt herumläuft wie bei manchen anderen Weißen.

Wenn sein *patron* eine Dinnerparty gibt, blüht Célestin auf. Dann kocht er französisch und backt aufwendige Schokoladenkuchen, und am Abend holt er das beste Service aus dem Schrank und zieht eine weiße Jacke mit Messingknöpfen und roten Epauletten an. Als ich einmal mit einem Fleck auf meiner Bluse nach Hause komme, erwacht der Experte in ihm. Er taucht einen Korken in Benzin und reibt damit über den Fleck, bis er verschwunden ist.

Célestin ist einer der wenigen Zairer, mit denen Alain regelmäßig Kontakt hat. So wie Alain vom Zustand der Straßen auf den des Landes im allgemeinen schließt, leitet er auch sein Urteil über die Schwarzen aus dem ab, was er zu Hause mit Célestin erlebt. Er bezahlt ihn besser als die meisten anderen Botschaftsangehörigen ihre Boys, mit der Folge, daß Célestin sich immer mehr Frauen nimmt. Alain meint dann sofort, alle Zairer würden es so machen.

Dann sind da noch die Einheimischen, mit denen er in der Botschaft zu tun hat. In langen Schlangen stehen sie morgens an den Schaltern. Manchmal kommt Alain mittags wutschnaubend nach oben. Da will doch tatsächlich ein Zairer sein Kind in Belgien in den Kindergarten schikken! Die sollen was für ihr eigenes Erziehungswesen tun!

Seine Erfahrungen in der Botschaft überzeugen ihn davon, daß es besser ist, Beziehungen zu Zairern nicht weiter zu vertiefen. »Du kannst ja ruhig mit ihnen verkehren«, sagt er, »aber bei mir ist das etwas anderes. Wenn sie hören, daß ich bei der Botschaft arbeite, stehen sie am nächsten Tag auf der Matte und wollen ein Visum.«

Meist hält Alain sich im Geschäftszentrum der Stadt auf, und das gilt auch für die Mehrheit der Weißen in Kinshasa. Im Lift treffe ich einmal einen meiner Tischgenossen von der *Fabiolaville*. Er bietet mir eine Führung durch die Stadt an, aber leider kennt er nur die Hotels. Seine Frau will wissen, wie meine Reise bisher gewesen sei. Als ich sage, daß alles nach Wunsch verlaufen ist, gleitet ein Schatten über ihr Gesicht, als würde sie bedauern, daß ich durch meine Erfahrungen nicht klüger geworden bin.

Einkäufe macht Alain bei *Express*, *La Bavière* oder *Sedec*. Turmhoch sind dort die Mayonnaisegläser gestapelt. Muscheln, französischer Käse, Bastogne-Kekse und Godiva-Pralinen werden aus Belgien eingeflogen, allerdings ist der Käse manchmal ausgetrocknet und die Schokolade verfärbt. In diesen Geschäften kaufen fast nur Weiße ein, und ich laufe dort regelmäßig Passagieren der *Fabiolaville* über den Weg.

Abends, wenn die Läden, Banken und Reisebüros im Geschäftszentrum schließen, wird es ruhig um die Botschaft. Dann gehören die Straßen den Nachtwächtern, die ihr Revier mit Seilen abgrenzen. Manche schlafen auf einem Stück Pappe auf dem Bürgersteig. Bei Wind und Regen sitzen sie in graue Decken gehüllt an kleinen Feuern.

Alain ißt manchmal in dem Schweizer Restaurant *Le plein vent*. Am Eingang sitzen einige Krüppel mit einer Gitarre auf dem Boden. Wenn ein Gast vor dem Restaurant aus dem Auto steigt, rufen sie: »*Ah, les amis Belges* – unsere belgischen Freunde!« und fangen an zu singen. Hin und wieder wirft ihnen jemand ein paar Münzen zu.

Oben wird Fondue serviert, und die einheimischen Kellner tragen rote Schweizer Uniformen. Das Restaurant geht auf den Zaire hinaus, auf dessen Fluten die Lichter von Brazza tanzen. Nirgendwo sonst auf der Welt liegen zwei Hauptstädte so nahe beieinander. Böse Zungen behaupten, das sozialistische Kongo habe seine dunkle Hauptstadt eigens zu dem Zweck erleuchtet, das lichtdurchflutete Kinshasa zu verblüffen. Zwischen Kongo und dem kapitalistischen Zaire tobt ein heftiger Konkurrenzkampf.

Zairische Musik mag Alain nicht, sie ist ihm zu monoton. Er geht in Bars wie das *Imprévu,* wo europäische Musik gespielt wird. Drinnen ist es dunkel, und draußen steht alles voller Motorräder, denn hierher kommen viele Schüler der belgischen Schule. Dann gibt es noch die schicken Bars am Boulevard, in denen Weiße und wohlhabende Zairer verkehren. Dort tippt mir eines Abends Meneer Raskin auf die Schulter. Was für ein Zufall! Er scheint erfreut, mich zu sehen. »Ich hab mir Sorgen um dich gemacht«, sagt er. »Auf dem Schiff gab's ja viel zu lachen, aber nachdem wir uns in Matadi verabschiedet hatten, war ich doch ziemlich beunruhigt.« Als ich sage, daß alles problemlos läuft, grinst er: »Hab ich dir nicht gesagt, daß die Zairer brave Leute sind?«

Anfangs ist es gar nicht so leicht, in Kinshasa mit Einheimischen in Kontakt zu kommen. Die meisten Belgier, die ich kennenlerne, können kaum glauben, daß ich das unbedingt will. Wozu denn? Alain versteht nicht, warum ich nicht zu einem Bekannten von ihm mitkommen will, der eine Elfenbeinsammlung hat, und warum ich Essenseinladungen bei seinen Freunden ausschlage. Wie soll ich ihm erklären, daß ich keine Lust habe, mir immer wieder die gleichen Geschichten über die Schwarzen anzuhören? Kaum erfahren seine Freunde, daß ich gerade erst angekommen bin, überhäufen sie mich mit guten Ratschlägen.

Wenn sie merken, daß ich anderer Meinung bin, stellen sie die Stacheln auf, genau wie die Leute auf der *Fabiolaville*.

Ich besuche einen belgischen Geschäftsmann, der über zahlreiche Kontakte ins Landesinnere verfügt. Schnell merke ich, daß auch er kaum Zairer kennt, dabei bin ich nur deswegen gekommen. Sein sechsjähriger Sohn liegt auf dem Sofa und hört zu. »Zairer willst du kennenlernen? Dann geh an die Haustür, da steht unser Nachtwächter.«

An den Wochenenden flüchten viele Weiße aus der Stadt. Auf dem Parkplatz der Botschaft herrscht Hochbetrieb. Vom Balkon aus beobachte ich die Leute. Sie sind ausgerüstet wie für eine gefährliche Buschexpedition: Jeep, Safarikleidung, Reserveräder, Plastikkanister, Ferngläser. An den Seen außerhalb von Kinshasa machen sie Picknick, spielen Boule, schwimmen und sonnen sich. In Belgien ist es kalt, hier dagegen können sie das ganze Jahr über ins Freie. Das ist Afrika für sie.

Gleich am ersten Wochenende bietet mir jemand an, mich mitzunehmen, doch ich lehne entschieden ab, denn sonst komme ich nie von den Weißen los. Als aber alle abgefahren sind, bereue ich plötzlich, daß ich hiergeblieben bin. Niemand ist da, mit dem ich reden könnte, nicht einmal Célestin. Was soll ich allein in dieser Wohnung im europäischen Teil der Stadt?

Ich beschließe, Briefpapier zu kaufen. Es ist Samstag, kurz vor eins. Die Läden in der Nachbarschaft der Botschaft sind geschlossen. Ich überquere die Straße, um in die Buchhandlung weiter vorn zu gehen. Ebenfalls geschlossen. Eigensinnig gehe ich weiter. Auf dem Boulevard sind kaum Autos unterwegs, und als ich schon ein ganzes Stück von zu Hause weg bin, merke ich plötzlich, daß überhaupt nichts mehr fährt. Es ist totenstill, Staub wirbelt in den leeren Straßen auf, und die Gebäude ringsum scheinen noch höher zu werden. Was ist los? Ich komme mir vor, als würde ich durch Niemandsland laufen – als würde gleich jemand auf mich schießen. Und ich kann nirgendwohin.

Da sehe ich zwei Jungen, die ein paar Sachen auf einem wackligen kleinen Tisch ausgebreitet haben. Sie sehen mich ängstlich an, als täten sie etwas Verbotenes. Sie verkaufen Streichhölzer, braune Seife und Plastiksonnenbrillen, aber kein Briefpapier. Heute sei doch *Salongo*, sagen sie, ob ich das nicht gewußt hätte?

Salongo! Wie konnte ich das nur vergessen! Es handelt sich um eine der revolutionären Ideen, die Mobutu Anfang der siebziger Jahre lancierte. Die Bürger Zaires, so meinte er, müßten samstags etwas für das Gemeinwohl tun. Der Verkehr müsse ruhen, das Volk müsse öffentliche Plätze reinigen, Abfälle in den *cités* beseitigen und Straßen instand setzen, die durch Sturm und Regen unpassierbar geworden waren.

Im Landesinneren habe ich die Menschen in den vergangenen Wochen mehrmals bei solchen Arbeiten gesehen. Frauen und Kinder zogen singend zum Dorfplatz, um Unkraut zu jäten. Ihre Aktivitäten schienen mir ziemlich unkoordiniert, und oft war nicht zu erkennen, weshalb sie sich gerade diesen Platz und nicht den Müllhaufen weiter vorn ausgesucht hatten, um ihren Bürgersinn zu praktizieren.

Im Lauf der Jahre ist der revolutionäre Enthusiasmus in Sachen *Salongo* erlahmt. Dennoch wagt niemand seinen gewohnten Tätigkeiten nachzugehen, sonst muß er damit rechnen, von Soldaten um Geld erpreßt zu werden. So wird das öffentliche Leben an den Samstagnachmittagen entgegen den Absichten des Präsidenten nicht mobilisiert, sondern paralysiert.

In Kinshasa, so hat man mir erzählt, ist kürzlich am *Salongo* ein Flugzeug über der dichtbevölkerten *cité* abgestürzt. Erst nach Stunden fanden die Helfer den Mut, den

Salongo zu durchbrechen und die Verletzten ins Krankenhaus zu fahren. Die Zeitungen schrieben noch wochenlang darüber, und seitdem wartet alles darauf, daß die Restriktionen um den *Salongo* gelockert werden. Da und dort hält schon jemand seinen Laden samstags geöffnet, andere riskieren eine kurze Fahrt durch eine nicht allzu belebte Straße. Auch die kleinen Jungen, die zögernd ihre Waren am Boulevard feilboten, müssen das Vakuum gespürt haben, das nach dem Flugzeugunglück entstanden ist.

Eines Abends läßt Alain den Fernseher an, als er weggeht. Mechanisch gehe ich hin, um ihn auszuschalten, doch dann halte ich inne. Auf dem Bildschirm ist in einer idealisierten Buschlandschaft ein Schwarzer zu sehen, der mit einem Kind auf dem Arm unter der Dusche tanzt. Lachend seifen sich die beiden mit Lux-Seife ein. Im nächsten Spot kommt eine Gruppe Schulkinder die Straße entlanggetanzt, in der Hand Brote mit Blue-Band-Margarine.

So unerwartet stürmt Zaire auf dieses belgische Wohnzimmer ein, daß ich mich aufs Sofa fallen lasse und weiter zuschaue. Die Fröhlichkeit auf dem Bildschirm erinnert mich an meine zairischen Mitreisenden auf der Fahrt nach Bienga und an die tanzenden Bewohner von Yangapompe.

An den folgenden Abenden sitze ich stundenlang vor dem Fernseher. Es sind sehr informative Stunden, in denen sich meine Eindrücke aus dem Busch erst aufblähen und dann allmählich die richtigen Proportionen annehmen.

Jetzt ist der Bildschirm voller tanzender Männer und Frauen in hellgrünen Hosen und Gewändern. Eine *séance d'animation* wird übertragen, eine Unterhaltungsveranstaltung des MOPAP, des Ministeriums für Mobilisation und Propaganda. Die Tänzer singen und wiegen sich wie eine Grasfläche im Wind. Auf ihren Kleidern prangen Porträts des Präsidenten und seiner Frau.

Und da ist Mobutu selbst, »der Vater der Nation«, und spricht zu seinem Volk. Wochenlang hat mich im Busch sein bebrilltes Gesicht unter der hohen Leopardenmütze von den Plakaten herab angeschaut. Auf dem Bildschirm wirkt er sehr eindrucksvoll. Er trägt den vom Mao-Anzug inspirierten *abacost;* die Bezeichnung ist vom französischen *à bas le costume* – nieder mit dem Anzug – abgeleitet und wurde während der berühmten »Authentizitätskampagne« 1971 eingeführt, als Mobutu das Land von Kongo in Zaire umbenannte. Auch die christlichen Namen schaffte er ab. Seitdem sprechen sich die Zairer mit *citoyen* und *citoyenne* – Bürger und Bürgerin – an, und er selbst heißt nicht mehr Joseph Désiré Mobutu, sondern Mobutu Sese Seko Kuku Ngbendu Wa Za Banga, ein Name voller Drohungen und böser Geister, den nur seine Stammesgenossen, die Ngbandi, ganz verstehen.

Die Authentizitätskampagne vermittelte den Bewohnern dieses riesigen Landes – es ist achtzigmal so groß wie Belgien – ein Gefühl der Verbundenheit, sie festigte Mobutus Rolle als traditioneller Häuptling und wurde zum Mittel des Machterhalts.

Mobutu hält einen geschnitzten Stab in der Hand, der dem des alten Pierre in Yangapompe gleicht, doch seiner ist neu, und als er sich nach seiner Rede mitten unter sein Volk begibt, hält er ihn wie einen Zauberstab beschwörend hoch. Ich muß an V. S. Naipauls treffende Beschreibung Mobutus in seinem Essay *A New King for the Congo* denken: »Doch wenn der Häuptling spricht, wenn der Häuptling seinen geschnitzten Stab auf den Boden stößt, hört der moderne Dialog auf; dann gewinnt das Afrika der Ahnen die Oberhand … Er hat jene ideologische Position eingenommen, und die Basis seines Königtums kann nicht in Zweifel gezogen werden. Er regiert; er ist adlig;

und er wird wie ein mittelalterlicher König geliebt und zugleich gefürchtet.«

Jeden Abend vor den Nachrichten bringt das zairische Fernsehen dieselbe Ansprache Mobutus. Auf lingala ruft er seinem Volk zu: *Tata bo?* (Wie viele Väter?) Er hebt gebieterisch die Hand. Die Menschen im Saal antworten im Chor: *Mookoooo!* (Einer!) Dadurch ermuntert, fährt der Präsident fort:

Mama bo? (Wie viele Mütter?) *Mookoooo!*
Ekolo bo? (Wie viele Stämme?) *Mookoooo!*
Parti bo? (Wie viele Parteien?) *Mookoooo!*
Mokonzi bo? (Wie viele Herren?) *Mookoooooo!*

Dann brandet donnernder Applaus auf. Beruhigt läßt Mobutu die Hände sinken. Ein schwaches Lächeln gleitet über sein Gesicht.

Für Célestin ist meine Anwesenheit verwirrend. Er hat vermutlich schon mit dem Junggesellendasein seines Herrn seine Probleme, denn in seinen früheren Familien war er den ganzen Tag mit dem Haushalt beschäftigt, während er hier er kaum etwas zu tun hat. Und seit ich da bin, ist sein gewohnter Ablauf erneut gestört.

In den ersten Tagen versucht er mir näherzukommen, indem er mir seine Haushaltssorgen anvertraut. Ob ich nicht fände, daß sein Herr zu wenig ißt? Mittags nach der Suppe geht Alain ins Hotel Intercontinental schwimmen, und erst danach beendet er seine Mahlzeit. »Sein Magen ist zu klein«, klagt Célestin.

Wahrscheinlich hofft er, ich würde mehr Regelmäßigkeit in das Leben seines Herrn bringen. Doch bald merkt er, daß ich mit den *madames*, die er bisher kennengelernt hat, ebensowenig gemein habe wie Alain mit seinen früheren Herren. Auf dem Eßtisch liegen meine Bücher, ich hänge stundenlang am Telefon, gehe plötzlich weg und komme zum Essen nicht nach Hause, mache keine Einkäufe, gebe keine Dinnerpartys. Was mache ich überhaupt?

Eines Morgens, als Alain mit dem Lift nach unten gefahren ist, will er es genau wissen. Er bleibt mit einem Geschirrtuch in der Hand am Frühstückstisch stehen. Die Belgier haben's gut, sagt er, denen zahlt die Regierung ihre Reisen. Er würde auch gern nach Europa, aber wer soll die Reise für ihn bezahlen? Überrascht sehe ich ihn an. »Ich arbeite gar nicht für die Regierung.« Für wen denn dann? »Für mich selbst.« Das versteht Célestin nicht. Wer hat dann meinen Flug bezahlt?

Noch oft werden mir Einheimische diese Frage stellen. Zwischen ihrem und unserem Einkommen besteht ein himmelweiter Unterschied, und sie können sich gar nicht vorstellen, daß ich eine Summe, die sie in ihrem ganzen Leben nicht zusammenbekämen, komplett auf den Tisch legen kann. Nur um ihr Land zu sehen! Da muß doch etwas anderes dahinterstecken.

Allmählich wird mir auch klar, warum die Bewohner von Yangapompe meinen Besuch so gründlich mißverstanden haben. Sie begriffen nicht, daß ich von so weither gekommen war, nur um zu sehen, wo mein Onkel gelebt hat. Wenn ich die Reise bezahlen konnte, mußte ich sehr reich sein und dann hatte ich auch genug Geld, um den Auftrag auszuführen, der mich in ihr Dorf gebracht hatte.

Célestin unternimmt immer neue Versuche, mein Vermögen zu schätzen. Eines Tages fragt er mich zögernd, ob ich ihm nicht ein Flugticket nach Europa kaufen kann. Lachend antworte ich, daß ich dafür kein Geld habe. Daraufhin macht er einen bescheideneren Vorschlag. Einen Fernseher vielleicht? Als ich auch das ablehne, kommt sein niedrigstes Gebot: Ich wohne doch in den Niederlanden, wo die *Wax-Hollandais*-Kleider hergestellt werden. Die

Frauen in Zaire sind ganz wild darauf, seine Frau besonders. Vielleicht könnte ich nächstes Mal eines für sie mitbringen?

Meine Telefonate bei Alain haben häufig mit dem weiteren Verlauf meiner Reise ins Landesinnere zu tun. Das Telefonnetz in Kinshasa ist eine Katastrophe. Viele Anschlüsse existieren nicht mehr, oder die Nummer hat sich geändert, und wenn einmal eine Verbindung zustande kommt, dann habe ich gelangweilte Telefonisten an der Strippe, die mich oft falsch verbinden, so daß ich in ein Labyrinth von Stimmen gerate. Die einzige Möglichkeit, da wieder herauszukommen, besteht darin, daß man den Hörer auflegt. Wer in Kinshasa etwas darstellt, läuft mit einem Walkie-talkie herum, und die meisten Betriebe haben wie die Patres im Landesinneren ein *phonie*.

Eines Abends muß ich dringend in die Niederlande telefonieren. Nach meinen Erfahrungen der vergangenen Tage scheint das ein unmögliches Unterfangen. Durchwählen geht nicht, weil der zairische Staat, was seine internationalen Telefonrechnungen anbelangt, ein notorisch säumiger Zahler ist. Ich könnte auf dem Postamt telefonieren, wo man bar bezahlen kann, aber dort muß man endlos warten und außerdem die Telefonisten bestechen, und soweit bin ich noch nicht. Doch ich muß an diesem Abend unbedingt telefonieren. Ein Freund von Alain sagt mir, daß auch der Telefonist, den ich von zu Hause aus anrufe, viel eher reagiert, wenn ich verspreche, irgendwo einen Umschlag für ihn zu deponieren. Ich glaube ihm nicht.

Mit dem Mut der Verzweiflung wähle ich die Nummer der internationalen Auskunft. In der Hoffnung, Eindruck zu machen, sage ich, daß ich vom Gebäude der belgischen Botschaft aus anrufe, doch die männliche Stimme am anderen Ende klingt desinteressiert. Es sei sehr schwierig, in die Niederlande zu telefonieren, sagt der Telefonist, aber er werde es probieren. Ob ich seinen Namen notieren könne? *Rome, Istanbul, Venise, Athènes*. Riva. Genau.

Ich warte eine halbe Stunde. Nichts. Ich rufe noch einmal an und frage nach Riva. Dieselbe gleichgültige Stimme. Ich unterdrücke meine Scham und lasse das Wort *enveloppe* – Umschlag – fallen. Es ist mir peinlich, daß ich beim ersten Mal die Botschaft erwähnt habe, und ich erwarte mehr oder weniger, daß er den Hörer aufknallt. Was soll er nur denken? Doch zu meiner Verwunderung wird die Stimme jetzt munter. Vertraulich flüsternd, als hätte ich eine Parole genannt, fragt Riva, ob ich Englisch spreche. »Dann regeln wir das unter uns«, sagt er geheimnisvoll. »Nein, nein, ein R-Gespräch ist nicht nötig. Wenn ich das in die Hand nehme, zahlt niemand etwas, weder Zaire noch die Niederlande.« Er lacht verschmitzt. »Wieviel ist Ihnen denn so ein Telefongespräch wert? Fünfhundert Zaire?« Ich überlege gar nicht erst und sage ja. Ich komme mir vor, als würde ich in einen Strudel hinabgezogen, aber ich kann nicht mehr zurück, und ich muß nun einmal telefonieren. Soll ich den Umschlag am Eingang des Gebäudes hinterlegen? Ja, auf den Namen Riva.

Es dauert nicht lange, und jemand fragt auf englisch, welche Nummer ich wünsche. Kurz darauf bin ich mit den Niederlanden verbunden. Nach einer halben Stunde schaltet sich Riva plötzlich in das Gespräch ein. »Das sind jetzt zwei Scheine«, sagt er und verstummt wieder.

Am nächsten Morgen lege ich fünfhundert Zaire in einen Umschlag, das scheint mir für den erwiesenen Gefallen denn doch ausreichend. Ich schreibe *Riva* darauf und bringe das Geld zum Portier hinunter. Ich muß an die Belgier denken, die mir in den vergangenen Tagen geschildert haben, wie sie die Einheimischen bestechen. Ich hatte mir vorgenommen, da nicht mitzumachen, und nun ist dies mein erster Akt der Korruption. Wahrscheinlich hat Riva einem ausländischen Telefonisten weisgemacht, er rufe aus Kenia oder einem anderen afrikanischen Land an, und deshalb mußte ich Englisch sprechen.

Jetzt verstehe ich, weshalb kleine Beamte wie er, die nicht mehr als tausend Zaire im Monat verdienen – ein Sack Maniok kostet schon zwölfhundert Zaire –, über die Runden kommen. *Article 15, débrouillez-vous pour vivre* – Paragraph fünfzehn, man muß sich nur zu helfen wissen –, singt die beliebte zairische Gruppe *Empire Bakuba*. So also funktioniert Paragraph fünfzehn in Kinshasa.

Als ich am Nachmittag beim Portier vorbeikomme, ist der Umschlag verschwunden. Ich bin ein wenig aus der Fassung, spüre aber auch leisen Triumph. Ich habe das Spiel mitgespielt, und es hat geklappt! Es ist, als würde ich plötzlich ein bißchen mehr dazugehören.

Die *fulafulas*, die ich in den ersten Tagen gesehen habe, sind nichts für mich. Aber wie soll ich dann von hier nach da kommen? Doch die Zairer am Boulevard warten nicht nur auf Busse, sondern auch auf kleine gelbe, immer überfüllte Taxis. Keuchend und qualmend kommen sie an, verbeult und mit schleifendem Auspuff. Aber sie fahren. Einmal, als so ein klappriges Gefährt eine belebte Kreuzung passiert, ertönt plötzlich ein ohrenbetäubender Knall. An dem Taxi ist ein Reifen geplatzt, und schon bricht alles in Gelächter aus. Der Fahrer steigt aus, um sich den Schaden anzusehen. Er ist sich seiner Rolle als Hauptakteur in dieser heiteren Szene sichtlich bewußt, und auch seine Fahrgäste kommen lachend aus dem Wagen hervor. Ein Verkehrspolizist schaut belustigt zu. Solche Momente gehören zu den erfreulichsten im öffentlichen Leben Zaires. Aufgekratzt stehen die Menschen beisammen, froh, sich dem Druck ihrer sozialen Pflichten für kurze Zeit entziehen zu können. Sie würden dieses Zwischenspiel noch lange ausdehnen, wäre da nicht der Polizist, der einen

Moment lang aus der Rolle gefallen ist und das Taxi nun zornig pfeifend weiterwinkt.

Einige Tage nach meiner Ankunft in Kinshasa stelle ich mich zu den Wartenden am Boulevard. Taxis, die noch nicht voll sind, fahren langsam vorbei. Die Leute rufen dem Fahrer zu, wo sie hinwollen, und wenn ihr Ziel an seiner Route liegt, hält er an. So eine Fahrt kostet für gewöhnlich nicht mehr als eine Straßenbahnfahrt in Amsterdam.

Weiße benutzen diese Taxis so selten, daß sie oft mechanisch anhalten, wenn sie mich warten sehen. Anfangs zögere ich – es ist Jahre her, seit ich zum letzten Mal per Anhalter gefahren bin –, aber die Taxis sind nicht sehr zahlreich, und schließlich mache ich dankbar von diesen Mitfahrgelegenheiten Gebrauch. Allerdings komme ich mir oft wie eine Verräterin vor, wenn die Zairer weiter in der glühenden Sonne stehen müssen.

Die Türen so eines Taxis sind meist kaputt. Man öffnet sie mit Hilfe einer Schnur, und der Fahrer ist der einzige, der sie wieder zubekommt. Bei manchen Taxis schließen die Fenster nicht mehr, bei anderen gehen sie nicht mehr auf, und es kommt vor, daß man durch die Löcher im Boden die Straße sieht. Aber die Stimmung im Wagen ist immer bestens.

Während ich lerne, mich mit dem Taxi fortzubewegen, bekomme ich die Stadt langsam in den Griff und erringe meinen ersten Sieg über die Weißen, die immer behaupten, Kinshasa sei so gefährlich. Der enge Kontakt mit fremden Zairern gibt mir ein Gefühl der Sicherheit. Auch sie haben es eilig und werden ärgerlich, wenn wir in einen Stau geraten, auch sie halten ihre Taschen fest an sich gedrückt, wenn wir in einer belebten Straße stehenbleiben, auch sie beklagen sich, wenn der Regen durchs offene Fenster peitscht. An den Gewändern der Frauen kann ich mich gar nicht sattsehen. Manche sind mit tanzenden Buchstaben bedruckt, andere mit Hühnern, Schmeißfliegen oder Würmern. Zwischen beleibten Mamas und schwitzenden Büroangestellten eingezwängt, bekomme ich viel von Kinshasa zu sehen.

So ganz fremd war mir die Stadt allerdings nicht. Ich kannte sie schon aus belgischen Filmen über das einstige Léopoldville, diese prächtige Kolonialstadt, in der es sich so gut leben ließ. Früher war der Boulevard nach Albert I. benannt, und es gab dort die gleichen Luxusboutiquen, Juweliere und Delikatessenläden wie in Brüssel, teilweise sogar noch elegantere, denn die Kolonisten hatten Geld. Sonntags flanierten die Familien unter den schattenspendenden Bäumen, und am Anfang des Boulevards blickte König Albert wohlwollend von seinem Sockel herab.

Wenn der Zirkus nach Léopoldville kam, sah man Damen in luftigen Gewändern und phantasievollen Hüten mit ihren Kindern, die wie Prinzen und Prinzessinnen gekleidet waren, dorthin pilgern. An Feiertagen paradierte die *Force Publique*, die Kolonialarmee, in messingblitzenden Uniformen und roten Mützen über den Boulevard. Schwarze Majoretten schlugen ihre Trommeln und wirbelten die Stöcke durch die Luft. Wochentags radelte ein Heer von Schwarzen über den Boulevard zur Arbeit.

Ich habe mir diese Filme immer mit gemischten Gefühlen angesehen. Die Menschen auf dem Bildschirm lachten fröhlich, um den Zuschauern zu Hause zu zeigen, wie gut sie es in der Kolonie hatten. Sie schienen in einen Schleier der Naivität gehüllt, es war als lebten sie in einem Traum – und ich gehörte der Generation an, die bereits wußte, wie sie daraus erwachen würden. Als der Kongo 1960 unabhängig wurde, meuterte die *Force Publique* – sie war inzwischen in *Armée Nationale* umbenannt worden – und viele Belgier, die bis dahin in einem kolonialen Glücksrausch gelebt hatten, flohen nach Brazzaville. Der Boulevard Albert I. wurde nach dem Unabhängigkeitstag in Boulevard des dreißigsten Juni umbenannt.

Nach der Unabhängigkeit strömten die Schwarzen aus den Dörfern in die Stadt. 1960 hatte Kinshasa vierhunderttausend Einwohner, heute sind es über drei Millionen. Während die Stadt ungeduldig weiterwucherte, wurden die Bäume am Boulevard entfernt, als könnte ihr Verschwinden die Erinnerung an den Busch auslöschen. Ein Weißer erzählt mir, daß sein Boy die Bäume in seinem Garten fällen will, weil die herabfallenden Blätter das Fegen so schwierig machen. Woanders aber dringt der Busch wieder vor. Nicht weit von der niederländischen Botschaft sehe ich zwei Frauen, die neben einer öffentlichen Straße die Erde umgraben. Einige Wochen später sprießt dort Maniok.

An einem Ende des Boulevards ragen zwei mächtige steinerne Säulen empor. Hier muß früher das Monument Alberts I. gestanden haben. Während Mobutus Authentizitätskampagne warfen ihm Arbeiter ein Seil um den Hals und zogen ihn mit einem Traktor herunter. Leopold II. – der Kongo war jahrelang sein persönlicher Besitz – saß irgendwo anders in der Stadt hoch zu Roß; ihn ereilte das gleiche Schicksal. Es war, als hätten die Zairer das Gefühl, die beiden Männer lebten in ihrem bronzenen Abbild weiter und müßten deshalb gewaltsam entfernt werden.

Dutzende von Arbeitern zogen auch nach Mont Stanley zum Standbild des englischen Entdeckungsreisenden, der dort 1881 einen Posten gegründet hatte. Mit Stahltrossen zogen sie an seinen gewaltigen Beinen. Plötzlich erstarrten sie vor Schreck. Der Mann über ihnen erwachte zum Leben, seine Beine bewegten sich! Hals über Kopf ergriffen sie die Flucht und kamen erst wieder, als man ihnen versicherte, daß ihre Seile die Bewegung verursacht hatten. Sie brachten Stanley zu der Rasenfläche vor den *Travaux Publics*, dem Bauministerium, und dort liegt er noch heute. Es hat etwas Unwirkliches, wie der Riese mit dem schweren Tropenhelm dort auf dem Bauch liegt, die

Hände in die Erde gestemmt, als versuchte er krampfhaft, sich aufzurichten.

So wie niemand den Beschluß faßt, den *Salongo* zu lokkern, so wird man sich auch nicht darüber einig, durch wen die Bronzefiguren zu ersetzen seien. Das Denkmal für Lumumba, das Mobutu in den ersten Jahren seiner Regierung in Auftrag gab, hat Millionen gekostet, wurde aber nie fertig. Ohne jeden Sinn und Zweck ragt der Sockel auf, der »Turm zu Babel«, wie die Ausländer ihn nennen.

Das einzige Monument, das man in allen Städten und Dörfern findet, ist der phantasielose Betonsockel mit der Hand, die eine brennende Fackel hochhält, das Symbol der Regierungspartei MPR. Ausländer sagen scherzhaft, die Hand strecke eine Tüte Pommes frites in die Luft.

Mont Stanley heißt heute Mont Ngaliema. Das Standbild eines anonymen Schwarzen steht dort, der »Wächter der Revolution«. »Sie haben Stanley weggeholt«, sagt mir ein Zairer später, »und ihn durch seinen Boy ersetzt.« Mont Ngaliema liegt oberhalb des Präsidentenpalastes, und man hat von dort einen herrlichen Blick über Kinshasa. Eines Abends fährt Alain mit mir hinauf. Tief unten liegt die Stadt, deren einzige natürliche Grenze der Fluß ist. Mitten darin ist ein großer dunkler Fleck, jener der Teil der *cité*, der noch immer nicht ans Stromnetz angeschlossen ist.

Ich habe schon viel von der *cité* gehört. Matonge, ihr Zentrum, ist nach Meinung von Kennern das lebendigste Vergnügungsviertel in ganz Afrika. Doch die meisten Weißen, die ich bis jetzt in Kinshasa kennengelernt habe, waren noch nie dort. Es sei eine Räuberhöhle, sagen sie, Weiße würden dort überfallen und ausgeraubt.

Während wir auf dem Hügel stehen, höre ich ein merkwürdiges Geräusch, das ganz und gar nicht zu dieser Stadt paßt. Ich sehe Alain an. Was ist das? Da ist es wieder. Ein langgezogenes Heulen, das nichts Menschliches hat. Ich fange an zu zittern. Alain lacht. »Das ist der Löwe, der Mobutus Palast bewacht.« Sofort ziehen wieder alle exotischen Bilder des einstigen Kongo an mir vorüber.

Ich beschließe, André zu besuchen, meinen Tischgenossen von der *Fabiolaville*. Er arbeitet im Mama-Yemo-Krankenhaus, mit zweitausend Betten das größte Afrikas. Auf dem Schiff habe ich allerhand Schauergeschichten darüber gehört. Es ist nach Mobutus Mutter benannt, die der Präsident sehr verehrt. Bei meinen Reisegefährten klang »Mama Yemo« fast wie ein Schimpfwort.

»Wenn sie mich nur nicht ins Mama Yemo bringen«, hat Meneer Raskin einmal gesagt. »Da kriege ich garantiert Aids.« Pater Bronek nannte es ein Leichenhaus. André ließ diese Anspielungen lächelnd über sich ergehen. Manchmal erzählte er selbst eine Anekdote, die alle anderen übertraf; dann hatte er die Lacher auf seiner Seite und konnte zugleich ihre Horrorgeschichten im Keim erstikken, ein diplomatisches Meisterstück, das immer funktionierte.

Einmal erzählte er von Mobutus Tante, die Krebs hatte und sich in Brazzaville behandeln lassen mußte, weil im Mama Yemo keine Strahlentherapie durchgeführt werden konnte. Das Gerät stand seit Jahren im Flur, konnte aber nicht benutzt werden, weil kein Geld für die Einrichtung eines Röntgenraums da war. »Das Ding strahlt immer noch«, scherzte André. »Meine Krebspatienten schicke ich einfach dort vorbei.«

Die Waschmaschinen in der Klinik sind völlig abgewirtschaftet, erzählte er. Man hat neue angeschafft, aber die stehen seit Jahren in einem Depot, weil sie nicht durch die Türen des Gebäudes gehen. Wenn wir einmal allein an Deck saßen, äußerte sich André oft besorgt über das Mama Yemo. Ich merkte bald, daß er außer Pater Bronek der einzige an Bord war, der in seiner Arbeit eine Berufung sah. Die anderen waren nach Zaire gegangen, um Geld zu verdienen.

Das Mama-Yemo-Krankenhaus nimmt eine ganze Straße ein. Kranke werden von ihren Angehörigen durch die Straße geführt, und am Eingang drängen sich die Menschen. Manche schwenken einen Zettel mit ihrem Termin, andere müssen vermutlich nachweisen, daß sie zahlen können; die Geschichten von Patienten, die wieder weggeschickt werden, weil sie kein Geld haben, sind Legion. Ich bin die einzige Weiße, die hineinwill, und als ich sage, daß ich einen Termin bei André habe, geht die Tür einen Spalt auf.

Es ist seltsam, ihn hier im guten Anzug in einem klimatisierten Raum zu sehen; auf der *Fabiolaville* hatte er immer Jeans und ein T-Shirt an. Der müde Ausdruck, der auf dem Schiff manchmal über seine Züge glitt, weicht nun während meines ganzen Besuchs nicht. Mit einem matten Lächeln steht er auf. »Und, wie war's bei den Patres?« Er kann es nicht lassen, mich mit meinem Onkel aufzuziehen. Er ist damals selbst nur mit knapper Not dem Missionarsdasein entronnen – eine Zeit, an die er nicht ohne Groll zurückdenkt –, und versteht nicht, daß ich mich aus freien Stücken auf die Suche nach dieser Welt gemacht habe.

An der Wand hängen ein Foto von Mobutu und ein Ölbild von dem berühmten Klinikschiff des Mama-Yemo-Krankenhauses. Auch darüber haben wir auf der *Fabiolaville* oft geredet. Das Schiff war eine Idee der Amerikaner, die das Krankenhaus vor etwa zehn Jahren leiteten. Mit modernsten Apparaten ausgestattet, fuhr es den Zaire hinauf und hinunter und versorgte Kranke aus den Dörfern am Fluß. Auf dem Dach konnte ein Hubschrauber landen, der die Patienten, wenn sie wieder gesund waren, in ihre Dörfer zurückbrachte. Auf diese Weise trug das

Schiff die fortschrittlichsten Heilmethoden bis in den tiefsten Busch. Verwaltungstechnisch galt es als Krankensaal der Klinik; deren amerikanischem Leiter damals ein Kapitän und mehrere Offiziere unterstanden.

Mobutu strebte mit seiner Authentizitätskampagne zwar eine Wiederbelebung afrikanischer Werte an, ließ sich jedoch oft von westlichen Prestigeprojekten beeindrucken. Im Laufe der Jahre defilierten zahlreiche ausländische Delegationen mit den verrücktesten Vorschlägen durch seinen Palast, und oft fanden sie auch Gehör. Die Chinesen bauten in Kinshasa den majestätischen *Palais du Peuple*, den Volkspalast, die Franzosen zogen mitten in der *cité* ein neunzehnstöckiges Fernsehgebäude hoch, *La Voix du Zaire*, auch *Le tambour d'afrique* – die Trommel Afrikas – genannt. Die Satellitenverbindungen mit dem Ausland sind hervorragend, aber die Journalisten machen selten Reportagen außerhalb Kinshasas, weil sie keine Autos zur Verfügung haben.

Als noch die Amerikaner das Mama-Yemo-Krankenhaus leiteten, wurde einmal ein Patient eingeliefert, dem eine Landmaschine den Fuß abgetrennt hatte. Der Fuß wurde eingefroren und wieder angenäht, und heute kann der Mann wieder normal laufen. Solche chirurgischen Großtaten müssen den Einheimischen wie Zauberei erschienen sein.

Doch die Amerikaner verließen Zaire und übergaben das Krankenhaus den Zairern. Es dauerte nicht lange, und all ihre ultramodernen Projekte waren am Ende. Unter den Zairern kam es zu Streitigkeiten, die immer mehr eskalierten, bis der Direktor der Klinik mit einer Machete umgebracht wurde. Die modernen Apparate wurden gestohlen, oder sie gingen kaputt und wanderten in die Rumpelkammern des Krankenhauses. Als das Schiff überholt werden mußte, war kein Geld mehr dafür da. Jetzt dümpelt es auf dem Zaire vor sich hin.

Vor einigen Jahren versuchte Mobutu frischen Wind in das Krankenhaus zu bringen und bat die belgische *Coöperatie* – den belgischen Entwicklungsdienst – um Unterstützung. Zur Verstärkung des Ärzteteams wurde André von seinem Buschposten in der Provinz Bandundu nach Kinshasa geholt.

Nach einigem Drängen erklärt er sich bereit, mich durch das Gebäude zu führen, und bindet sich eine weiße Schürze um. Einige Säle darf ich nicht sehen, sagt er. Vor ein paar Jahren stieß ein internationales Forscherteam hier auf eine Reihe von Aids-Fällen. Die Medien stürzten sich darauf, und eine Schweizer Wochenzeitung schrieb, das Aids-Virus habe seinen Ursprung in Zaire. Seitdem dürfen die Ärzte mit Besuchern nicht mehr darüber reden.

Die interne Aids-Forschung gestaltet sich schwierig, wie mir ein Arzt später erzählt. Eine Aids-Patientin, deren Mann vermutlich an Aids gestorben war, wurde stundenlang befragt, ob er vor seinem Tod dünner oder dicker geworden sei, ob er Durchfall gehabt habe, was die Symptome seiner Krankheit gewesen seien. Die Frau konnte sich an nichts erinnern. Ihr Mann sei verhext gewesen, sagte sie nur immer wieder, er habe reich werden wollen und viele Fetische benutzt, aber sie hätten nicht gewirkt, und deswegen sei er gestorben.

Auch die Leichenhalle bekomme ich nicht zu sehen. »Das würdest du nicht aushalten«, sagt André. Dort herrsche ständig Platzmangel, hieß es auf der *Fabiolaville*, und die Leichen würden fortwährend umgeschichtet. Nach vierundzwanzigstündiger Tiefkühlung würden sie gegen Leichen ausgetauscht, die auf dem Flur draußen bereits auftauten. Wenige Tage vor meinem Besuch hatte die Regierungszeitung *Elima* berichtet, daß das Kühlsystem ausgefallen war, die Leichen verwesten bereits seit einer Woche und es drohte eine Epidemie. Als sie endlich abgeholt wurden, zerfielen sie. André leugnet es nicht.

Im Mama Yemo verschmelzen Mittelalter und Moderne, das traditionelle Afrika fließt in das moderne Afrika ein. Manchmal bringen Leute ihre Toten und erwarten von den Ärzten, daß sie sie wieder ins Leben zurückholen. Hin und wieder bekommt André Bewerbungsschreiben von traditionellen Heilern, die ihre Künste zur Verfügung stellen möchten. Oft sind Fotos dabei, auf denen sie im weißen Arztkittel zwischen ihren selbstgemachten Salben und Säften sitzen.

Während ich André durch die Flure folge, denke ich: Eigentlich ist er auch so etwas wie ein Missionar. Er wäre allerdings der erste, der diese Assoziation übelnehmen würde, denn die Last, die er auf seinen Schultern trägt, ist teilweise eine Folge der Missionsarbeit seiner Vorgänger.

Gesundheitsfürsorge, Bildungswesen, das Straßennetz – das waren die Grundpfeiler des Kolonialregimes. Nachdem die Belgier sich zurückgezogen hatten, wurden gerade diese Bereiche am schlimmsten vernachlässigt, und immer wenn die Zustände vollends untragbar werden, ruft man die ehemaligen Kolonialherren zu Hilfe – schließlich haben sie diese modernen Systeme damals eingeführt. »*Les Belges sont nos oncles* – die Belgier sind unsere Onkel«, sagen die Zairer. Ein Onkel sorgt in der traditionellen afrikanischen Gesellschaft für die ganze Familie.

Der zairische Staat, der in der Hülle des einstigen Kolonialregimes fortbesteht, scheint das Gesundheitswesen noch immer als ein Geschenk zu betrachten. Als dem Krankenhaus einmal das Geld ausging, wandte André sich verzweifelt an den Präsidenten und bekam daraufhin einen Scheck über acht Millionen Zaire. Doch um die jährlichen staatlichen Subventionen muß das Krankenhaus förmlich betteln. »Man kann einfach nichts planen«, sagt André, »man weiß nie, worauf es hinausläuft.« Manchmal ist nicht einmal genug Geld für Verbandszeug und

Nadeln da, oder im Operationssaal gibt es keine Scheren mehr. Einen Rettungswagen hat das Krankenhaus auch nicht.

Verwandte der Kranken müssen für sie kochen, waschen und die Medikamente holen, die der Arzt verschreibt. Bei unheilbaren Krankheiten weigert sich die Familie manchmal, den Patienten noch weiter zu versorgen. Dann fällt er ausschließlich dem Krankenhaus zur Last, denn wenn man ihn entließe, wäre er seinem Schicksal überlassen und würde sterben.

Das zairische Personal ist unterbezahlt, und die meisten Ärzte betreiben nebenher eine Privatpraxis. Material und Medikamente, die für das Krankenhaus bestimmt sind, werden häufig vom Personal verkauft. Paragraph fünfzehn. Die Belgier versuchen gegen die Korruption vorzugehen, wenn auch oft mit gemischten Gefühlen, denn sie selbst verdienen gut, während viele Zairer keine andere Möglichkeit sehen, ihren Lebensunterhalt zu bestreiten. Hundertfünfzig Wächter passen auf, daß nichts gestohlen wird, und trotzdem wollte sich kürzlich jemand mit zwei Stahltüren davonmachen.

Ein übler Geruch hängt in den Fluren. Die Patienten liegen dicht an dicht in den Sälen, manche auf Tragbahren im Mittelgang. André führt mich in den Kindersaal. Er ist frisch gestrichen, und das Bettzeug ist strahlend weiß. Die Station wird von einer Italienerin geleitet, die gute Verbindungen zum Rotary-Club hat und überall Geld lockerzumachen weiß.

»Jetzt ist es hier ruhig«, sagt André, »aber du müßtest mal kommen, wenn ein Unfall mit einem *fulafula* passiert ist, dann herrscht hier das totale Chaos.« Als Anfang des Jahres am *Salongo* das Flugzeug über der *cité* abstürzte, wurden Dutzende von Verletzten eingeliefert. Nachbarn und andere Neugierige stürmten das Gebäude. »Die Leute haben kein Fernsehen«, sagt André. »Da ist so etwas ein willkommenes Spektakel.« Das Durcheinander war so groß, daß acht der Verletzten im Behandlungszimmer starben.

Die Probleme, mit denen das Mama Yemo zu kämpfen hat, sind die gleichen wie in vielen anderen Entwicklungsländern, doch in Zaire scheinen sie besonders akut. Das mag unter anderem daran liegen, daß das Land einen schlechten Start hatte. Als es unabhängig wurde, gab es dort kaum Akademiker. Es fehlte an Ärzten, Ingenieuren, Offizieren. Die Belgier hatten zwar bis in den tiefsten Busch hinein Schulen gebaut, doch wer sich weiterbilden wollte, hatte damals nur eine Möglichkeit: das Priesterseminar. Viele Missionare sind stolz darauf, die intellektuelle Elite des Landes herangebildet zu haben, denn sie waren es, die 1954 die Universität Lovanium in Kinshasa gründeten.

Ehemalige Kolonien wie Senegal brachten einen Präsidenten wie Senghor hervor und mit ihm eine ganze Generation von Intellektuellen, die darauf vorbereitet waren, nach dem Abzug der Kolonialherren die Macht zu übernehmen. Die Belgier aber hinterließen ihre Kolonien in einem erbärmlichen Zustand. »Ihr habt uns nicht die Unabhängigkeit gegeben, ihr habt uns ins Gesicht gespuckt«, warf ihnen ein zairischer Politiker Jahre später vor.

Nach der Unabhängigkeit versank der Kongo im Chaos. Die Armee erhob sich gegen die weißen Offiziere, und das Land zerfiel in diverse ethnische Gruppen, die sich ihrerseits für unabhängig erklärten. Erst 1965, als General Mobutu, ein früherer Journalist, die Macht ergriff, wurde die Einheit wiederhergestellt.

Die belgischen Ex-Kolonisten, die ich kennenlernte, verteidigten sich jedesmal heftig, wenn die Grundfesten der belgischen Kolonisierung zur Sprache kamen. Belgien habe eine Politik der Pyramide betrieben, sagten sie: Man habe zunächst breiten Schichten der Bevölkerung eine Schulbildung angedeihen lassen und darauf dann eine intellektuelle Elite aufbauen wollen. Schließlich habe es zum Zeitpunkt der Unabhängigkeit eine große Zahl von *évolués*, Fortgeschrittenen, gegeben.

Évolués – ein Begriff, auf den die Belgier ein Monopol haben. Ich sah einmal einen pädagogischen Film aus der damaligen Zeit, der eigens für *évolués* gedreht worden war. Die Hauptrolle spielte der Musterbelgier Joseph, ein braver Postbeamter, dessen Frau morgens um sechs aus dem Bett sprang, damit ihr Mann eine Stunde später frisch gewaschen und rasiert zur Arbeit radeln konnte. Schwarze, die ein solches Leben anstrebten, kamen für den Status eines *évolué* in Betracht.

Später gab es auch Filme mit schwarzen *évolués* in der Hauptrolle. Da kommt beispielsweise der arme Victor zu dem *évolué* Jules, einem tadellos gekleideten Schwarzen, und bittet ihn, einen Brief für ihn zu tippen. Jules wohnt in einer typisch belgischen Arbeiterwohnung. Am Tisch machen seine Kinder Hausaufgaben, und seine Frau legt Untersetzer unter die Gläser, damit sie keine Ringe hinterlassen. Bewundernd sieht Victor sich um.

»*Tu as une belle maison, mon vieux* – Eine schöne Wohnung hast du!«

»*C'est parce que je travaille* – Ich arbeite ja auch«, erwidert Jules weise.

Als Victor nach Hause kommt, wo seine Frau auf dem Boden sitzt und Maniok stampft, läßt er niedergeschlagen den Blick durch den Raum schweifen. Eine Stimme faßt seine Gedanken in Worte: »*Regardez cet intérieur, tout y est sale. Pauvre* – Was für eine Behausung, alles ist schmutzig. Der Arme!«

Durch einen Bekannten lerne ich Kabue kennen, den Sohn eines *évolué*. Bevor sein Vater seine *Carte d'immatriculation*, seinen Mitgliedsausweis, erhielt, so erinnert sich

Kabue, standen die Belgier manchmal unangemeldet vor der Tür, um zu kontrollieren, ob die Betten gemacht waren und die Kinder am Tisch aßen.

Kabue ist Mitte Vierzig und arbeitet bei *Zaire-Afrique*, einer Monatszeitschrift für Soziologie, Wirtschaft und Kultur. Sie wurde mit Unterstützung der Jesuiten gegründet, denen das Hauptverdienst an der Heranbildung der intellektuellen Elite Zaires zukommt. Kabue trägt einen Safarianzug. Den offiziellen *abacost* kann er nicht ausstehen; er erschwert seiner Meinung nach die Kontakte zwischen Weißen und Schwarzen in Kinshasa. »Wenn ich im *abacost* auf einem Empfang erscheine, denken die Weißen sofort, ich bin vom Geheimdienst.«

1955 hat Kabue sein Dorf verlassen, um aufs Seminar zu gehen. Wie die Söhne Yangapompes ist er seitdem nie wieder nach Hause zurückgekehrt. »Die Alten im Dorf könnten mir Schaden zufügen«, sagt er. Ich wundere mich zwar schon lange nicht mehr, wenn ich so etwas höre, aber ich kann mir die Frage, ob er wirklich daran glaubt, nicht verkneifen. Er antwortet mit einem Beispiel: Vor einiger Zeit besuchten ein Mann und eine Frau, die er gut kannte, ihr Heimatdorf. Nicht lange, nachdem sie wieder in der Stadt waren, starb die Frau. »So etwas macht uns angst, und deshalb gehen wir nicht zurück«, sagt Kabue.

In seinem Büro hängen Fotos der Standbilder Leopolds II., Stanleys und Alberts I., jener Männer, deren Andenken Mobutu auslöschen wollte. Es geht Kabue gegen den Strich, daß sie von ihrem Sockel geholt wurden.

Kabue gehört der Generation an, die die Kolonisierung bewußt miterlebt hat. Er hat ein historisches Bewußtsein, das vielen jungen Zairern fehlt, wie ich später feststelle. Die Geschichte ist oft in verzerrter Form bei ihnen angekommen, und über die Jahre haben sich hartnäckige Mythen eingeschlichen.

Kabue heißt mich herzlich willkommen, wirkt aber ein

wenig reserviert. Er bekommt oft Besuch von Ausländern – was will ich jetzt wieder von ihm? Doch für mich ist es eine ganz besondere Begegnung: Zum ersten Mal spreche ich mit einem Zairer, der mich nicht mit den Patres in Verbindung bringt, zum ersten Mal wendet sich jemand gegen die Ideen der Weißen, die ich bisher kennengelernt habe. Durch diese Begegnung öffnet sich die Tür zur zairischen Welt einen Spalt, und ich schaue nicht mit den Augen der Weißen oder mit meinem eigenen verwirrten Blick hinein, sondern mit dem besorgten Blick Kabues.

Denn Kabue macht sich Sorgen. *Zaire-Afrique* bekommt immer weniger Artikel angeboten, sagt er. Die Intellektuellen sind vollauf mit dem Kampf ums Überleben beschäftigt und haben keine Zeit, sich Gedanken zu machen. Und die meisten Zairer haben kein Geld für Zeitungen oder Wochenblätter.

»Wenn du willst, zeige ich dir die Universität von Kinshasa«, sagt Kabue. Es dauert eine gute Stunde, bis wir die Stadt hinter uns haben. Kabue lacht: »Da siehst du, was das hier für Entfernungen sind. Und da beklagen sich die Weißen, daß die Schwarzen stinken. Die machen sich gar nicht klar, daß wir stundenlang durch die Sonne laufen müssen, um zur Arbeit zu kommen.«

Die Universität liegt auf den Hügeln um Kinshasa. Die Gebäude sehen verheerend aus. Papier und Abfälle wirbeln in den kahlen Räumen im Erdgeschoß umher. Kabue ist Jahre nicht mehr hier gewesen. Seine Bestürzung über den trostlosen Anblick ist größer als meine, denn ich vergleiche die Zustände hier mit dem, was ich in den vergangenen Wochen im Busch gesehen habe, er mit dem, was er aus seiner Studentenzeit kennt.

Am Eingang eines der Gebäude verkaufen Mamas Lebensmittel. »Hier war früher die Mensa«, sagt Kabue. »Zu meiner Zeit haben wir da stundenlang Kaffee getrunken und geredet.« Heute müssen sich die Studenten ihr Essen selbst kochen. Früher hatte die Universität neunhundert Zeitschriften abonniert, jetzt sind alle abbestellt. In der Bibliothek hat es kürzlich einen Wasserschaden gegeben; es stinkt darin, und der Strom ist schon seit Monaten ausgefallen.

»Und trotzdem sind die Universitäten voll«, sagt Kabue. »Die Belgier haben das Idealbild eines Mannes in Anzug und Krawatte hinterlassen, der nicht mit den Händen arbeitet, und viele Zairer träumen davon, Beamte zu werden.«

Ich erzähle ihm von den Weißen, die ich in den vergangenen Wochen kennengelernt habe. Ich wundere mich oft, sage ich, wie sie von der Regierung dieses Landes sprechen. In ihren Augen ist Mobutu der einzige, der die Einheit Zaires garantiert. Ohne ihn würde wieder das Chaos ausbrechen. Kritik an Mobutus Einparteiensystem lassen sie nicht gelten. Ob Ludwig XIV. etwa ein so toleranter Herrscher gewesen sei? Und ob nicht auch er von Profiteuren umgeben gewesen sei? Damals habe sich das Volk doch auch damit arrangiert. Mobutu ist der Häuptling, sagen sie. Das bedeutet in der traditionellen zairischen Gesellschaft, daß er sich alles erlauben kann.

Kabue grinst. Er kennt diese Argumente. »Präsidenten wie Mobutu sind typisch für Übergangsperioden. Der Kult, den er um seine Person betreibt, ist gefährlich. Wie lange kann sich ein traditioneller Häuptling noch mit einem modernen Präsidenten identifizieren?«

Auf dem Rückweg zeigt Kabue mir das Viertel, das die Belgier in den fünfzig Jahren für die *évolués* gebaut haben. In Léopoldville lebten Schwarze und Weiße streng voneinander getrennt. Manche *évolués* zogen nach Brazza, denn dort war alles anders: Franzosen und Schwarze gingen in dieselben Kneipen und tranken zusammen Wein. In Léopoldville dagegen durften die Schwarzen keinen

Alkohol trinken, außer an Neujahr; dann wurde eigens für sie ein Bier mit niedrigem Alkoholgehalt gebraut.

Dreißig Jahre danach ist die *cité d'évolués* ein Viertel mit bröckelnden Steinhäusern und offener Kanalisation. »Komm, wir probieren mal, ob wir mit dem Auto durchfahren können«, sagt Kabue. Aber wir kommen nicht weit. Schon an der ersten Straßenecke bleiben wir stecken. Kabue muß lachen. »Da siehst du's«, sagt er. »Die Straßen hier sind nur für Radfahrer gedacht. Die Belgier konnten sich gar nicht vorstellen, daß die Kongolesen jemals Auto fahren würden.« Doch sein triumphierender Tonfall ändert sich schnell wieder. »Das Traurige ist, daß diese Viertel die letzten sind, die in Kinshasa gebaut wurden. Seitdem hat der Staat nichts mehr getan. Die Leute, die später aus dem Landesinneren kamen, leben alle in Elendsvierteln. Und ein Fahrrad können sie sich sowieso nicht leisten.«

Kabue hat ein Auto, das er jedoch von seinem Gehalt bei *Zaire-Afrique* niemals finanzieren könnte. Am Ende unseres Ausflugs fahren wir noch kurz bei ihm vorbei, und dort sehe ich, wie er seinen Lebensunterhalt bestreitet. Er hat im Innenhof einen Kühlraum bauen lassen, in dem er Fisch, Fleisch und andere Lebensmittel für die Einzelhändler in der Umgebung lagert. Seine Frau ist nicht da. »Die ist oft unterwegs«, sagt er. »Sie ist *commerçante*.«

Ich habe Kabue vorsichtig gefragt, ob er abends manchmal nach Matonge kommt, in das Vergnügungsviertel der *cité*. »Nein«, erwiderte er entschieden. »Die Zairer tanzen bis in den Morgen hinein, aber was wollen sie damit ausdrücken? Für mich ist das Zeitverschwendung. Manche Zairer werfen mir vor, ich sei Belgier«, fügt er lachend hinzu, »weil ich nicht gern tanze und trinke.«

Bei dem Namen Matonge läuft es vielen Weißen in Kinshasa kalt den Rücken hinunter. Wer dort hineingerät, ist ganz auf sich allein gestellt. André hat mir erzählt, daß er früher als Junggeselle oft in Matonge war, aber seit er verheiratet ist und Kinder hat, bleibt er abends lieber zu Hause.

Aber wie komme ich dann dorthin? Denn genauso wie ich unbedingt nach Yangapompe mußte, habe ich auch das Gefühl, Kinshasa nicht wirklich gesehen zu haben, wenn ich nicht auch in Matonge gewesen bin. Ich brauche einen guten Führer, jemanden, der keine Angst hat.

Und so lande ich bei François. Es hat einige Zeit gedauert, bis ich ihn gefunden hatte, denn François hat wenig Kontakt zu den Weißen in Kinshasa. Ihm graut vor ihren feinen Partys, ihren Picknicks und ihren Boulespielen am See. »Für die Zairer sind diese Dinge völlig unverständlich«, sagt er. »Wahrscheinlich denken sie, wir beten da irgendeinen Gott an.«

Jeden Morgen kommt François auf seiner Yamaha, die ein zairischer Künstler mit naiven Bildern geschmückt hat, am *Centre Culturel Français* angeknattert, dem französischen Kulturzentrum in Kinshasa. Er nimmt seine Sonnenbrille ab, schüttelt den Staub aus seinen blonden Haaren und winkt den Polizisten zu, die vor der französischen Botschaft nebenan Wache stehen.

François ist Franzose und Anfang dreißig. In Madagaskar geboren, hat er den größten Teil seines Lebens in Afrika verbracht. An Kinshasa hat er sein Herz verloren. Die Wände seines Büros hängen voll mit naiven Malereien, und auf dem Boden steht ein Sammelsurium von kleinen Kunstwerken, die er Kindern auf der Straße abgekauft hat, von Plastik-Lastern über Flugzeuge bis hin zu Fahrrädern mit buntbemalten Männchen darauf. Einmal hat er einen Projektor aufgetrieben, den ein kleiner Junge aus Metallresten selbst gebaut hatte. Monatelang hat François in Matonge damit Filme vorgeführt.

Den ganzen Tag gehen in diesem Raum junge Sänger,

Schriftsteller und Maler ein und aus. Die Gespräche drehen sich um Ausstellungen, Auftritte und Lesungen in Kinshasa. Ich traue meinen Augen nicht: Da sind sie plötzlich, die Zairer, nach denen ich gesucht habe und von denen die Belgier behaupten, es gebe sie gar nicht. Sie sind selbstbewußt, machen Witze, eilen von einer Aktivität zur nächsten.

Am Abend sitze ich auf dem Sozius von François' Motorrad. Wir fahren nach Matonge. Ob ich Angst habe? François lacht mich aus. Das wird er noch oft tun. Ich habe zwar etwas gegen die Weißen, die mich ständig vor den Zairern warnen, aber wenn ich mit François zusammen bin, rutschen mir ihre Worte wie kleine Kobolde immer wieder heraus: Ist es nicht leichtsinnig, die Uhr anzubehalten? Und wo versteckt er sein Geld?

Wir lassen das Geschäftszentrum hinter uns. Auf der Avenue Kasavubu herrscht dichter Verkehr. Die Leute versuchen auf fahrende *fulafulas* aufzuspringen, dicke Auspuffwolken wehen uns ins Gesicht, und überall dröhnt Musik. Die Häuser links und rechts – oft nicht mehr als vier Wände mit einer Öffnung darin – stehen dicht an dicht. Läden mit Namen wie *Dieu ne dort jamais, Alimentation La Vieillesse, Photocopie Rapide* oder *Le Bonheur* – Gott schläft nie, Lebensabend-Lebensmittel, Copyshop Rapid oder Das Glück – sausen vorbei. Manche haben fröhlich bemalte Fassaden, der Friseursalon *Haute coiffure* beispielsweise, an dem Frauenköpfe mit phantastischen Frisuren prangen.

Von allen Seiten ruft man uns etwas zu. »*Bandidos!*« schreien die Kinder. Sie kennen François, weil er einmal einen Film über Straßenjungen gedreht hat.

Da und dort wird die Häuserreihe an der Avenue Kasavubu von breiten Sandwegen unterbrochen, die sich im Dunkel verlieren. Plötzlich biegt François in einen solchen Weg ein. »Wir schauen schnell bei Kis vorbei«, sagt er. Kis ist in Kinshasa kein Unbekannter. Er hat in der französischsprachigen Regierungszeitung *Salongo* eine berühmte Kolumne namens *Les commérages de Kis* – Kis' Klatschspalte – in der er das tägliche Leben in der *cité* aufs Korn nimmt.

Die letzten Tage hat es geregnet, und François kann den Pfützen und Abfallhaufen nur mit Mühe ausweichen. In diesen Straßen scheint die Stadt übergangslos zum Dorf zu werden. Vor einem der Häuser sehe ich zu meinem Schrecken plötzlich eine Leiche in einem offenen Sarg. Männer und Frauen sitzen darum herum und trinken Bier.

Wir halten an einem dunklen Hof, in dem Frauen auf kleinen Feuern Essen kochen. Halbnackte Kinder sitzen am Boden. Fünf Familien wohnen hier. François schiebt ein Stück Stoff beiseite, das vor einer der Türöffnungen hängt. »Ist Kis da?«

Ich strecke den Kopf hinein. Da ist Kis, in einem ärmlichen Raum, der nicht viel größer ist als der Schreibtisch, an dem er sitzt. Die Decke besteht aus Wellblech, und hinter einem Vorhang weint ein Baby. Kis' Frau sitzt vor einem alten Schwarzweißfernseher, der in der Ecke steht. Die Männer auf dem Bildschirm haben grauenvolle Eierköpfe, die Gebäude sind monströse, schwankende Riesen.

»Jetzt hast du mal gesehen, wie die Leute hier leben«, sagt François, als wir nach einer Weile weiterfahren. »Und Kis ist Journalist. Da kannst du dir vorstellen, wie es bei anderen aussieht.«

Es wird ein etwas chaotischer Abend, aber das ist bei François immer so, wie ich noch sehen werde. Allmählich gewöhne ich mich an seinen nervösen Rhythmus. Das hat etwas Afrikanisches, etwas Flüchtiges, er macht von allem eine Momentaufnahme, und schon ist er wieder weg.

Sobald wir in Matonge sind, wird der Rhythmus von unserer Umgebung bestimmt. Auf dem Bürgersteig vor einem Schallplattengeschäft tanzen kleine Jungen, Mamas bieten lautstark Krapfen mit Erdnußbutter feil. François betrachtet ein Huhn, das über *makala* – Holzkohle – gebraten wird, und plaudert mit dem Mann, der es für uns kleinschneidet. Weiter vorn kaufen wir noch ein Baguette, dann setzen wir uns in einer *buvette* – einem Ausschank – gegenüber an einen wackligen Tisch und bestellen Bier in Halbliterflaschen. Auf dem Deckel steht der Name der Regierungspartei MPR, in Matonge auch *Mourir pour rien* – sinnlos sterben – genannt. Hier pfeifen die meisten auf die Politik, hier verfolgt jeder seine eigenen Interessen.

Artikel fünfzehn ist in Matonge keine Nebenbeschäftigung, sondern ein Hauptberuf. Wo ich auch hinsehe, überall wird mit irgend etwas gehandelt. Kleine Jungen mit Bauchläden wie die Eisverkäufer im Kino verkaufen einzelne Zigaretten, Eier mit *pili-pili*, Kolanüsse und Dutzende anderer Aphrodisiaka, darunter Stäbchen, die wie Süßholz aussehen und die manche Käufer in ihr Bierglas stellen.

»Komm, wir brechen wieder auf«, sagt François. Zu Fuß gehen wir weiter. »Hast du keine Angst, dein Motorrad hier stehenzulassen?« frage ich ihn.

Er zuckt die Schultern. »Hier weiß ja jeder, daß es meins ist.« Als er noch nicht lange in Kinshasa wohnte, fuhr er oft mit dem Auto vom Centre Culturel nach Matonge. Er schloß es nie ab, und wenn kleine Jungen angerannt kamen und ihn fragten, ob sie darauf aufpassen dürften, rief er: »Nein, ich will ja gerade, daß es gestohlen wird!«

Eines Nachts kam er aus einer Kneipe. Er schaute nach links und rechts – sein Auto war weg. In Panik suchte er die Straße ab. Was sollte er am nächsten Tag bei der Arbeit sagen? Er hätte gar nicht mit dem Auto nach Matonge fahren dürfen! Er ging wieder in die Bar und machte sich zusammen mit dem Wirt auf die Suche. Noch in derselben Nacht schnappten sie die vier Diebe. Er rief die Polizei, aber die hatte kein Auto, und so mußte der Wirt die Diebe mit seinem eigenen Wagen aufs Revier bringen.

Dort angekommen, wurde einer der vier von einem Polizisten freudig begrüßt. Die beiden waren offensichtlich gute Bekannte. Der Polizist warf François einen Blick zu. Leider seien alle Zellen belegt, sagte er, und ob François die Diebe nicht auf ein anderes Revier bringen könne? François verneinte. Der Polizist sah ihn prüfend an. Ob er bei der französischen Botschaft arbeite? Man könne sich ja vielleicht arrangieren. Wenn François zweihundert Zaire pro Dieb zahle, werde sich unter Umständen eine freie Zelle finden. François lacht. »Stell dir das vor! Ich sollte dafür bezahlen, daß sie eingesperrt werden!«

Ich muß daran denken, wie die meisten anderen Weißen auf einen solchen Vorfall reagiert hätten. Für sie wäre das Grund genug gewesen, nie wieder nach Matonge zu kommen, und außerdem die Strafe dafür, daß sie überhaupt dorthin gewollt hatten, daß sie geglaubt hatten, sich unter die Schwarzen mischen zu können. Da sieht man's wieder: Es klappt nicht! Schon beim ersten Versuch ist es schiefgegangen! So oft bin ich in den vergangenen Wochen gewarnt worden: Was ich vorhätte, sei unmöglich, die Schwarzen seien nun einmal anders als wir. François sieht die Sache gelassen. Das sei eben das Risiko, wenn er mit Leuten verkehre, die weniger Geld haben als er, meint er. Er hätte vorsichtiger sein müssen, das ist alles. Die Diebe hat er laufen lassen. In den Tagen danach fand er aufgrund von Hinweisen alle möglichen Teile seines Autos wieder. Sie waren im Nu über ganz Matonge verstreut.

»Heute würde mir so was nicht mehr passieren«, sagt er. »Die Leute in Matonge kennen mich, sie wissen, daß ich kein naiver Tourist bin. Sie würden mir helfen, wenn ich in Schwierigkeiten käme.«

Wir überqueren die belebte Place de la Victoire. »*Bandi-*

dos!« tönt es wieder von allen Seiten. Überall stehen Jungen mit Benzinkanistern, die sie an Autofahrer verkaufen. *Kaddafis* werden sie genannt. Jeder weiß, daß das Benzin von der Armee stammt.

Wir kommen an einem wunderschönen kleinen Markt vorbei, der bis Tagesanbruch geöffnet ist. Es riecht nach gebratenem Fleisch, und unter den baumelnden Petroleumlampen herrscht lebhaftes Geschnatter. In einer Bar auf der anderen Straßenseite sitzen die Gäste auf weißen Hokkern und trinken Bier, und im Hof wird getanzt. Hier verkehren viele Diamantenhändler des Luba-Stammes, sagt François. Blitzende BMWs parken am Straßenrand.

Wir müssen weiter, denn heute abend tritt Papa Wemba auf, im Moment einer der populärsten Sänger Zaires. Seine Fans nennen ihn *Le Roi des Sapeurs* – König der Pioniere –, weil er stets nach der neuesten Mode gekleidet ist. In Lederhose und weiter Jacke steht er auf der Bühne. Auf der Tanzfläche schwenkt ein Junge eine lederne Schultasche im Takt der Musik. Enge Hosen, spitze Schuhe, Seidensakkos. »Die Jungs sparen sich diese Sachen vom Mund ab«, sagt François. »Und was sie selbst nicht haben, leihen sie sich für den Abend von Freunden.«

Gegen zwei landen wir in der Discothek *Mayaza*. Erst jetzt wird es dort voll. Aus den Boxen schallt der altbekannte Song *Mario*. Hierher kommen viele Beamte mit ihrem *deuxième bureau* – ihrem zweiten Büro –, wie man eine Geliebte hier nennt. Je reicher ein Mann, desto mehr *bureaux* hat er. Mit der eigenen Frau gehen die zairischen Männer meist nicht aus. Eine Frau, die auf sich hält, muß zu Hause bleiben.

Manchmal sieht man im *Mayaza* auch Weiße. Sie kommen in Gruppen, und im Lauf des Abends setzen sich meist Frauen zu ihnen. Aids schreckt zwar manche Männer ab, aber die *femmes libres* – die freien Frauen – in Matonge scheinen deswegen nicht weniger zu werden. In der

Ecke steht ein Weißer mit einem Schnurrbart. Ich sehe ihn im *Mayaza* noch öfter, jedesmal mit einer anderen Frau.

Wenn nicht genug Männer da sind, vergnügen sich die Frauen untereinander. Sie sind schon zufrieden, wenn ihnen jemand ein Bier spendiert. Nach einer Weile fragen sie auch mich, ob ich ihnen nicht ein Bier zahle. Eine von ihnen ist eine wunderbare Tänzerin; sie schwingt anmutig die Hüften unter dem engen Kleid und bewegt die Hände rhythmisch hin und her. Plötzlich macht sie eine seltsame Bewegung. Erst glaube ich, nicht recht gesehen zu haben, doch dann macht sie es noch einmal: Sie schlägt das Kreuz! Es ist eine Geste, die nichts mehr von ihrer ursprünglichen Bedeutung hat, sie tut es unbewußt, baut sie in ihren graziösen Tanz ein. Ich muß an das *Cabaret de la Mission* gegenüber der Missionsniederlassung in Matadi denken und an die Diebesbande namens »Jesus und die zwölf Apostel«. Die Zairer machen aber auch aus allem eine Komödie! Was wohl die Patres zu dieser Tänzerin sagen würden?

Gbadolite: schwarzer Mercedes im Regenwald

EINES Abends klingelt es bei Alain. Es ist Dubois, ein Arzt, der für den belgischen Entwicklungsdienst Inspektionsreisen ins Landesinnere Zaires unternimmt. Er legt sein Walkie-talkie auf den Tisch. »Wärst du übermorgen bereit? Wir fahren los.«

Ich habe Dubois durch André kennengelernt. »Sollte er dir irgendwann anbieten, dich mitzunehmen, darfst du keine Sekunde zögern«, hatte er gemeint. »Einen interessanteren Führer wirst du nicht finden.«

Vor einiger Zeit wandte sich *citoyen* Bondo an Dubois, ein Vertrauter Mobutus. Dieser sogenannte »Baron« des Regimes will das Krankenhaus in seinem Heimatdorf Yolo wiederaufbauen und fragte Dubois, ob er ihm dabei helfen könne.

Dubois dachte einige Zeit darüber nach. Der Staat läßt die Krankenhäuser im Landesinneren verkommen; wenn nun jeder »Baron« in seinem Heimatort eine solche Initiative ergreifen würde, sähe es dann im Busch nicht besser aus? Es war ein Experiment, das möglicherweise Nachahmer finden würde. Dubois teilte Bondo mit, daß er bereit sei, ihm zu helfen, und fragte, ob er seine »Nichte« mitbringen könne. Bondo war einverstanden. Doch bevor wir nach Yolo fahren, müsse er noch zu einer Gedenkfeier für Mama Mobutu, die erste Frau des Präsidenten, nach Gbadolite. Ob wir bereit seien, mitzukommen?

Ein »Baron des Regimes«. Was für Gedanken schießen mir durch den Kopf, als ich das höre! Dutzende von Artikeln in belgischen Zeitungen über die »korrupte Bande«, die »Profitjäger« um Mobutu, ihr Vermögen in fettgedruckten Ziffern, Fotos ihrer Villen in Brüssel und in der Schweiz, Gesichter von Schwarzen, die immer ein wenig argwöhnisch und erschrocken dreinsahen, als wären sie nicht durch eigenes Zutun in all das hineingeraten.

Ich fange sofort an, meine Abreise vorzubereiten. Es werden alle möglichen Empfänge stattfinden, meint Dubois, ich muß also Abendkleidung mitnehmen. Aber auch feste Schuhe, leichte Hosen und Blusen für tagsüber, denn wir werden auf schlechten Straßen unterwegs sein, und in der Äquatorprovinz ist es noch heißer als in Kinshasa.

Alain ist höchst interessiert, als er hört, daß ich ins Landesinnere fahre. Wenn ich unterwegs alte Autos sehe, ob ich dann haltmachen und sie fotografieren könne? Und wenn noch ein Nummernschild dran ist, ob ich es bitte abmachen könne?

Am Abend vor meiner Abreise legt Célestin mein hellblaues Kleid frisch gebügelt auf mein Bett und bleibt dann unschlüssig im Zimmer stehen, wie immer, wenn er etwas auf dem Herzen hat. »Was ist?« frage ich. Er sieht mich zweifelnd an. Weshalb ich denn ausgerechnet in die Äquatorprovinz wolle? Das sei eine gefährliche Gegend, ob ich das nicht wisse? Ihm würde es im Traum nicht einfallen, dorthin zu fahren. »*Ce sont des sauvages là-bas* – Das sind doch Wilde dort«, sagt er.

Sieht *citoyen* Bondo den Männern ähnlich, die ich von den Fotos kenne? Ja und nein. Er wirkt abwesend, als er an diesem Morgen in der VIP-Lounge des Ndjili-Flughafens in Kinshasa in den Lederpolstern sitzt. Wie ein Mann, der Sorgen hat, der genug mit sich selbst zu tun hat. Er trägt einen grellfarbigen *abacost*, wie Mobutu, wenn er sich unters Volk begibt. Sein Sekretär Kivilu flüstert ihm etwas ins Ohr, worauf seine Miene noch ernster wird.

Eine stattliche Frau in einem rot-gelben Gewand kommt auf uns zu. Sie hat ein sanftes Gesicht, und die kleinen Flechten auf ihrem Kopf sind kunstvoll miteinander verbunden. Doktor Dubois springt auf. »*Citoyenne Bondo, quel plaisir de vous voir* – sehr erfreut, Sie zu sehen…«

Das Flugzeug hat Verspätung. Bondo geht nachsehen, was los ist. Still blickt er zu dem glitzernden Scibe-Zaire-Flugzeug hinüber, über dem die heiße Luft flimmert. Doch er stellt keine Fragen, er wartet, bis Kivilu meldet, daß wir endlich starten können.

Wir überfliegen den tropischen Regenwald, eine undurchdringliche grüne Fläche, durch die sich Flußläufe winden wie bleiche Schlangen. Gbadolite liegt am anderen Ende, in einem Gebiet, in dem es während der Kolonialzeit nur wenige Weiße gab, denn mit der Bevölkerung dort, so hieß es allgemein, sei nichts anzufangen. »Die wollen nicht arbeiten«, sagten die Belgier. Es war außerdem heiß und feucht dort, und es wimmelte von Insekten, so daß eine Versetzung an den Äquator bei den Belgiern als Strafe galt.

Mobutu selbst hat nur kurz in Gbadolite gelebt, denn sein Vater war Koch bei einem weißen *agent sanitaire*, einem Sanitätsbeamten, der viel umherreiste. Doch wie bei seinem Stamm, den Ngbandi, üblich, betrachtet er das Dorf seines Vaters als seine Heimat. Dort liegt das Kerngebiet seines Stammes, dort ist er auf sicherem Terrain. Seinen politischen und administrativen Stab hat er sorgfältig aus allen Stämmen des Landes ausgewählt, sein Sicherheitsdienst aber setzt sich überwiegend aus Ngbandi zusammen, und auch seine Leibwächter gehören ausnahmslos seinem eigenen Stamm an.

Mobutu ging bei belgischen Mönchen in Molegbe nicht weit von Gbadolite zur Schule, trat dann in die Armee ein und wurde später zum Studium nach Belgien geschickt.

Kurz vor der Unabhängigkeit kehrte er zurück, und als er nach Jahren zum Präsidenten aufgestiegen war, beschloß er, etwas für die rückständige Region zu tun, aus der er stammte.

Er ist nicht der einzige afrikanische Staatschef, der sein Heimatdorf jäh aus seinem prähistorischen Schlummer gerissen hat. Beim Präsidenten von Malawi war es Lilongwe, bei Präsident Houphouët-Boigny von der Elfenbeinküste Yamoussoukro. Als man ihm einmal Vorwürfe machte, weil er mitten im Busch eine so luxuriöse Stadt errichtet hatte, sagte Houphouët-Boigny: »Hätte man den Bau von Versailles verhindert, was könnten die Franzosen ihren Kindern dann zeigen?«

Als es so aussieht, als hätten wir die zivilisierte Welt längst hinter uns gelassen, taucht plötzlich mitten im Busch die Landebahn eines Flugplatzes auf. Unten steht eine dichtgedrängte Menschenmenge und winkt uns zu.

Was hatte ich erwartet? Jedenfalls nicht, daß von den Menschen auf dem Flugplatz die meisten Weiße sind. Als wir die Gangway hinuntergehen, kommen sie angelaufen wie Schiffbrüchige auf einer einsamen Insel beim Anblick ihrer Retter.

Schwarze Mercedeswagen bringen uns über eine breite Asphaltstraße zu *citoyen* Bondos Haus. Die meisten von Mobutus Vertrauten haben in Gbadolite prachtvolle Villen, in denen sie wohnen, wenn der Präsident hier politische Zusammenkünfte abhält. Bondos Haus liegt an der Straße. Im Garten steht der Mast für die *phonie*-Verbindung zu seinen Kaffee-, Kakao- und Holzfirmen im ganzen Land. Der Rasen ist frisch gemäht, die Bougainvilleen blühen, und das Personal hat Gartenstühle und Sonnenschirme auf die *barza*, die Veranda, gestellt.

Ein junger zairischer Boy in makelloser Kleidung rollt

einen Servierwagen mit Getränken und einem Eiskühler heran und bedient uns, eine Hand auf dem Rücken wie ein Ober in einem französischen Restaurant. Bondo sitzt zurückgelehnt in einem tiefen Sessel und zeigt auf die Baustelle gegenüber. Männer traben mit schweißnassem Rücken in der drückenden Hitze mit ihren Schubkarren hin und her. »Da wird eine Coca-Cola-Fabrik gebaut«, sagt Bondo.

Neben dem Gelände wohnt eine zairische Familie in einer Hütte. Kinder rutschen eine umgestürzte Palme hinunter, eine Frau kocht auf einem Holzfeuer das Essen. Es sind Bilder aus einer Vergangenheit, die so weit weg ist und zugleich so vertraut, daß niemand auf der *barza* sie überhaupt wahrzunehmen scheint.

Bondo achtet darauf, daß die Gläser seiner Gäste mit Bier, Martini oder Whisky nachgefüllt werden, er selbst trinkt St.-Pauli-Bier. Es wird aus Deutschland importiert und ist so teuer, daß nur reiche Zairer es sich leisten können.

Die Gedenkmesse für Mama Mobutu findet erst am nächsten Tag statt, und Dubois und ich beschließen, uns Gbadolite anzusehen. Bondo stellt uns einen Mercedes aus seiner Flotte zur Verfügung.

Der Chauffeur biegt mit quietschenden Reifen in die Straße ein. Wir müssen ihn immer wieder bitten, langsamer zu fahren. Die Avenue Sese Seko, an der einige Banken und das Kaufhaus Motema liegen, das von der belgischen Unic beliefert wird, führt ins Zentrum. Quer dazu verlaufen die Avenue de l'Authenticité und die Avenue Mama Yemo.

Gbadolite ist von Weißen erbaut worden. 1967 holte Mobutu die ersten jungen Freiwilligen in das Dorf – »Pfadfinder des Präsidenten« wurden sie genannt –, doch sie waren der Schlauheit der Ngbandi nicht gewachsen, die sich ausschließlich für das Geld interessierten, das der

Präsident für die Entwicklungsprojekte zur Verfügung gestellt hatte.

Mobutu rief die Patres zu Hilfe: Sie kannten sein Volk am längsten, sie würden sich nicht so leicht übers Ohr hauen lassen. Seitdem ist eine ganze Prozession von Kirchenleuten durch Gbadolite gezogen. Das Dorf bekam eine Blaskapelle mit Majoretten, einer der Mönche züchtete Kaninchen, es wurden Häuser, Schulen und Krankenhäuser für die Ngbandi gebaut, und die Patres beaufsichtigten die Arbeiten.

Mit der Zeit wurden Mobutus Pläne für Gbadolite ehrgeiziger. Aus Maos China kam er mit der Idee zurück, einen internationalen Flughafen zu bauen, damit ausländische Staatschefs direkt nach Gbadolite fliegen konnten, und nach einem Staatsbesuch in Persien wollte er einen Palast haben wie der Schah. Als das Gebäude fertig war, zeigte sich, daß die Klimaanlage das ganze Jahr über laufen mußte, weil das Blattgold an den Kronleuchtern in der tropischen Hitze abzublättern drohte.

Viele Patres hatten Probleme damit, daß Gbadolite sich in ein Denkmal zur Verherrlichung des Präsidenten verwandelte und daß für die Entwicklung des Volkes selbst so wenig getan wurde. Wenn Mobutu nicht da war, saßen die Bewohner monatelang im Dunkeln. Kam er dann mit seinem Gefolge, war es, als würde jemand das Licht anschalten, rund um die Uhr war Strom da, und Gbadolite lebte in einer Art Fiebertaumel. Die Geschäfte füllten ihre Lager auf, ganze Koffer voll Geld wurden von der Bank geholt.

Mobutu saß dann in seinem Palast und verteilte Geld. Die Menschen kamen von nah und fern, es wurden immer mehr, und eines Tages seufzte er: »Früher hatte ich kaum Verwandte, aber seit ich Präsident bin, ist das halbe Land mit mir verwandt!« Sein Gefolge vergnügte sich mit einheimischen Frauen, und das Geld, das er verteilte, wurde innerhalb weniger Tage verpraßt.

»Der Präsident steht nicht mehr mit beiden Beinen auf der Erde«, sagte mir ein belgischer Vertrauter Mobutus in Kinshasa. Er hatte ihn ganz zu Anfang kennengelernt, als Mobutu noch jung und voller Enthusiasmus war. Dann griff die Korruption um sich: Die Menschen in seiner Umgebung rafften zusammen, was sie nur konnten, bevor es zu spät war.

Einige Patres in Gbadolite überblickten die Lage und zogen sich zurück, andere blieben. Mobutus Kinder wurden von Jesuiten erzogen, die auch die höhere Schule leiten. »Im Grunde sind sie eine Art Geiseln«, sagte mir ein Pater in Kinshasa. »Sie konnten gar nicht nein sagen, als der Präsident sie bat, nach Gbadolite zu kommen, sonst wäre der gesamte Klerus in Zaire in Schwierigkeiten geraten.« Kritiker meinen jedoch, die Jesuiten hätten sich durch ihr Handeln kompromittiert, wie damals unter Ludwig XIV.

Mobutu finanziert den Unterhalt der Schüler in Gbadolite, und manchmal, wenn er zu Besuch kommt, verteilt er kostenlose Schuluniformen. Ohne seine Unterstützung könne die Schule gar nicht existieren. Unterrichtssprache ist Französisch, obwohl Mobutu ein großer Befürworter des Lingala ist. Viele der Lehrer kommen aus Belgien und wohnen im teuren Motel Nsekele, denn es wurden nie Häuser für sie gebaut. Einer von ihnen erzählt, er habe sich einmal beim Präsidenten darüber beklagt, daß er kein Auto hatte. Mobutu rief einen von seinen Leuten und fragte ihn: »Stehen in der Garage noch Autos?« Kurz darauf schenkte er dem Lehrer einen Jeep.

Und noch etwas erzählt uns der Lehrer. Als Mama Mobutu 1977 starb, bat der Präsident die Weißen in Gbadolite, ihre Häuser für die Dauer der Trauerfeierlichkeiten seiner Verwandtschaft zur Verfügung zu stellen. Sie wurden für zehn Tage in die Wildparks im Osten des Landes geflogen, nur der Lehrer blieb. Es war eine verrückte Zeit.

Lastwagen fuhren hin und her und stellten Bierkästen vor den Häusern ab, auf der Straße wurden Rinder geschlachtet, es wurde getanzt und gefeiert.

Wir lernen einen Arzt kennen, der in Belgien wahrscheinlich ein ganz normaler Hausarzt wäre. Hier aber wird er jedesmal, wenn Mobutu in Gbadolite ist, zum Essen in den Palast eingeladen. Der Arzt weiß nicht so recht, warum – vielleicht fühlt sich der Präsident einsam. Bei Champagner und Kaviar unterhalten sich die beiden über die Jagd. Einmal zeigte Mobutu ihm mit kindlichem Stolz Fotos von seinem Besuch bei Präsident Carter.

So wie er und der Lehrer haben die meisten Weißen in Gbadolite Anekdoten über den Mann zu erzählen, dessen Traum sie hierhergeführt hat. Sie reden von ihm wie von einem launischen Kind, sie halten seine Projekte hier für hellen Wahnsinn, aber gleichzeitig sind sie fasziniert von den ungewöhnlichen Ereignissen, deren Zeugen sie sind, und diese Faszination hält sie hier fest.

Viele ausländische Unternehmen haben die Ambitionen des Präsidenten in den vergangenen Jahrzehnten schamlos ausgenutzt und ihm die absurdesten Projekte verkauft. So wollte er beispielsweise erreichen, daß die Region sich selbst mit Fleisch versorgen kann, und eine Delegation, die nach Gbadolite kam, riet ihm, fünfhunderttausend Rinder einzuführen und einen Schlachthof zu bauen. Von der Kuh zum Corned beef. Ein flämischer Pater in Gbadolite erkannte jedoch, wie aussichtslos das Vorhaben war. Die Schwarzen hier sind nicht an Tierhaltung gewöhnt, für sie ist eine Kuh ein »Steak auf vier Beinen«, wie er es ausdrückte. Weiße Kolonisten in der Umgebung hatten große Probleme mit ihrem Vieh: Hyänen fielen die Rinder an, zerrissen sie, fraßen die Eingeweide und ließen den Rest liegen. Oft gaben die Weißen das Fleisch ihrem schwarzen Personal, mit der Folge, daß die Schwarzen bald keine Lust mehr hatten, Hyänen zu jagen, weil sie dann kein Gratisfleisch mehr bekommen hätten.

Der Pater warnte den Präsidenten. Das Projekt wurde aufgegeben, aber der Schlachthof war bereits im Bau. Als wir zu Mobutus Agrarprojekt *Centre de Développement Agricole* – Zentrum für landwirtschaftliche Entwicklung – fahren, sehen wir tonnenweise Metall am Straßenrand liegen, noch unausgepacktes Material für den Schlachthof, das hier seit Jahren vor sich hin rostet.

Ein weißer Führer zeigt uns riesige Plantagen mit einer Überfülle an Orangen, Kaffee, Palmkernen und Avocados. In einem Silo lagern bis unters Dach fünfundzwanzigtausend Kokosnüsse. Der Führer sieht uns entschuldigend an. Alles gedeiht hier prächtig, aber wie soll man es transportieren? Nach Businga, dem nächsten Hafen, sind es hundertzwanzig Kilometer, und die Straße dorthin ist schlecht. Voriges Jahr sind zweihundert Tonnen Mangos verfault.

Manchmal erhält der Mann Anweisung, Zitronen, Mandarinen und Grapefruits für den Präsidentenhaushalt in Kisten zu packen, die dann sofort nach Kinshasa geflogen werden müssen. Doch solche Bestellungen kommen unregelmäßig, und oft geht etwas schief. Kürzlich bestellte der Präsident zehn Rinder. Sie wurden geschlachtet, aber das Flugzeug des Präsidenten, das sie abholen sollte, kam nicht, und das Fleisch verdarb, denn in Gbadolite gab es nicht genug Tiefkühltruhen.

In Kawele, einem Dorf in der Nähe, baut Mobutu zur Zeit einen neuen Palast. Der Chauffeur fährt uns auch dorthin. Sobald wir die Hauptstraße verlassen, hört Gbadolite auf und Afrika beginnt wieder. Ein Sandweg, eine Frau, die ihr Baby in einer Zinkwanne wäscht, Mädchen, die einander auf der roten Erde vor einer Hütte die Haare flechten, spielende Kinder, Männer beim Palaver unter einem Schilfdach. Der Chauffeur gibt Vollgas, als wollte er uns den archaischen Anblick ersparen.

Die Hütten sind hier noch aus Lehm, und die Menschen schauen verstört auf, als wir vorbeifahren. Sie winken nicht, anders als dort, wo mein Onkel gelebt hat. Ob sie wissen, daß aus diesen schwarzen Autos niemand zurückwinkt? Wir kommen an einem prächtigen Markt vorbei. Am Morgen hat es geregnet, und zwischen dem dampfenden Grün gehen *commerçantes* in bunten Gewändern umher. Wie reich und lebendig ist dieses Bild nach den eintönigen Straßen in Gbadolite! Doch die Blicke der Menschen halten uns davon ab auszusteigen. Wir sind Fremde, alles würde sich verändern, wenn wir hier Station machen würden.

Der Präsidentenpalast wird auf einem Hügel errichtet. Der weiße Bauunternehmer rauft sich die Haare: Seit Tagen wartet er auf zwanzig Flugzeugladungen mit Fenstern aus Oostende. Der Palast hat erschreckende Ausmaße. Draußen ist eine Esplanade vorgesehen, mit einer Rasenfläche, einer Tanzfläche und einem Podium für das Orchester, das die Gäste des Präsidenten unterhalten soll. Der Bauunternehmer zeigt ins Tal hinunter. Ein Vergnügungspark soll dort entstehen, dreimal so groß wie Walibi in Belgien. Der Präsident will Touristen aus aller Welt nach Gbadolite locken. »Das soll hier eine Art Florida werden.«

Ich sehe mich um. Es wird noch Jahre dauern, bis das alles fertig ist. Wie alt ist Mobutu eigentlich? Fünfundfünfzig. Er scheint sich für unsterblich zu halten. Seine Pläne haben etwas Pharaonisches. Was wird nach seinem Tod aus Gbadolite werden? Ein Historiker in Kinshasa prophezeit: »Wenn Mobutu stirbt und ein Luba aus dem Kasai an die Macht kommt, dann baut der sich einen Palast in Mbuji-Mayi, und seine Leute werden in Gbadolite alles plündern. Nichts werden sie übriglassen, keine Tür, kein Fenster, sogar die Lichtschalter werden sie mitnehmen.«

Gelegentlich wird darüber spekuliert, daß Mobutu sich

im Falle seines Sturzes nach Gbadolite zurückziehen werde. Beobachter halten jedoch auch das für ausgeschlossen, denn zwischen den Ngbaka und Mobutus Stamm besteht eine alte Feindschaft und die Ngbaka würden alles zerstören.

Ein wenig benommen fahren wir gegen Abend zu Bondo zurück. Unterwegs stellt Dubois Berechnungen an: Das Jahresbudget für die Bekämpfung der Schlafkrankheit beläuft sich auf ein Viertel der Summe, die der Bauunternehmer für den Bau des Präsidentenpalastes veranschlagt hat. Dubois hat sich im Lauf der Jahre zwar an solche Dinge gewöhnt, aber auch ihn läßt dieses Mißverhältnis nicht unbeeindruckt.

Bondo und seine Frau sehen sich im Salon die Nachrichten an, wie ein älteres Ehepaar, das zu Hause geblieben ist, während die Kinder sich in der Stadt vergnügen. Wir setzen uns zu ihnen. Ich betrachte die aus Italien importierten Sofas, den gläsernen Couchtisch mit der goldenen Einfassung, den Marmorboden. Wieviel Geld und wieviel Mühe muß es gekostet haben, das alles hierherzubringen! Doch wenn man es jetzt so sieht, wirkt es vertraut, und jeder scheint sich in dieser künstlichen Umgebung vollkommen wohlzufühlen.

Der Nachrichtensprecher berichtet, daß am Nachmittag eine Sendung Medikamente, die Spende einer Dritte-Welt-Organisation, in der Missionsniederlassung in Kinshasa eingetroffen ist. Die Kamera schwenkt zu einem Lastwagen, aus dem Kiste um Kiste ausgeladen wird – nach allem, was ich an diesem Tag gesehen habe, ein absurdes Bild. In Gbadolite fließen Millionen in wahnwitzige Projekte, und in Kinshasa werden Almosen für bedürftige Zairer ins Land geschleust. Ich werfe *citoyen* Bondo einen verstohlenen Blick zu. Er scheint sich keiner Schuld bewußt zu sein. Dubois hat seine diplomatisch neutrale Miene aufgesetzt.

Nach dem Essen bringt uns der Chauffeur ins Motel von Gbadolite. Das Gelände liegt in tiefer Finsternis. Zwischen den Bungalows wächst hohes Gras. Die Generatoren im Garten werden erst morgen eingeschaltet, wenn die anderen Würdenträger eintreffen. Sie verbrauchen sechzig Liter Benzin pro Stunde. »Die sind wie gierige Kinder«, sagt ein schwarzer Motelangestellter am nächsten Tag nicht ohne Ehrfurcht.

Doktor Dubois entzündet die Petroleumlampe, holt eine Flasche Kognak aus seinem Koffer und stellt sie auf den Tisch. Er muß noch Akten studieren, und kurz darauf ist er in tiefes Nachdenken versunken.

Am nächsten Morgen kommen die übrigen Gäste unter Sirenengeheul ihrer motorisierten Eskorte im Hotel an. Vor jedem Bungalow, auch vor unserem, wird ein Soldat postiert. Unseren Nachbarn kenne ich aus dem Fernsehen, es ist der Präsident des *Conseil législatif*, des zairischen Parlaments, ein Koloß von einem Mann mit nicht übermäßig intelligentem Gesicht. Er ist ein Tetela, ein Stammesgenosse Lumumbas, des Helden der Unabhängigkeit. Seine Berufung ist ein typisches Beispiel für Mobutus Regierungstaktik: Um die Tetela an sich zu binden, mußte er einen von ihnen mit einem hohen politischen Amt betrauen. Daß der Auserkorene nicht eben der Klügste ist, dürfte kein Zufall sein.

Die Kirche, in der Mama Mobutu begraben liegt, ist an diesem Nachmittag brechend voll. Vor uns sitzen zwei Söhne Mobutus, schwitzend in ihren engen *abacosts*. Unter Trompetengeschmetter marschiert die Präsidentengarde ein: bewaffnete Männer in giftgrünen Uniformen, die leopardengemusterten Barette mit gelben und roten Federn geschmückt. Sie bilden ein Spalier für die drei weißen Priester, die durch den Mittelgang zum Altar schreiten. Dann erfüllen lateinische Gesänge und Weihrauchdüfte den hohen Raum. Der Bischof von Gbadolite und auch der Parlamentspräsident werden ausgiebig beweihräuchert. Wenn Mobutu da ist, wird diese Ehre ihm und seiner Frau zuteil.

Nach der Messe findet im Restaurant des Motels ein Cocktail statt. Die Ober kommen kaum nach, die Gäste schieben und drängen sich an der Bar, Gläser stürzen um, und binnen kürzester Zeit sind die Getränke alle. Hostessen reichen Häppchen herum, die ungeniert von den Platten gegrapscht werden, zum Teil mehrere gleichzeitig. Ich kann kaum die Augen von der Szene wenden. Sind das die würdevollen Herren, die am Nachmittag in der Kirche saßen? Als der Empfang zu Ende ist, gleicht der Saal einem Schlachtfeld.

Es ist die reinste Völkerwanderung, als wir am Nachmittag nach Yolo aufbrechen. Die fünf Mercedes-Geländewagen platzen aus allen Nähten, denn die Gesellschaft um *citoyen* Bondo ist in den vergangenen Tagen immer weiter angewachsen. Verwandte, Kinder und Personal fahren mit.

In unserem Jeep sitzt Madame Desmet, eine Belgierin, die Bondos Häuser in der Äquatorprovinz verwaltet. Sie sorgt dafür, daß alles bereit ist, wenn er kommt, und am Morgen hat sie seine Villa in Gbadolite »geschlossen«, wie sie es nennt. Mit langen Listen ist sie durch die Räume gegangen und hat das Inventar kontrolliert. Jede Gabel, jedes Glas, alle Laken und Decken hat sie gezählt, denn sonst, sagt sie, fängt das Personal an zu stehlen und im Nu ist alles weg.

Wir fahren tiefer in den Busch hinein, weg vom Komfort der Stadt. Bondo ist ein Mann, der nichts dem Zufall überläßt. Ein Lastwagen folgt uns, beladen mit Blechkisten voll Konserven, Wein, Bier und Reis, die aus Kinshasa eingeflogen wurden.

Der Urwald wird immer dichter. Grüne Baumriesen, manche mit seltsamen Höckern und Wucherungen, säumen die Straße. Lianen und Efeu wachsen kreuz und quer durcheinander, und da und dort streckt ein vom Blitz getroffener Baum seine abgestorbenen Äste in die Luft. Manchmal sind in der Tiefe des Waldes Tierschreie zu hören. Ich muß an Pater Bronek denken, als er zum ersten Mal auf seinen Buschposten im Kasai kam und völlig verzweifelt war, weil sich die Welt immer enger um ihn schloß. Die Menschen im Urwald kennen den Begriff »Horizont« nicht, sagt Doktor Dubois, es gibt hier keinen Horizont.

Ab und zu öffnet sich eine Lücke im Grün und gibt den Blick auf ein ärmliches Hüttendorf frei. Bilder einer ganz eigenen Welt ziehen vorbei. In einem Fluß baden Jungen. Einer von ihnen hat seinen prachtvollen glatten Körper eingeseift und setzt gerade zu einem Sprung ins Wasser an.

Doch Dubois, der neben mir sitzt, sieht ganz andere Dinge. Die fünf Männer, die im Gänsemarsch hintereinander herlaufen, jeder mit den Händen auf den Schultern des Vordermannes, leiden an Flußblindheit, sagt er mit Kennerblick. Dann zeigt er auf die Frauen, die vor ihren Hütten sitzen. Ob ich die Geschwulst an ihrem Hals sehe? Ein Kropf, durch Jodmangel verursacht.

Es wundert ihn nicht, daß viele von den Jüngeren, die in die Stadt gegangen sind, nicht mehr zurück wollen. »Wir haben gelernt, daß Veränderungen etwas Gutes sind, aber die Alten in den Dörfern sehen darin eine Gefahr«, sagt er. Im Landesinneren konnten sich die Menschen früher nur dadurch gegen feindliche Stämme schützen, daß sie sich an strenge Regeln hielten, erzählt er. Wer die Regeln verletzte, öffnete Angriffen von außen Tür und Tor. Bondo kann nur deshalb zurück, weil sein Vater ihn als Kind nach Yolo mitgenommen und seinen Stammes-

Kähne auf dem Kongo

Pater Bronek an Deck an einem sonnigen Tag

Doktor André und Bronek mit einem Führer auf der Insel Gorée, Senegal

Tata Victor, der frühere Katechist meines Onkels

Pater De Neef in Unterkongo

Unterwegs nach Kisangani

Dorf am Kongo zwischen Kinshasa und Kisangani

Bronek und ich in einem Einbaum

Dorfbewohner von Yangapompe vor der Kirche

Straßenszene in Kisangani

Girl in der cité von Kisangani

genossen vorgestellt hat. Seitdem wissen sie, daß er sein Schicksal mit dem seines Stammes verbunden hat.

Bei einem der Dörfer kommt der Konvoi zum Stehen. Die Straße ist geborsten, ein Riß wie eine Schlucht klafft darin. Die Fahrer sehen sich die Sache besorgt an. Im Nu kommt das ganze Dorf angelaufen, Frauen mit Bananenbüscheln und frischen Maniokblättern, kleine Jungen, die haarige Tiere hochhalten. Es sind tote Affen.

Doktor Dubois schaut aus dem Fenster. »Es würde mich nicht wundern, wenn sie die Rinne selbst gegraben hätten«, sagt er. Das tun Dorfbewohner in dieser Gegend öfter, dann ist wenigstens einmal etwas los, und vielleicht können sie den gestrandeten Fremden auch noch etwas verkaufen.

Kurz darauf fährt der Konvoi schaukelnd und rüttelnd über das Hindernis hinweg, begleitet von den melodischen Rufen der Dorfbewohner. Sie verbinden sich zu einem Lied, das erst verklingt, als das Dorf längst hinter uns liegt.

Es wird Abend. In einem Dorf kauern die Männer noch ums Feuer, in einem anderen betritt ein Mann mit einer Fackel in der Hand seine Hütte, im nächsten sind die Hütten bereits geschlossen. Da und dort dringt noch Licht nach draußen, aber ein Stück weiter ist gar nichts mehr zu sehen. Jetzt ist es stockdunkel um uns herum. Alle Hütten sind fest verschlossen. »Um die Geister fernzuhalten«, sagt Dubois. Zum ersten Mal kann ich mir vorstellen, wieviel Angst in diesen Dörfern herrschen muß. Es ist die gleiche Angst, die ich früher hatte, wenn ich im Dunkeln zu meiner Großmutter ging. Wer weiß, was für finstere Gestalten im Garten hinter ihrem Haus lauerten? Welche Geister müssen sich dann erst in diesen vom Urwald eingeschlossenen Dörfern verbergen! Gäbe es hier Strom, wäre alles viel weniger furchterregend.

Unser Konvoi fährt dicht an den schlafenden Dörfern

vorbei. Ich muß an die Nacht in Yangapompe denken, als selbst das Atmen der Tiere durch die Wände meiner Hütte drang. Das Motorengeräusch unserer Jeeps reißt wahrscheinlich die ganze Gegend aus dem Schlaf.

Yolo ist hellwach, als wir ankommen. Durch ein Spalier von winkenden Dorfbewohnern fahren wir zu Bondos Haus. Die Tür ist offen, der Garten in helles Licht getaucht, und auf den Stufen der schneeweißen Villa steht das Personal aufgereiht, um uns zu begrüßen. Die Böden drinnen glänzen, der Tisch ist gedeckt, und ein Boy zeigt mir mein Zimmer.

Vor dem Schlafengehen sitzen wir noch auf der *barza*. Trotz der anstrengenden Fahrt ist *citoyen* Bondo munterer und gesprächiger, als ich ihn bisher erlebt habe. Dorfbewohner kommen, um ihm die Hand zu drücken. Sie bringen Nachrichten aus dem Urwald mit: Wilderer haben einen Elefanten geschossen, die Stoßzähne mitgenommen und den Kadaver liegengelassen. Am ersten Tag haben sich die Dorfbewohner mit ihren Macheten aufgemacht, um das Fleisch zu holen, aber der Rest des Kadavers verwest. *Citoyen* Bondo lacht. »Schade, daß wir nicht früher gekommen sind«, sagt er zu mir, »dann hättest du den Rüssel probieren können!« Er erzählt, wie er einmal selbst einen Elefanten geschossen hat. Tagelang hatte er das Tier quer durch den Wald verfolgt, und nachdem er es erlegt hatte, brachten die Dorfbewohner ihm die Stoßzähne.

Und dann erzählt er uns noch etwas. Eines Morgens erhielt seine Frau in Kinshasa einen Anruf aus dem Präsidialamt. Der Präsident werde am nächsten Tag in der Gegend von Yolo sein – ob er bei ihnen essen könne? Bondo, der zu diesem Zeitpunkt in Brüssel war, flog noch am selben Tag nach Kinshasa zurück. Seine Frau war bereits nach Yolo unterwegs, und er folgte ihr per Flugezug. »Am nächsten Mittag saß ich mit dem Präsidenten hier auf dieser *barza*«, sagt er. Anfangs war Mobutu nervös und müde, doch nach einer Weile entspannte er sich. Bis weit in den Nachmittag hinein unterhielten sie sich, tranken und sangen. Halb stolz, halb triumphierend berichtet Bondo davon – daß der Präsident den Wunsch gehabt hatte, ihn hier in seinem Heimatdorf zu besuchen und daß Yolo eine so wohltuende Wirkung auf ihn hatte.

In Yolo lernen wir Bondo besser kennen. Wir sprechen ihn jetzt nicht mehr mit dem förmlichen *citoyen* an, sondern mit *papa*, wie ältere Männer in Zaire vertraulich genannt werden. Er ist hier zu Hause, und da wir ihm in das Dorf gefolgt sind, in dem er geboren ist, in die Straßen, in denen er als Kind gespielt hat, behandelt er uns wie Familienmitglieder.

Nach und nach erfahre ich mehr über Bondos Werdegang. Mama Bondo und Doktor Dubois erzählen mir das eine oder andere, und mit der Zeit läßt mich auch sein Sekretär Kivilu manchen Blick in seine Vergangenheit tun. Bondo selbst gibt wenig preis.

Als Mobutu 1965 an die Macht kam, hatte das Land keine eigene Elite, mit deren Hilfe er sein Regime hätte etablieren können. Also schuf er eine – sie gelangte zu großem Wohlstand –, und er suchte sie unter anderem in seiner Heimatregion, wo ihm die Menschen loyaler gegenüberstanden als anderswo. Bondo betrieb zu dieser Zeit ein kleines Geschäft in der Äquatorprovinz. Angefangen hatte er mit einem Fahrrad, mit dem er Waren in Yolo und Umgebung verkaufte. Er gehörte zwar nicht demselben Stamm an wie Mobutu, doch als der Präsident von ihm erfuhr, begann er ihn finanziell zu unterstützen. Während der berüchtigten »Zairisierung« 1973, als Mobutu Unternehmen, die sich in weißer Hand befanden, seinen zairischen Anhängern und Vertrauten »übergab«, bekam auch Bondo sein Stück vom Kuchen.

Die Zairisierung endete in einem Fiasko. Griechische,

portugiesische und asiatische Kaufleute – die einzige wirkliche Mittelschicht in Zaire, die bis tief ins Landesinnere hinein Läden und kleine Betriebe besaß –, sahen sich gezwungen, das Land zu verlassen. Es war ein dunkler Moment in der Geschichte des modernen Zaire. Die glücklichen neuen Besitzer hatten meist keine Ahnung, wie man ein Geschäft führt, und innerhalb weniger Monate hatten sie und ihre Verwandtschaft die Läden ausgeplündert. Mobutus geliebter Onkel Litho eröffnete in Kinshasa ein Kaufhaus; zwei Monate später waren die Regale leer, und das Gebäude wurde abgerissen.

Als alles vorbei war, kehrten manche Zairer in den Busch zurück und betrachteten diese Periode als ein glückliches Intermezzo in ihrem Leben. 1976 räumte Mobutu öffentlich ein, daß die Zairisierung ein Fehler gewesen sei, und forderte die Ausländer auf zurückzukehren. Aber die meisten kamen nicht wieder; sie wollten nicht riskieren, noch einmal um ihr Hab und Gut gebracht zu werden.

Eines hat Mobutu aus der Zairisierung jedenfalls gelernt: daß weißes Management im zairischen Wirtschaftsleben keine schlechte Sache ist. *Citoyen* Bemba, einer der erfolgreichsten Geschäftsleute Zaires und aufgehender Stern in Mobutus Umfeld, ist selbst zur Hälfte Portugiese und beschäftigt überwiegend weiße Führungskräfte.

Bondo hätte es zwar ohne die Unterstützung Mobutus nie so weit gebracht, aber es war wohl auch sein Geschäftssinn, der ihn vor dem bewahrt hat, was weniger glücklichen Zairern widerfuhr. Und er ist ein typischer Vertreter der Klasse um den Präsidenten. Er investiert im Ausland, er besitzt Häuser in Belgien und der Schweiz, seine Söhne studieren in Europa und Amerika. Was er in Zaire anbaut, ist wie zur Zeit der belgischen Kolonisten für den Export bestimmt. Obwohl er in der Nähe von Yolo Kaffeeplantagen besitzt, trinken wir im Hause Bondo Pulverkaffee.

In Gbadolite war *citoyen* Bondo ein vornehmer Gast, in Yolo ist er der Herr und Meister. Yolo ist sein Gbadolite. Hier gewinnt die Bezeichnung »Baron« etwas von ihrer ursprünglichen Bedeutung zurück. Seine Ankunft hat das tägliche Leben im Dorf abrupt zum Stillstand gebracht. Wie Ameisen, die ein neues Opfer entdeckt haben, unterbrechen die Menschen ihre gewohnten Tätigkeiten und strömen in Scharen zu seinem Haus.

Drinnen sitzt Bondo am *phonie*, auf der *barza* wartet eine lange Schlange Männer und Frauen auf ihn. Der eine arbeitet in Bondos Kaffeefabrik, der andere führt seinen Laden, der dritte ist Lehrer an der Dorfschule. Sie halten den Blick auf ihre Schuhe gesenkt, nur hin und wieder, wenn ihnen das Warten zu lang wird, sehen sie einander an. Doch sehr gesprächig sind sie nicht. Sie sind Konkurrenten, jeder möchte während Bondos Aufenthalt einen Moment mit seinem Herrn allein sein und ihn um einen Gefallen bitten oder ihm von der neuesten Fehde im Dorf erzählen, von zweckentfremdeten Geldern oder auch von Mitteln, die dank seines Engagements gut angelegt wurden.

Als sich die Tür öffnet, springen sie auf. Bondo wirft ihnen einen abwesenden Blick zu, geht zu seinem Jeep und fährt weg. Geduldig wie Leibeigene warten sie, bis er zurückkommt.

Doktor Dubois ist schon früh ins Krankenhaus gegangen, und Mama Bondo ist mit ihrem Chauffeur unterwegs, um in den umliegenden Dörfern Lebensmittel einzukaufen. Hinter dem Haus wird eine Kuh geschlachtet. Die Männer tragen das blutige Fleisch auf dem Rücken in die Küche. Auf dem Rasen stampfen Mamas Maniok oder rühren in dampfenden Kesseln.

Von dem Laster, der uns gestern gefolgt ist, wird eine große Kiste abgeladen. Nike-Schuhe sind darin, Shorts, T-Shirts und Lederfußbälle für die Fußballmannschaft von Yolo, die Bondo finanziert.

Ein anderer Lastwagen hält vor dem Haus. Zwei Männer steigen aus und öffnen die Ladeklappe. Sie lachen, als sie mich sehen, und sagen, ich solle nicht erschrecken. Drei Krokodile liegen reglos auf der Ladefläche, die Füße an einen Stab gefesselt, der vom Kopf bis zum Schwanz reicht. Das Maul ist mit Lianen zugeschnürt. Die Männer heben eines nach dem anderen herunter und legen es ins Gras. Die Zähne der Tiere sind furchterregend gefletscht, aber sie bewegen sich nicht. Selbst ihre weit aufgerissenen Augen scheinen vor Schreck erstarrt. Wie tot liegen sie da.

Die Boys, die Mamas, alle sehen mich belustigt, aber auch ein wenig verlegen an. »Was passiert mit den Krokodilen?« frage ich. Aber ich weiß es bereits. Später liegen sie gehäutet nebeneinander, bleich und durchsichtig, wie Rieseneidechsen.

Bei Tisch verkünde ich, daß ich das Fleisch probieren möchte. Papa Bondo lacht. »Bist du sicher?« Unter allgemeiner Heiterkeit wird ein kleines Stück auf meinen Teller gelegt. Es ist zart und schmeckt nach Kalbfleisch. Am nächsten Tag kommt Mama Bondo von ihrer Fahrt durch den Busch zurück. »Ich hab dir was mitgebracht«, sagt sie geheimnisvoll. »Du hast doch gesagt, du willst alles probieren.« Am Nachmittag gehe ich in die Annalen der Familie ein, als ich beschließe, nun auch noch Affenfleisch zu essen. Mama Bondo bekommt auf einem Extrateller die Hände serviert. Sie sehen aus wie Menschenhände, und ich kann es mir nicht verkneifen, immer wieder einen verstohlenen Blick darauf zu werfen. Der Anblick des Affenkopfes – nach Dubois' Worten eine Delikatesse in dieser Gegend – bleibt mir zum Glück erspart.

Beim Essen wird meist zairische Musik gespielt. Mama Bondos Lieblingsplatte ist eine während der Wahlen von 1984 entstandene Ode an den Präsidenten. Leise summt Mama Bondo mit: *Mobutu Sese Seko, Mobuuuutu*. Gesungen wird das Lied von Franco, einem beliebten zairischen

Sänger. Die meisten Sänger seines Kalibers haben ein Lied über Mobutu in ihrem Repertoire. Das fördert ihre Karriere beträchtlich und ist manchmal die einzige Möglichkeit, im Rennen zu bleiben.

»Franco – singt der nicht auch ›Mario‹?« frage ich. Papa Bondo sieht mich erstaunt an. Wie ich das erraten hätte? Und wo ich den Song denn gehört hätte? Überall, sage ich, auf der Straße, in der *cité* von Kinshasa, in der *Mayaza*-Discothek. Von da an kann ich bei Bondo nichts mehr falsch machen. Ich esse nicht nur Krokodil und Affe, ich war auch in der *cité*, ich kenne Franco und ich habe sogar Papa Wemba kennengelernt!

Bondo selbst ist jahrelang nicht mehr in der *cité* gewesen. Als er einmal mit einem Freund dort war, wurde dem Freund ein goldenes Armband gestohlen, und die Polizei machte mit den Dieben gemeinsame Sache. Seitdem wagt Bondo sich nicht mehr dorthin. Mama Bondo sagt: »Dieser Schmutz da – hast du das nicht gesehen? Erinnerst du dich daran, wie Gbadolite aus der Luft aussieht, an die schönen, geraden Straßen? Wenn man über die *cité* von Kinshasa fliegt, sieht man praktisch überhaupt keine Straßen, das ist alles ein einziger Wirrwarr.«

Mama Bondo beklagt sich auch über das, was sie sieht, wenn sie in der Gegend von Yolo Einkäufe macht. Männer und Frauen sitzen den ganzen Tag vor ihren Hütten und starren ins Leere. Warum sind sie so träge, warum arbeiten sie nicht auf den Feldern? Ich muß an den Silo mit den Kokosnüssen denken. Wenn nicht einmal die Produkte des Präsidenten transportiert werden können, wo sollen dann die Dorfbewohner mit ihrer Ernte hin? Aber ich sage nichts. Auf solche Äußerungen wird keine Reaktion erwartet.

Anfangs überraschen mich diese Reden. Fast glaube ich die Ex-Kolonisten von der *Fabiolaville* zu hören – das gleiche Unverständnis gegenüber Dingen, die mir so klar erscheinen. Und dabei sind diese Menschen selbst Schwarze. Allmählich aber begreife ich, daß die Hautfarbe, die für mich immer ein trennendes Element war, es vielleicht gar nicht wirklich ist. Als ich mit François durch Matonge ging, fielen wir vermutlich weniger auf als Bondo und sein Freund in ihrem blitzenden Auto.

Mama Bondo nimmt mich mit auf einen Spaziergang durch Yolo. Langsam und würdevoll geht sie neben mir her und wird mit höfischen Gesten wie eine Schloßherrin gegrüßt. Plötzlich kommt eine Gruppe Frauen auf uns zu. Sie singen, klatschen und greifen nach meinen Händen. Mama Bondo lächelt. »Sie freuen sich«, sagt sie. »Sie haben gehört, daß ein weißer Arzt ins Krankenhaus gekommen ist, und glauben, du bist die neue Hebamme.«

Das Krankenhaus ist ausgeplündert, aber einige Patienten hat Doktor Dubois noch angetroffen. Sie liegen in Betten ohne Matratzen und werden von einer Frau gepflegt, die seit einem halben Jahr kein Gehalt mehr bekommen hat. Ihre Schürze ist bereits dreimal herausgelassen und immer noch zu kurz. Dubois kennt diese Sorte Krankenhäuser. »Hierher kommen nur Leute, die nicht weglaufen können, die im Koma liegen, amputiert sind oder entbinden müssen«, sagt er grimmig. Er hat eine Alarmanlage installiert, um die mitgebrachten Medikamente zu sichern.

Mitten im Ort liegt Bondos Laden. Kaffeekannen, Tassen, Bestecke, Hemden und Kleider gibt es dort zu kaufen, Dinge, die eher in die Stadt gehören als in ein primitives Urwalddorf. Das Geschirr ist verstaubt, und der Verkäufer scheint der Verzweiflung nahe, weil sein Chef nun schon tagelang bei Bondo auf der *barza* sitzt. Viel wird hier nicht verkauft, und als ich mir die Preise ansehe, wundert mich das auch nicht.

Als wir wieder ins Freie treten, sehen wir in einiger Entfernung einen Menschenauflauf. Die Leute stehen mit dem Rücken zu uns, totenstill, als wäre etwas Schreckliches passiert. Ein Unglück, schießt es mir durch den Kopf. Automatisch teilt sich die Menge, um uns durchzulassen. Und da sitzt er: Papa Bondo, in einem lila *abacost* mit gelben Sternen, durch einen grellfarbigen Schirm, den jemand über ihn hält, vor der Sonne geschützt. Die Männer sind Arbeiter der Kaffeefabrik, flüstert Mama Bondo mir zu.

Die Abteilungsleiter erstatten Bericht über den Geschäftsverlauf. Einer nach dem anderen treten sie vor und sagen ihren Text auf, die Arme steif am Körper, den Kopf hoch erhoben. Bondo sitzt in der Haltung da, die mir inzwischen an ihm vertraut ist: die Hände flach auf dem Tisch, mit schräggelegtem Kopf lauschend. Die Pose eines Dorfältesten. Hinter ihm ragen komplizierte Maschinen auf wie Geräte aus einer anderen Welt.

Anfangs hatte ich Bondos Sekretär Kivilu kaum bemerkt. Einer der Männer im *abacost* aus Bondos Gefolge, dachte ich, also ein regierungsfreundlicher Offizieller. Doch in Gbadolite traf ich ihn eines Abends, als die anderen sich einen amerikanischen Videofilm ansahen, mit der kritischen französischsprachigen Wochenzeitung *Jeune Afrique* auf dem Sofa an. So kamen wir ins Gespräch, zögernd zunächst und mit einiger Zurückhaltung seinerseits, dann aber immer offener.

Kivilu ist Bondos Wirtschaftsberater. Er beendete sein Studium noch vor 1971, dem verhängnisvollen Jahr, in dem Mobutu die Universitäten verstaatlichte. 1969 beteiligte er sich an den Studentendemonstrationen gegen Mobutu. »Damals war das Regime noch jung«, sagt er, »und wir waren voller Hoffnung, daß es sich nicht lange halten würde.« In dieser Zeit lernte er Christine kennen, eine weiße Kommilitonin. Sie muß ihm viel bedeutet haben, denn er spricht noch oft von ihr. Vielleicht habe ich ihr die Verbundenheit zu verdanken, die zwischen uns entsteht.

Eines Tages ging Christine zu ihrem weißen Hausarzt. Er stellte fest, daß sie sehr geschwächt war, und fragte sie, ob jemand sie nach Hause bringen könne. Sie sagte, ihr Freund warte draußen. Der Arzt öffnete die Tür zum Wartezimmer, wo Kivilu saß. Dann schloß er sie wieder und sagte zu ihr: »Ich sehe niemanden.« Kivilu schüttet sich aus vor Lachen, als er mir das erzählt. So seien sie, meine Landsleute!

Zugleich bekümmert es ihn, was nach der Unabhängigkeit aus seinem Land geworden ist. Ob ich nicht bemerkt hätte, wie froh die Leute in Yolo seien, daß Doktor Dubois und ich hier sind? »Wo Weiße sind, da tut sich etwas, das wissen sie.«

Wenn Kivilu von Mobutu spricht, schrumpft dessen Bild vor meinen Augen immer mehr zusammen. Für Kivilu hat sich das Regime längst überlebt. Er ist Mobutu oft begegnet. Im Fernsehen mag er als der starke Mann erscheinen, aber in Wirklichkeit ist er ängstlich, sagt Kivilu. Er ist ständig von Leibwächtern umgeben, und er ist sehr abergläubisch: Er konsultiert regelmäßig einen Marabut in Dakar.

»Als Mobutu 1965 an die Macht kam, hat er sich als Friedensstifter präsentiert«, sagt Kivilu, »als der Mann, der den Sezessionen und Stammesfehden ein Ende macht, der die Kongolesen wieder zu einem Volk vereint. Aber er kann von dieser Rolle nicht zwanzig Jahre lang zehren. Was Zaire jetzt braucht, ist kein charismatischer Führer, sondern ein Mann, der etwas von Wirtschaft versteht, ein Manager.«

Gbadolite ist in den Augen des Wirtschaftsexperten ein unsinniges Projekt. »Das kann gar nicht funktionieren, es gibt dort ja überhaupt keine Infrastruktur«, sagt er. »Aber politische und wirtschaftliche Interessen stehen in diesem Land leider oft im Widerspruch zueinander.«

Eines Abends, als wir in Yolo auf der *barza* sitzen, frage ich ihn, wie er für Bondo arbeiten kann, wenn er die Dinge so sieht. Schließlich glaubt Bondo an das System, dem er sein Luxusleben verdankt. »Früher hab ich davon geträumt, Professor zu werden«, sagt er, »aber die Universität taugt nichts mehr. Und wie soll ich von ein paar tausend Zaire im Monat meine Familie ernähren?« Dann setzt sich jemand zu uns, und das Gespräch stockt, wie so oft während unseres Aufenthalts in Gbadolite und Yolo.

In Kinshasa begegne ich Kivilu später noch öfter. Was Papa Bondo anbelangt, bleibt er diskret. Bondo genießt durch Mobutu gewisse Privilegien, räumt er ein, aber wenn er kein so guter Geschäftsmann wäre, hätte er es nicht so weit gebracht. In Kinshasa frage ich ihn noch einmal, wie er in dieser feudalistischen Umgebung voller Widersprüche leben kann, inmitten von Dingen, die er für längst überholt hält. Da erzählt er mir von einem anderen Traum: Er will in den diplomatischen Dienst. Im Ausland würde er endlich so leben können, wie er es sich vorstellt. Und wie soll man auf ihn aufmerksam werden, wenn er sich nicht in der Umgebung des Präsidenten bewegt?

Tagelang hatte Doktor Dubois alle Hände voll zu tun. Ein Krankensaal ist wieder hergerichtet worden, und der weiße Arzt aus Kinshasa hat bereits seine erste Operation hinter sich. Allmählich wird es Zeit aufzubrechen.

Die Aussicht, nach Kinshasa zurückzukehren, bedrückt mich. Es schafft eine seltsame Verbundenheit, wenn man mit einem Konvoi von Städtern durch den Urwald zieht. Diese Welt mit ihrem eigenartigen Kodex ist mir innerhalb weniger Tage so vertraut geworden wie das Leben auf der *Fabiolaville*. Und wie im Hafen von Matadi fürchte ich mich davor, sie wieder zu verlassen.

Am Abend gibt Bondo ein Abschiedsfest auf dem Dorfplatz. Die Boys laden Tische und Stühle von der *barza* auf den Laster und schleppen Bierkästen. Sogar ein Generator wird auf dem Platz installiert. Als wir im Jeep hinfahren, hören wir schon die Trommeln.

Ungeduldig wartend stehen die Männer des Dorfes unter den Bäumen. Ihre Sicheln schimmern in der spärlich erleuchteten Nacht. Sie wollen tanzen. Sie sind im Lendenschurz, manche mit Shorts darüber, und haben sich mit Leopardenzähnen geschmückt. Die Frauen tragen Blätterröcke über ihren Gewändern.

Bondo bittet mich auf den Platz neben sich. Auch ihn scheint der nahende Abschied traurig zu stimmen. Der sorgenvolle Blick, den ich am ersten Tag im Flughafen an ihm gesehen habe, ist wieder da. Doch kaum fangen die Männer an zu tanzen, scheint alles vergessen.

Es wird eine wilde Nacht. Wie gemessen haben die Männer in Yangapompe im Vergleich zu diesen Urwaldbewohnern getanzt! Große Fässer Palmwein werden herangerollt, und als der Tanz endet, trinken die Männer die großen Plastikbecher in einem Zug leer. Dann toben sie weiter. Ich weiß nicht, was für Szenen sie darstellen, aber offensichtlich spielt sich alles im Urwald ab. Bondo schaut schweigend zu. Sie tanzen besser als früher, findet er. »*Ils sont évolués maintenant* – Jetzt sind sie *évolués*.«

Dann bittet er die Frauen, ein Lied von früher zu singen. Die Trommeln verstummen, und hohe, schrille Stimmen erfüllen die Nacht. Bondo lauscht bewegt. Seine Mutter ist hier gestorben, sagt er. Als er eintraf, war sie schon begraben. Später hat er sie nach Kinshasa überführen lassen, und davon singen die Frauen. Und von dem großen Häuptling Bondo, der in die Stadt gegangen ist und dort soviel Geld angesammelt hat, daß er den Leichnam seiner Mutter mitnehmen konnte.

Während die Frauen singen, treten die Männer hinter

ihnen ungeduldig von einem Fuß auf den anderen. Einer von ihnen hat sich unter einen Baum am Rand des Platzes zurückgezogen. Er scheint in Trance zu sein. Wie ein großer einsamer Vogel tanzt er, zuckend, angetrieben von einem aufpeitschenden Rhythmus in seinem Kopf.

Reise ins Herz der Finsternis

SCHON zweimal hat die *Colonel Ebeya* im Hafen von Kinshasa ihre Dampfpfeife ertönen lassen, schrill und dringlich, und einen Moment lang hielten die Passagiere am Ufer inne, doch dann wogten sie weiter zwischen Schiff und Kai hin und her, als könnten sie sich nicht entscheiden, ob sie wirklich mitfahren wollen. Ich schlängle mich mit meinem Missionarskoffer durch das Gewimmel, den Blick auf den Pappkarton geheftet, der in der Ferne auf dem Kopf meines Trägers schaukelt. Ich darf ihn nicht aus den Augen verlieren.

Ich bin für eine entbehrungsreiche Fahrt ausgerüstet: Wasserflaschen, Dauerbrot, Konserven, ein Tropenpaket mit Tabletten, Salben und Puder gegen Krankheiten und Ungeziefer. Denn ich bin gewarnt: Auf der Fahrt über den Äquator ins Herz Afrikas, so hat man mir prophezeit, werden Wanzen in mein Bettzeug krabbeln und schwarze Mückenschwärme über mich herfallen.

Die Erste-Klasse-Decks der *Ebeya* sind gerade abgespritzt worden und dampfen noch in der Sonne. Ich lehne an der Reling und beobachte das Getriebe am Kai. Mamas heben Plastikeimer, Matratzen und große Jutesäcke mit Baguettes in die Kähne, die mit dicken Stahltrossen an der *Ebeya* festgemacht sind. Ein Mann strebt auf sie zu, gebeugt unter der Last eines gehäuteten Schweins. Ein anderer hat sich einen Kranken auf den Rücken gehievt, dessen Beine geschwollen und von Schorf bedeckt sind, als hätte er Lepra.

Jetzt schrillt die Dampfpfeife zum dritten Mal. Mit einem Ruck setzt sich die *Ebeya* in Bewegung, wie ein schwerfälliges Tier, das sein nasses Fell schüttelt. In den Kähnen unten, wo die Mamas bereits zu kochen angefangen haben, scheint eine unsichtbare Hand allen einen Schubs zu geben. Eine Frau greift nach der Pfanne mit gebratenen Bananen, ein Mann verschluckt sich an seinem Reis mit Fisch, ein Kind streckt eine mit Tomatensoße beschmierte Hand in die Luft, aber alles lacht. Flaschen mit Primus-Bier gehen von Hand zu Hand, und vom Kai werden den Mamas noch mehr Baguettes zugeworfen. Wie Pfeile fliegen sie durch die Luft.

Tief unten wühlen sich die Schiffsschrauben ins Wasser, dann schiebt das Mutterschiff *Ebeya* sieben lärmende Kähne auf den breiten, schäumenden, rostbraunen Strom hinaus. Es ist, als würde eine ganze Stadt auf dem Wasser schwimmen.

Cabine de luxe – Luxuskabine – steht über der Stahltür. In dem großen, düsteren Raum mit den holzverkleideten Wänden hängt schwacher Uringeruch. Eine Sitzecke, zwei Betten mit himmelblauen Laken. Ein umgedrehter gläserner Lampenschirm fängt das Wasser auf, das aus der ratternden Klimaanlage – *condi* nennen die Zairer sie – tropft. Kein Licht im Bad. Über dem Waschbecken, dort wo einmal ein Spiegel gewesen sein muß, ein dunkler ovaler Fleck. Als ich den Hahn aufdrehe, sprudelt rostbraunes heißes Wasser heraus. Direkt aus dem Fluß. Die Badewanne ist verstopft. Eine quer durchgeschnittene Plastikflasche steht daneben, mit der mein Vorgänger offenbar das Wasser herausgeschöpft hat. Was ich auch anfasse, überall wirbelt Staub auf.

Ich gehe an Deck und komme gleich darauf mit Balia, dem Putzmann, wieder zurück. Er zuckt die Schultern. Die Lampen sind schon seit Jahren kaputt, sagt er. Doch am Abend brennt im Bad das Licht, und sogar die Leselampen über dem Bett sind repariert. Als ich am nächsten Tag von einem Spaziergang auf Deck zurückkomme, schlägt mir ein Schwall von Ammoniakgeruch aus meiner Kabine entgegen. Am Tisch sitzt Balia und lauscht verzückt einer meiner Kassetten mit zairischer Musik. Meine Kabine wird auf dieser Reise zu seinem Privatheiligtum. Im Bad stehen in einer Ecke seine Flaschen mit giftgrünem Reinigungsmittel, und selbst die Holzverkleidung bearbeitet er mit einer Bürste, so daß die kleinen braunen Käfer, die über die Jahre mit dem Holz verwachsen schienen, hilflos zu Boden taumeln. Achtlos fegt Balia sie zur Tür hinaus, zusammen mit den Riesenkakerlaken, die er unter dem Bett hervorholt. Dann betrachtet er sein Werk als vollendet, und die Kakerlaken liegen noch stundenlang zappelnd auf dem Rücken, bis die Ameisen ihren gnadenlosen Todesmarsch antreten und sie von ihren Leiden erlösen.

Zwei Etagen tiefer dröhnen und rütteln die Maschinen, als wollten sie sich aus dem Schiffsrumpf losreißen. Immun gegen den ohrenbetäubenden Lärm liegt der Maschinist auf dem schmalen Deck in einem verschlissenen Sessel, wie um die widerspenstige Bestie zu bewachen.

Auf den zwei Etagen der Erste-Klasse-Passagiere sind die Decks geräumiger. Da die meisten Kabinen keine Klimaanlage haben, rollen ihre Bewohner, wenn nachts eine leichte Brise aufkommt, ihre Strohmatten auf Deck aus und schlafen dort.

Kinshasa rückt immer weiter weg, und mir ist ein wenig bange davor, mich in dieses afrikanische Abenteuer zu stürzen. Gut dreitausend Menschen dürften an Bord sein, und bis Kisangani, dem Ziel meiner Reise, sind es siebzehnhundert Kilometer. Einen einzigen Weißen habe ich auf meinem ersten Erkundungsgang gesehen, einen Offizier mit Bürstenhaarschnitt und im Tarnanzug. Normalerweise wirft man sich in einer solchen Situation einen Blick des Erkennens zu, aber wir haben nicht einmal genickt.

Mein Nachbar, ein kleiner Zairer mit Brille und Schnurrbart, sitzt in der Tür seiner Kabine. Er hat gesehen, wie Balia bei mir geschuftet hat. Jetzt lächelt er mir zu. »*Anglaise ou Française* – Engländerin oder Französin?«

»*Belge* – Belgierin.«

»*Ah! Ce sont des gens de chez nous* – Dann sind Sie ja von hier!«

Er stellt sich vor. »Monoko, ehemals Charles.« Charles hieß er vor Mobutus Authentizitätskampagne. Er hat sein Leben lang beim ONATRA, dem Office National des Transports, gearbeitet und reist umsonst. Er hat noch die Zeit miterlebt, als die Schiffe nach belgischen Gouverneuren, Offizieren und Baronen benannt waren und zairische Passagiere nicht erster Klasse fahren durften. Wie die meisten Menschen seiner Generation hat er in diesen Jahren einen Blick fürs Detail, eine Fürsorglichkeit entwickelt, die mich so fern der Heimat an meine Mutter erinnern. Die ganze Fahrt über kümmert er sich um mich, als hätte man mich seiner Obhut anvertraut. Wenn ich meinen Stuhl an Deck stehenlasse, holt er ihn herein, wenn ich vergesse, meine Kabine abzuschließen, weicht er nicht von meiner Tür, bis ich wiederkomme.

Er habe Musik aus meiner Kabine gehört, sagt er, wie das möglich sei? »*Ma radio, elle ne parle pas* – Mein Radio spricht nicht.« Er verschwindet in seiner Kabine und kommt mit zwei nagelneuen Radiorecordern, die er in Kinshasa gekauft hat, wieder heraus. Ich leihe ihm ein paar Kassetten, und von da an läuft eines der Geräte vor seiner Tür ununterbrochen in voller Lautstärke. Abends sitzen er und seine Freunde zufrieden lauschend darum herum. »*Notre quartier* – unser Revier« nennt er das Deck. Auf die Kähne – *barges* werden sie hier genannt – begibt er sich lieber nicht. Mit denen fahren die armen Schlucker, wieso sollte er sich mit ihnen abgeben? Und wenn er doch einmal hinunter muß, um Leerkassetten zu kaufen, erzählt er angewidert, daß er ständig angerempelt und im Gewühl beinahe bestohlen worden sei.

Ein alter Ober in Shorts und Plastiksandalen hinkt vom Ober- aufs Unterdeck und läutet kräftig die Glocke, die zum Abendessen ruft. Das Restaurant liegt hinter der Bar, die während unserer Reise auch als Kirche und Schlafsaal dient. Es ist so kahl wie meine Kabine, alles Schmuckwerk aus belgischen Zeiten ist abmontiert und weggeschafft worden. Nur zwei holzgeschnitzte, an der Vertäfelung festgeklebte schwarze Figuren haben überlebt. Durch die Fenster sieht man den braunen Strom majestätisch vorübergleiten.

Die Tische sind mit tiefen Tellern und leeren Marmeladegläsern gedeckt. In der Mitte steht eine Flasche mit dem gleichen braunen Wasser, das vorhin aus meinem Wasserhahn kam. Es sieht aus wie altes Blumenwasser. Ich setze mich zu Monoko und seinen Freunden. Einer von ihnen trägt ein buntes Hemd und eine Hose aus dem gleichen Stoff mit dem Aufdruck »*ONATRA, 50 ans d'expérience* – 50 Jahre Erfahrung«. Offenbar arbeitet auch er beim ONATRA. Zum Jubiläum des Unternehmens im vergangenen Jahr bekam jeder Mitarbeiter ein Stück von diesem Stoff, und seitdem tragen die meisten einen solchen Anzug. Neben mir sitzt seine Frau, eine stattliche Matrone in einem enganliegenden Kleid.

Früher, in der unruhigen Zeit nach der Unabhängigkeit, hätten sie nicht durch fremdes Stammesgebiet zu reisen gewagt, doch seit Mobutu das Land regiert, haben sie keine Angst mehr. »Er hat uns das Gefühl gegeben, daß es keine Rolle spielt, zu welchem Stamm man gehört«, sagt der Mann. »Wir sind alle Zairer.«

Die Frau benimmt sich in den folgenden Tagen wie eine Großbürgerin auf einer Luxuskreuzfahrt. Tagsüber sitzt sie mit den Frauen aus ihrem Revier auf einer Matte vor ihrer Kabine. Vor dem Abendessen legt sie teure Gewänder und goldene Ohrringe an und malt sich die Lippen rot. Sie betritt den kargen Raum in einer Parfümwolke, die sich wie ein Relikt aus anderen Zeiten und Orten auf uns niedersenkt und während des Essens zwischen den wackligen Tischen hängenbleibt, so daß der eine oder andere unbehaglich auf seinem Stuhl hin und her rutscht oder ihr einen verstohlenen Blick zuwirft.

Ihren Mann behandelt sie wie einen Putzlumpen. Wenn er abends zum Essen Bier trinken will, muß er sie erst um Erlaubnis fragen. Mal darf er, mal darf er nicht. »*Pas ce soir* – Heute abend nicht«, sagt sie dann streng. »*Pourquoi pas* – Warum nicht?« fragt er einmal. Ein vernichtender Blick ist die Antwort. Danach stellt er diese Frage nie wieder, trinkt aber gierig sein Glas leer, wenn es ihm vergönnt ist.

Der Ober schlurft mit einer großen Schüssel Kartoffeln von Tisch zu Tisch. Mit einem Schaumlöffel schaufelt er einen Berg davon auf jeden Teller. Die Kartoffeln sind voller Augen und dunkler Flecken. Dann kommt der Chefober, ein hochgewachsener Mann in schneeweißer kurzer Hose und ebenso weißem Hemd. Mit einer Kelle gießt er eine Fleisch- und Gemüsesoße über die Kartoffeln.

Dieses Ritual wiederholt sich jeden Mittag und Abend, zur großen Zufriedenheit der Gäste. Auf den Kähnen unten soll es Reis mit Steinchen geben, in Flußwasser gekocht, hier dagegen wird *europäisches* Essen serviert. Fleisch oder frischen Fisch bekommen wir während der ganzen Reise nicht, obwohl beides in immer größeren Mengen mit Einbäumen herangeschafft wird.

Zum Frühstück gibt es vier Schnitten Weißbrot mit Butter und einer einzigen Scheibe *saucisson de Paris*, wie die Ober das armselige Stückchen Salami nennen. Liebevoll schneiden sie es in vier Viertel und verteilen sie auf die Brotschnitten, so daß jede ein klein wenig nach Salami schmeckt. Als ich einmal Käse mitbringe und unter uns vieren aufteile, nennt Monoko mich die »barmherzige Samariterin«.

Eines Mittags schaut alles überrascht auf: Die Kartoffeln sind mit dicken Makkaroni vermischt. Die anderen sehen mich an. Ob ich ein solches Gericht kenne? Als ich den Chefober darauf anspreche, sagt er, er wollte etwas Abwechslung ins Menü bringen. Ich frage ihn, ob wir das Wasser, das auf dem Tisch steht, trinken können. Ein breites Lächeln. »Für Leute, die nicht daran gewöhnt sind, empfiehlt sich das nicht«, sagt er verschmitzt.

Der Chefober hat zwei Frauen an Bord. Die eine schläft in der Bar, die andere auf dem Unterdeck. Er achtet darauf, daß sie sich nicht auf derselben Etage aufhalten, denn dann würden sie sich sofort in die Haare geraten. Sie waschen abwechselnd seine Kleider. Sein weißes Outfit paßt zu dieser Umgebung ungefähr so wie das Parfüm der Zairerin an meinem Tisch, wird aber mit ebensoviel Stolz und Beharrlichkeit getragen. Solche Dinge heben das Niveau im Raum und verleihen unserer Fahrt auf diesem Seelenverkäufer doch noch ein königliches Flair.

Schnell überträgt sich die festliche Stimmung der Erste-Klasse-Passagiere auf mich. Weit weg von der bewohnten Welt fange auch ich allmählich an, unseren Komfort mit den Zuständen auf den *barges* zu vergleichen. Meine *cabine de luxe* wird mit der Zeit zu einem geradezu paradiesischen Ort.

Die meisten Passagiere an den Tischen ringsum scheinen beim ONATRA beschäftigt zu sein. Ich bin eine der wenigen, die für ihr Ticket bezahlt haben. Auch die Polizisten reisen gratis, vier wohlgenährte Herren in Khakiuniform, die an Bord gekommen sind, um *fraudeurs* – blinde Passagiere – aufzuspüren. Lärmend sitzen sie an ihrem

Tisch und rufen nach mehr Bier, als müßten sie sich Mut antrinken. Monoko schaut verstohlen zu ihnen hinüber. »Wer Geld hat, kann sich mit denen jederzeit arrangieren«, sagt er. *Ventrés* – Schmerbäuche – nennt er sie respektlos und streicht sich über seinen eigenen flachen Bauch: So weit hat er es auf seinem Posten nie gebracht.

Unsere mondäne Tischgenossin säbelt sich verdrossen durch das Fleisch auf ihrem Teller und wendet sich dann ihrem Mann zu: »Ihr solltet endlich mal neue Messer und Gabeln anschaffen«, sagt sie vorwurfsvoll.

Es ist dunkel geworden, so plötzlich, als würde ein Vorhang zugezogen. Das Neonlicht auf Deck lockt Nachtfalter an, und vom Ruderhaus über uns durchbohren zwei Suchscheinwerfer die Finsternis. Wie Augen wandern sie zwischen dem linken und dem rechten Ufer hin und her und verweilen ab und zu auf einem Einbaum, der die glatte Wasserfläche durchschneidet. Inseln aus violetten Wasserhyazinthen treiben vorüber. Ein protestantischer Pfarrer hat die Pflanzen in den fünfziger Jahren für seinen Teich aus Amerika mitgebracht. Irgendwie gerieten sie in den Fluß und haben sich seitdem bedrohlich ausgebreitet. Oft verheddern sie sich in den Schiffsschrauben, und die Zairer haben einen Heidenrespekt vor ihnen, denn sie könnten die ganze Wasserfläche überwuchern und das Landesinnere für immer unerreichbar machen.

Aus den *barges* steigt eine Kakophonie von Lauten auf. Pfiffe, Geschrei, plärrende Musik, Gelächter – eine Geräuschkulisse, die uns während der ganzen Fahrt begleitet. Einige der Kähne haben zwei Etagen. Auf den Metalldächern haben Passagiere Planen aufgespannt, unter denen sie nachts schlafen.

Monoko lehnt neben mir an der Reling. Die *Ebeya* ist seit 1953 in Betrieb, sagt er. »In Europa wäre sie längst abgewrackt worden, aber hier wird immer noch weiter an ihr herumgebastelt. Manchmal kaufen wir ein Ersatzteil auf dem Markt, manchmal finden wir eins auf der Müllkippe.«

Die Menschen auf den *barges* tun ihm leid. Es sind mindestens dreimal soviel wie erlaubt. Der Besitz eines Tickets besagt noch gar nichts, denn oft sind die Schlafplätze schon von Freunden oder Verwandten der Soldaten und Matrosen belegt.

In der Bar neben dem Restaurant haben sich einige Frauen zu den Polizisten gesellt und versuchen sie zu umgarnen. Sie trinken Bier aus der Flasche oder aus den Marmeladegläsern, die sie aus dem Restaurant geholt haben. Zuviel Lärm für den ersten Abend an Bord.

In meiner Kabine lese ich wieder in Joseph Conrads Buch *Herz der Finsternis*. Ihm ist es zuzuschreiben, daß ich anfing, von dieser Reise zu träumen. Conrad fuhr 1890 mit dem Dampfer *Roi des Belges* den Fluß hinauf. Zaire hieß damals noch Kongo-Freistaat und war Privatbesitz Leopolds II. Der Kongostrom, gerade erst kartiert, schlängelte sich durch jungfräulichen Urwald, in dem Stämme lebten, die noch nie mit der Außenwelt in Berührung gekommen waren. Agenten des ehrgeizigen Königs durchstreiften das Landesinnere auf der Suche nach Gummi und Elfenbein.

In dem Buch werden die Greuel, deren Zeuge Conrad auf seiner Reise wurde, zu einem Traum voller Halluzinationen. Conrad legte das primitive Herz des Kongo bloß, jenes dunkle, leere Gebiet voller unheimlicher Laute, das die Weißen geschändet hatten. Mitten im Urwald, dort wo heute Kisangani liegt, lebt der Elfenbeinagent Kurtz einsam und verwildert in einer von Menschenköpfen umgebenen Hütte.

Doch schon an diesem Abend rückt Conrad weiter weg. Bilder vom Nachmittag schieben sich zwischen ihn und mich. Auf der Suche nach der Vergangenheit bin ich ins volle zairische Leben hineingeraten.

Ich schlafe schlecht. Unter mir rattern die Maschinen, und das Geräusch vermischt sich mit dem Röcheln und Knattern der Klimaanlage. Ich schrecke hoch und denke im ersten Moment, der Raum sei voller Stimmen. Als ich das Licht anschalte, stieben Kakerlaken nach allen Seiten davon.

Am Morgen ist das Schiff in milchweißen Nebel gehüllt. Die Landschaft hat sich über Nacht völlig verändert. Wir fahren jetzt in den tropischen Urwald hinein. Geheimnisvolle grüne Baumriesen säumen die Ufer. Dahinter ist es still, totenstill. Auf den *barges* dagegen pulsiert schon wieder das Leben. Wäsche flattert im Wind, Mütter schöpfen mit leeren Bella-Hollandese-Milchdosen Wasser aus dem Fluß, um ihre eingeseiften Babys abzuspülen, ein Junge beugt sich über die Reling und putzt sich die Zähne. Über Bord geworfene Abfälle verfangen sich in den treibenden Wasserhyazinthen.

Auch Monoko hat schlecht geschlafen, die halbe Nacht ist er an Deck auf und ab gegangen. Die Polizisten haben in der Nacht Dutzende von blinden Passagieren festgenommen. Er zeigt auf die Treppe zum Ruderhaus. Da drin sitzen sie. Später steigen wir hinauf, unter dem Vorwand sehen zu wollen, wie schnell wir fahren. Der Kapitän sitzt auf seinem erhöhten Stuhl. Hinter ihm auf dem Boden, von einem unsichtbaren Kordon umgeben, klägliche Gestalten mit nacktem Oberkörper und stellenweise kahlgeschorenem Kopf. Ihre armseligen Kleider liegen auf einem Haufen. Aus großen, dunklen Augen sehen sie uns ängstlich an. Einige machen uns Zeichen, aber wir werden nicht schlau daraus.

In der Nacht ist Monoko beinahe über einen Soldaten gestolpert, der schlafend an Deck lag. Er sitzt noch an derselben Stelle. Sein grünes Hemd ist zerrissen, und auch er sieht uns furchtsam an. Monoko hat ihm zehn Zaire gegeben, denn er hat kein Geld, kein Ticket, nichts. Doch da er Soldat ist, haben ihn die Polizisten in Ruhe gelassen. Man hat ihn in sein Dorf zurückgeschickt, weil er eine Wunde am Bein hat, die ständig ihre Lage verändert.

Monoko späht zu ihm hinüber. »Wahrscheinlich haben ihn die Dorfältesten mit einem Fluch belegt«, sagt er. »Das kommt oft vor, wenn die Jungen gegen den Willen der Eltern in die Stadt gehen. Sie werden unheilbar krank, und nur der Dorfzauberer kann ihnen noch helfen.« Er sagt das mit solcher Bestimmtheit, daß ich lieber den Mund halte. Wir fahren ins Herz Afrikas, Dämonen und teuflische Kräfte sind hier allgegenwärtig.

Handtuch und Socken des Soldaten hängen zum Trocknen über der Reling, und in der Ecke neben seinem Seesack liegen Mangos und *chikwangue*, in Blätter gewickelte Maniokpaste, in Zaire ein beliebter Reiseproviant. In den folgenden Tagen kauert der Mann sterbenskrank an Deck. Ab und zu geben wir ihm Geld, damit er sich etwas zu essen kaufen kann. Dann lächelt er, doch der wachsame Blick in seinen Augen bleibt. Er ist auf der Hut wie ein Hund, der jeden Moment vom Hof gejagt werden kann.

Nach einigen Tagen gehört er praktisch zu unserem Revier. Doch als ich eines Morgens aus meiner Kabine komme, schaue ich mich verwundert um. Kein Seesack, keine Wäsche, nichts. Fragend sehe ich Monoko an. »Ich hab ihn heute nacht weggeschickt«, sagt er. »Ich hatte das Gefühl, er bespitzelt uns.«

Die Einbäume, die am Abend zuvor noch ziellos um die *Ebeya* herumgestrichen sind, als wollten sie in all dem Licht und Lärm schwelgen, lösen sich nun aus dem dichten Urwald wie aus den Falten einer Haut und streben geradewegs auf uns zu. Woher kommen sie? Woher wissen sie, daß wir zu dieser morgendlichen Stunde hier vorbeifahren?

Keuchend vor Anstrengung rudern die Männer heran. Je näher sie der *Ebeya* kommen, desto heftiger schaukeln ihre Boote auf den Wellen, ohne jedoch zu kentern. Freudige, erwartungsvolle Blicke. Die jungen, muskulösen Körper stecken barfuß in zerrissenen Kleidern. Sie haben etwas Wildes an sich – nicht die unergründliche, primitive Wildheit, die Joseph Conrad beschreibt, sondern die ungebändigte Kraft von Menschen, die daran gewöhnt sind, sich gegen die Natur zu behaupten.

In ihren Booten liegen Mangos. Während einer der Männer sich an der Reling festhält, versucht ein anderer, den Einbaum an unserem Schiff festzumachen. Angstschreie hallen über das Wasser. Es ist ein Kampf, den die Passagiere der *Ebeya* atemlos verfolgen und der in den nächsten Tagen für viel Belustigung und Schadenfreude an Bord sorgen wird. Manchmal verfehlen sie ihr Ziel und treiben hilflos ab. Aber schon lachen sie wieder. »*À la prochaine* – Bis zum nächsten Mal!« ruft Monoko ihnen zu und winkt ihnen nach.

Unten stürzen sich die Mamas auf die Mangos. Die Uferbewohner stopfen die abgegriffenen Scheine, die sie dafür bekommen, in ihre Kleider und klettern dann an Bord. Manche lassen ihre Frauen im Boot zurück. Ein Baby ist mit einem Stück Stoff am Bauch seiner Mutter festgebunden, den Mund an ihrer Brust, ein Füßchen im plätschernden Wasser – ein Bild schierer Glückseligkeit.

»*Il n'y a pas de magasins là-bas* – Läden gibt es dort nicht«, sagt Monoko und zeigt in die Ferne. Die Urwaldbewohner kaufen auf den *barges* ein. Später sehe ich, wie sie wieder in ihre Boote steigen. Einer wirft seiner Frau ein rosafarbenes Fläschchen *Clair* zu, eine Creme zur Aufhellung der Haut. Sie haben Kleidung gekauft, Seife, Salz, Streichhölzer, Rasierklingen, Batterien. Und Baguettes. Stolz lachend fahren sie mit diesen Symbolen der Zivilisation davon und strecken die hartgewordenen Brote wie

Trophäen in die Luft, bis der Urwald sie wieder lautlos verschluckt.

Ich trage einen Stuhl an Deck und lasse mich dort mit einem Buch nieder. Neben mir liest Monoko in der Bibel, doch beim geringsten Anlaß knüpft er ein Gespräch mit vorbeikommenden Passagieren an. Lesen ist in einem Land wie Zaire kein legitimer Zeitvertreib; die Leute denken dann gleich, man langweilt sich.

Die Passagiere, die an Deck hin und her schlendern, kommen offensichtlich von den *barges*. Bei der drangvollen Enge dort unten ist ein Spaziergang kaum möglich. Sie wirken wie Bewohner eines armen Stadtteils, die sich im Villenviertel die Füße vertreten. Neugierig betrachten sie mich. Interessant.

Mir gegenüber lehnt ein junger Mann rückwärts an der Reling. Er ist modisch gekleidet: weite Khakishorts mit Ledergürtel, ein ärmelloses weißes Netzhemd. Einen *sapeur* würde man ihn in der *cité* von Kinshasa nennen. Als ich aufschaue, fragt er: »Was liest du?« Mehr braucht es auf einem solchen Schiff nicht, um eine angeregte Unterhaltung in Gang zu bringen. In den folgenden Tagen ziehen mich Zairer unter den verschiedensten Vorwänden ins Gespräch. Eines Tages klopft jemand an meine Tür. Er hat Papier und Bleistift in der Hand. Ob ich ihm sagen könne, welches die neun belgischen Provinzen sind? Er habe es früher in der Schule gelernt, inzwischen aber wieder vergessen. Andere wollen sich mein Taschenmesser oder mein Insektenspray ausleihen, oder sie bitten mich um Tabletten gegen Malaria, Kopfschmerzen und Beschwerden, von denen ich noch nie etwas gehört habe. Mütter betteln um Kekse für ihre Kinder, und wenn ich meinen Wasservorrat frisch aufgefüllt habe, bildet sich vor meiner Tür eine Schlange von Leuten, die alle erklären, sie hätten Durst. Ein Junge schreibt mir einen Brief:

Ob ich ihm als *amie de voyage* – als Reisegefährtin – nicht Geld geben könne, damit er einen Sack Maniok für seine Familie kaufen kann?

Alle meine Versuche, mich gegen die Rolle der mildtätigen Weißen zu wehren, sind vergeblich. Die einzigen Weißen, die diese Leute je näher kennengelernt haben, sind meist Mönche und Nonnen, und die hatten die gewünschten Dinge immer vorrätig. Meine abschließbare Luxuskabine fördert diese Phantasien noch: Ich muß doch eine Menge zu verbergen haben.

Doch Louis, der junge Mann an der Reling, will nur reden. Er ist in Kinshasa geboren. Der Urwald, durch den wir fahren, war für ihn einmal ebenso fremd und unbekannt wie für mich. Er hat jahrelang an der Universität Architektur studiert, aber die Professoren erschienen oft nicht, und die Studenten hatten keine Lehrbücher, keine Unterkunft und kaum Geld zum Leben. Als sie protestierten, ließ Mobutu die Fakultät schließen. Louis versuchte sein Glück im Handel, und seitdem fährt er auf der *Ebeya*. Unterwegs geht er von Bord und zieht in Begleitung von Pygmäen in den Urwald. »Sie sind klein, aber kräftig«, sagt er. Auf einer Plantage kauft er vierzig Säcke Kakao, und die Pygmäen tragen sie an den Fluß. Dort wartet er, bis die *Ebeya* wiederkommt, und fährt mit seiner Ware nach Kinshasa zurück.

Es gibt Hunderte kleiner *commerçants* wie ihn an Bord. Viel verdienen sie nicht, aber sie können davon leben. »Der Urwald ist noch kaum erschlossen«, sagt Louis. »Wer weiß, was dort noch alles gefunden wird, vielleicht sogar Erdöl.« Im Wald begegnet er oft Leuten, die ihm Antiquitäten verkaufen wollen. Die Sachen sind von einer dicken Schmutzschicht bedeckt und wurden früher zum Bäumefällen oder als Fetische benutzt. In der Stadt sind sie viel wert, meint Louis. Vielleicht findet er einmal einen Käufer und wird reich.

Louis ist zweiundzwanzig. Im Vergleich zu meinem alten Nachbarn Monoko lebt er in einer unübersichtlichen Welt. Er hat große, gefährliche Träume, viel weitreichender als die Monokos, der nur gern einen dicken Bauch hätte wie die Polizisten im Restaurant. Jetzt, da er die Universität hinter sich gelassen hat, scheint Louis allmählich zu den Weisheiten desselben Urwaldes zurückzukehren, für den er als Städter früher nur Verachtung übrig hatte.

Im Urwald, nicht weit von einem großen See, so erzählt er, steht ein riesiger Baum. Es ist kein gewöhnlicher Baum. Er ist höher als alle anderen, und die Alten im Dorf sagen, ihre Vorfahren seien früher hinaufgeklettert, weil sie wissen wollten, woher der Regen kommt. Sie trugen Äste hinauf, um den Baum noch höher zu machen; bis an den Himmel sollte er reichen. Doch als sie oben angelangt waren, brachen die Äste ab. Andere Dorfbewohner kletterten hinauf, um zu sehen, wo sie abgeblieben waren, konnten sie aber nicht finden. Seitdem wagt sich niemand mehr in die Nähe des Baumes, und wenn ein Fremder zufällig daran vorbeigeht, stirbt er oder er erblindet.

Louis erzählt seine Geschichte mit weniger Überzeugung als Monoko die vom Fluch der Dorfältesten. Im Grunde ist sie eher eine Frage: Ob ich an solche Dinge glaube? Ich sage, daß wir sie als Mythen bezeichnen, aber das befriedigt ihn nicht: Das sei nur ein Wort, ein abstrakter Begriff. Seine Zeit an der Universität ist eine bittere Erinnerung für ihn, sie hat zu nichts geführt. Er ist auf der Suche nach neuen Gewißheiten, und die scheint er aus den Geschichten der alten Männer im Dorf zu beziehen.

Auch das Leben auf den *barges* ist Teil von Louis' neuer Welt. Seit Kinshasa hat er nichts mehr getrunken. Das Wasser aus dem Strom verträgt er nicht, im Gegensatz zu den Mamas, die schon viel länger als er auf dem Fluß unterwegs sind. Aber er mag die Atmosphäre auf den *barges*. »Da wird die ganze Nacht gefeiert.«

Mit Louis betrete ich die *barges* zum ersten Mal. Zwischen ihnen und dem Mutterschiff spannt sich ein Stahldeck, in dessen Mitte die zairische Fahne flattert. Jeden Morgen wird sie von jungen Männern in grünen Uniformen mit roter Armbinde unter lautem Skandieren revolutionärer Parolen gehißt. Sie gehören der JMPR an, der *Jeunesse du Mouvement Populaire de la Révolution* – der Jugend der Revolutionären Volksbewegung –, und sorgen auf den *barges* für die Aufrechterhaltung der Ordnung. Sie sind eine Art Privatmiliz der Partei und werden in der *cité* von Kinshasa unter Arbeitslosen und Kleinkriminellen rekrutiert. Jeder fürchtet sie. Eines Tages sehe ich, wie ein JMPRler einen jungen Mann, der an den Fahnenmast gefesselt ist, erbarmungslos mit einem Stock bearbeitet. Die Leute schauen schweigend zu. Der Mann sei ein Dieb, heißt es. Er schreit nicht, während die Schläge auf ihn niederprasseln. Als der JMPRler ihn losbindet, bleibt er wie tot liegen.

Eine Metalltreppe hinauf, durch eine schmale Türöffnung, und dann beginnt eine Welt, die noch am ehesten an einen Markt in der *cité* erinnert. Penetranter Uringeruch hängt in der Luft. Mamas sitzen mit großen Körben voll klebriger Süßigkeiten, Tabletten in Plastikverpackung, Transistorradios oder BHs vor ihren Kabinen. Menschen drängen sich um sie herum und rempeln uns an.

Lautsprecher spucken krächzende Musik über die Männer und Frauen aus, die an langen Holztischen sitzen und trinken. Ein Junge mit Kastagnetten wiegt sich im Takt der Musik. »Für die Uferbewohner ist das Kinshasa«, sagt Louis. Hier hören sie die neuesten Nachrichten aus der Stadt, hier können sie kaltes Bier trinken und tanzen. Manche Bars sind Tag und Nacht geöffnet, denn der Strom der Einbaumfahrer reißt nicht ab. Kaum haben sie ihre Ware verkauft, stürzen sie sich ins Getümmel.

Ein Fischer setzt sich an einen der Tische, unbeholfen wie ein Landbewohner in einem Stadtcafé. Zwei breitschultrige Männer tanzen auf bloßen, verhornten Füßen. Sie sind betrunken. Louis muß über ihre arhythmischen Bewegungen lachen. »Man sieht sofort, daß sie die Musik aus der Stadt nicht gewöhnt sind«, sagt er. Verglichen mit den Fischern wirken die *commerçants* plötzlich viel gepflegter. Man merkt, daß sie hier den Ton angeben. Überheblich sehen sie eine Frau an, die einen kleinen Korb Fische verkaufen will. Zu teuer, sagen sie.

Wenn ihr Geld alle ist, schwanken die Fischer in ihre Boote zurück und treiben auf dem Strom ab. Manchmal kentern die Einbäume, und ihre betrunkenen Insassen verschwinden im Wasser. »Die schaffen's nie in ihr Dorf zurück«, sagt Louis.

An einem der Tische sitzt ein einzelner junger Mann. Wild gestikulierend und Selbstgespräche führend gießt er sich Coca-Cola über die Füße. Alles schaut aus einigem Abstand zu. »Der ist verrückt«, sagt Louis. »Er sagt dauernd, er schwitzt. Gestern mußten ihn die JMPRler festhalten, weil er ins Wasser springen wollte.«

Louis zeigt mir die Kabine, die er sich mit fünf anderen *commerçants* teilt: ein stickiger kleiner Raum mit Eisenbetten. Bis unter die Decke sind Gebrauchtkleider darin aufgehängt. Tagsüber ist die Kabine ein Laden. Zu ihren Bewohnern gehört auch eine *femme libre*; wenn sie mit einem Mann schläft, hängt sie ein Tuch vor ihr Bett. Später sehe ich Kabinen, die ausschließlich von *femmes libres* belegt sind. Bei gedämpftem rotem Licht warten sie auf Kunden aus dem Urwald.

Plötzlich sehe ich auf dem Dach einer *barge* einen Weißen in der gleißenden Sonne sitzen. Er trägt ein Hawaiihemd, seine Shorts sind zerrissen, die langen Haare verfilzt und von der Sonne gebleicht. »Ein Australier«, sagt Louis. »Der schläft auch auf den *barges*. Die *commerçants* finden ihn komisch.« Warum zieht er sich an wie ein armer Zairer? Er trägt ein Armband mit merkwürdigen Steinen und Affenzähnen. »Alle sagen, das ist ein Fetisch.«

Vom Vorderdeck des Schiffes hat man einen herrlichen Blick auf den breiten Strom und die grün bewaldeten Ufer. Ruhe nach dem Trubel auf den *barges*. Wir werden von allen Seiten begrüßt. Louis trifft sich hier oft mit seinen Freunden. In den folgenden Tagen sitzen wir stundenlang hier, die Beine zwischen den Streben der Reling, eine leichte Brise im Gesicht.

In der vergangenen Nacht hing in den *barges* plötzlich ein scheußlicher Geruch, erzählt Louis. Eine Leiche trieb auf dem Wasser vorbei. »Hast du sie gesehen?« frage ich. »Nein.« Die älteren *commerçants* haben es ihm erzählt.

Auf den *barges* wird Kikongo, Tshiluba, Swahili und Lingala gesprochen, aber irgend jemand kann immer ins Französische übersetzen. Nach und nach werde ich in die seltsamen Geschichten eingeweiht, die hier die Runde machen. Sie verbreiten sich schnell, erschreckend schnell von *barge* zu *barge* und werden dabei immer weiter ausgeschmückt. Jedesmal wenn ich denke, eine Geschichte hat ihre endgültige Version gefunden, höre ich eine noch phantastischere Variante.

Eines Tages erfahre ich, daß ein Passagier verhaftet worden ist, weil er einen Totenschädel in seiner Kabine versteckt hatte. Er wollte ihn an einen Europäer verkaufen. Wozu, frage ich. »Es heißt, bei euch wird Aspirin daraus gemacht«, lautet die Antwort.

Sonderbare Geschichten kursieren über die Stämme, die am Fluß leben. »Du mußt aufpassen, daß du nie mit einem Lokele Streit bekommst«, sagt einer von Louis' Freunden. »Die versuchen einen immer ins Wasser zu ziehen. Da sind sie am stärksten, denn ihre Neugeborenen werden vier Wochen lang in den Fluß getaucht.« Niemanden außer mir scheint es zu kümmern, ob solche Geschichten wahr sind oder nicht.

Als die *Ebeya* in Mbandaka anlegt, leeren sich die *barges*. Die Mamas stellen ihre Waren an den breiten Straßen des Ortes aus, die an die Zeit der Belgier erinnern, als das einstige Coquilhatville noch ein lebendiges Städtchen war. Heute lebt Mbandaka wie alle Orte am Strom im Rhythmus des Schiffsverkehrs. Während eine neue Ladung Bier aus der hiesigen Brauerei an Bord gehievt wird, scheint sich das verschlafene Städtchen einmal kurz und heftig durchzuschütteln, dann fällt es wieder in seine tropische Betäubung zurück. Ich steige in die *barges* hinunter, um Louis zu suchen, aber er scheint von Bord gegangen zu sein.

In dieser Nacht schlafe ich endlich ruhiger; wahrscheinlich habe ich mich an das Rattern der Maschinen gewöhnt. Am nächsten Morgen berichtet Monoko, daß eine der Schrauben gebrochen ist. Wir fahren nur noch mit fünf Stundenkilometern, halb so schnell wie gestern. Unsere Reise sollte neun Tage dauern; jetzt kann sie sich wesentlich länger hinziehen. Monoko hat auch schon vier Wochen von Kinshasa nach Kisangani gebraucht.

Stunden voll wilder Spekulationen folgen auf den Erste-Klasse-Decks. Unser Kapitän gilt als einer der besten beim ONATRA. Möglicherweise haben andere Kapitäne die Maschinisten aus Neid bestochen, denn unserer wird allmählich so berühmt wie Masumbuku, der legendäre Kapitän der *Colonel Tshatshi*. »Der kam manchmal schon Tage früher an als geplant«, erzählt ein Beamter des ONATRA. »Alle dachten, er hat ein *gri-gri*, das ihn schneller macht.« Aber was für eins? »Das weiß niemand. Wahrscheinlich hat er es nachts benutzt, wenn die Passagiere schliefen.«

»Vielleicht konnte es das Schiff fliegen lassen«, meint jemand, aber er muß zugeben, daß es schon ein besonders starkes *gri-gri* sein mußte, wenn es ein Schiff wie die *Tshatshi* in die Lüfte heben konnte.

Monoko lacht, als ich ihm davon erzähle. »Masumbuku war einfach der Beste, aber wenn jemand seine Arbeit gut macht, sagen die anderen gleich, er hat ein *gri-gri.*« Er glaubt, daß die Schraube von selbst kaputtgegangen ist, das Material ist schließlich uralt. Doch als seine Kollegen sich darüber unterhalten, kommen ihm offenbar Zweifel. Vielleicht ist doch etwas dran?

Ein Einbaum macht an der *Ebeya* fest. Auf dem Boden liegen zwei schwarzgeräucherte Äffchen. Sie sehen aus wie Babys – erschrockene Gesichter mit makellosen Zahnreihen, als hätte man sie bei lebendigem Leibe gebraten. Die Einbäume bringen jetzt eine immer größere Vielfalt an Tieren aus dem Urwald mit. Die besten Stücke gehen direkt an den Kapitän, einen der größten *commerçants* an Bord. Fische, Riesenschildkröten, Pythons, Leguane – mit Stricken werden sie an Bord gehievt. Der Kapitän und sein Bruder füllen ganze Tiefkühltruhen damit. Auch der Barkeeper und der Chefober verschwinden immer wieder nach unten und beteiligen sich an dem Handel. Sogar Monoko sitzt am hellichten Tag in seiner engen Kabine und feilscht mit Uferbewohnern. Seine Einkäufe liegen unter dem Bett, auf den Schränken und selbst im Bad, und der Geruch nach geräuchertem Fleisch, der aus seiner Kabine kommt, wird immer durchdringender.

Über die Reling gebeugt, essen wir frische Ananas, Bananen und Avocados. Die *barges* sehen mehr und mehr aus wie eine Müllkippe. Auf den Dächern stapeln sich alte Fahrräder und große Jutesäcke mit *makala,* Holzkohle.

Jetzt, da wir soviel langsamer fahren, können die Uferbewohner ihre Einbäume leichter an der *Ebeya* festmachen und auch länger bleiben, weil wir uns nicht mehr so schnell von ihren Dörfern entfernen. In Trauben hängen die Boote an beiden Seiten des Schiffs, das dadurch noch langsamer vorwärtskommt.

Eines Nachmittags entsteht unten ein Tumult. Alles läuft an die Reling. Die JMPRler haben angefangen, die Leinen der Einbäume zu kappen. Deren Besitzer kommen angerannt, und manche von ihnen landen bei dem Versuch, noch schnell in ihr Boot zu springen, im Wasser. Andere schaffen es, müssen aber auf ihre Gefährten warten, die noch auf den *barges* sind. Sie klammern sich an die Reling, doch als die JMPRler zum Schein mit ihren Macheten auf sie einschlagen, lassen sie erschrocken los. Einige wehren sich mit ihren Rudern. Eines wird von einer Kugel durchbohrt und klatscht ins Wasser.

Immer mehr JMPRler erscheinen auf dem Stahldeck. Sie schwingen ihre Stöcke, Flaschen fliegen durch die Luft, sie dreschen auf einen Betrunkenen ein, der ihnen schreiend klarzumachen versucht, daß seine Frau noch an Bord ist. Er stürzt, seine Hose zerreißt, er rappelt sich wieder auf und ruft: »Wir sind alle Kinder ein und desselben Gottes!« Dann wird sein Boot endgültig losgeschnitten, und er stürzt von neuem. Zitternd vor Empörung über so viel Ungerechtigkeit stehe ich an der Reling. Was fällt diesen JMPRlern eigentlich ein! Der ungleiche Kampf scheint ihnen ein diabolisches Vergnügen zu bereiten. Sie stehen auf dem festen Schiffsdeck, und die anderen müssen versuchen, sich in ihren schwankenden Booten aufrecht zu halten. Doch als ich mir die Passagiere anschaue, sehe ich auf allen Gesichtern die gleiche Sensationsgier, vor allem bei den Jüngeren. Sie lachen und johlen wie Fans bei einem Fußballspiel.

»Kannst du dir jetzt vorstellen, was hier nach der Unabhängigkeit los war?« Überrascht drehe ich mich um. Der weiße Offizier steht hinter mir. Er grinst und verschwindet wieder im Gewühl.

Plötzlich steuert die *Ebeya* aufs linke Ufer zu. Nichtsahnend sitzen die Urwaldbewohner in ihren Booten und halten die Hände über den Kopf, um sich vor dem Flaschenregen zu schützen – bis das Schiff so nahe am Ufer ist, daß die Einbäume gegeneinandergedrückt werden. Einer nach dem anderen kentert. Ein Mann greift schreiend nach seiner neuerworbenen Nähmaschine, die in den schäumenden Fluten versinkt, ein anderer schwimmt mit seinem nassen Transistorradio davon. Jetzt schwenkt die *Ebeya* nach rechts, wo in der Panik bereits viele Einbäume gekentert sind. Ruder treiben auf dem Wasser.

Ich muß irgend etwas geschrien haben, denn ein junger Mann neben mir sieht mich fragend an. »*Vous trouvez ça méchant*? – Finden Sie das gemein?« Ja, allerdings, sage ich, in der Hoffnung, einen Gleichgesinnten gefunden zu haben in diesem Hexenkessel primitiver Emotionen. Doch er lacht nur. »*Ce sont des sauvages* – Das sind doch Wilde«, sagt er und zeigt auf die wehrlosen Männer in ihren Booten.

»Aber warum hat man sie nicht gewarnt? Warum geht man gleich mit Gewalt vor?«

»Weil es Wilde sind«, sagt er. »Mit denen kann man nicht reden. Die sind stur, die machen, was sie wollen. Wenn man sie nicht mit Gewalt vertreibt, verlieren sie jeden Respekt, und man wird sie nicht wieder los.«

Ich beobachte solche Szenen noch öfter. Niemand scheint so zu empfinden wie ich, und seltsamerweise merke ich nach einiger Zeit, daß ich die Passagiere allmählich verstehe: Es ist ein Kampf ums Überleben, in dem sich der Dampfer, der sich wie ein krankes Tier auf dem Fluß fortbewegt, nicht mit den gewohnten Mitteln wehren kann. Das wissen die Uferbewohner. Wie Parasiten fallen sie über uns her.

Unser Revier ist innerhalb weniger Tage zu einem Dorf geworden: Nichts bleibt hier unbemerkt. Einmal bin ich so schnell losgestürmt, um ein Handgemenge auf dem Stahldeck zu beobachten, daß ich über einen Tisch gestolpert bin. Monoko fand das zum Totlachen.

Inzwischen haben sich alle an meine Neugier gewöhnt, und Louis' Freunde auf den *barges* sagen mir sogar eigens Bescheid, wenn sie glauben, daß mich etwas interessieren könnte: wenn ein Krokodil an Bord gehievt wird beispielsweise oder wenn in einer der engen Gassen eine Ziege geschlachtet wird. Werde ich aber Zeuge einer Schlägerei, sehen sie mich verlegen an. Nach dem ersten Mal lasse ich mir meinen Abscheu zwar nicht mehr anmerken, aber sie spüren, daß ich so etwas besser nicht sehen sollte, daß ich es vielleicht nicht verstehen kann. Manchmal steht plötzlich der Chefober hinter mir und sagt: »Ich weiß nicht, was auf dieser Fahrt los ist. So was passiert sonst nie.« Als könnte er die Szene damit von meiner Netzhaut löschen.

Auf dem Deck unter uns weint ein kleiner Junge. Anscheinend wird er geschlagen. Ich renne die Treppe hinunter. Er kniet mit gesenktem Kopf vor einem Mann, der ihm mit einem Stock den Hintern versohlt. Keine Schuhe, zerrissene Kleider. Ich kenne diese Jungen, sie nächtigen auf den Dächern der *barges*. Manchmal kaufen sie sich eine Flasche Palmwein, trinken sie gemeinsam aus und liegen dann in einem wirren Haufen schlafend da, wie Gefallene auf einem Schlachtfeld. Einer von ihnen kommt jeden Tag an meiner Kabine vorbei; er verkauft Plastiktüten.

Ich kenne auch den Mann, der den Jungen schlägt. Er ist groß und muskulös und sieht aus wie ein Henker. Abends veranstalten er und sein Kumpel Boxkämpfe vor der Kombüse auf dem Achterdeck. Ihr Publikum ist das gesamte Küchenpersonal.

Neugierige haben sich ringsum angesammelt. Auf einer Bank vor seiner Kabine sitzt ein gutaussehender schlanker Mann in Uniform und schaut zu. Mit einer Handbewegung gebietet er dem Boxer Einhalt. Alle sehen ihn an. Ich kenne auch ihn: Er ißt manchmal in unserem Restaurant, bleibt aber nie lange. Offenbar hat er Wichtigeres zu tun.

Ihm gegenüber ist ein grauhaariger alter Mann in Shorts und Hemd mit Handschellen an die Reling gefesselt, auch er offenbar einer der armen Schlucker von den *barges*. Neben ihm stehen seine Habseligkeiten: eine schmutzige Plastiktasche mit ein paar Kleidern darin.

Mißtrauische Blicke treffen mich – ich habe hier nichts zu suchen. Doch meine Neugier siegt. Ich stoße den Mann neben mir an. Was ist los? »Das sind Diebe«, sagt er mißbilligend. Der alte Mann hat einer Mama in ihrer Kabine einen hohen Geldbetrag gestohlen, und der Junge hat wiederum ihn bestohlen. Viele Diebe werden gleich auf den *barges* abgeurteilt. Sie werden verprügelt und dann mit dem Diebesgut um den Hals unter Hohngelächter herumgeführt. Dies hier aber ist ein Fall für den OPJ, den *Officier de Police Judiciaire*, sagen die Zuschauer.

Bisher ist erst ein Teil des Geldes wieder aufgetaucht, und die bestohlene Mama steht mit ihrem Kind auf dem Rücken jammernd und kreischend da. In ihrer schmutzigen, zerrissenen Bluse sieht sie nicht viel besser aus als der Missetäter selbst. Sie werde ihm sein »Instrument« abschneiden, ruft sie, und es ins Wasser werfen, wie mein Nachbar für mich übersetzt. Ab und zu steigt Gelächter aus der Menge auf, als wäre das Ganze ein Spaß.

Das Deck ist ein öffentliches Tribunal! Wieso habe ich das bis jetzt nicht mitbekommen? Das Gejammer der Bestohlenen lockt immer mehr Menschen an. Sie bauen sich vor dem Dieb auf und machen ihm Vorwürfe. »Ein alter Mann wie du – schämen solltest du dich!« Jemand ruft, man solle ihn mit einem Stock auf die Fußsohlen schlagen, dann werde er schon sagen, wo er den Rest des Geldes versteckt hat. Ein anderer Zuschauer wendet ein, er sei zu alt für Prügel.

Der Mann kauert in der Ecke und läßt diese Reden gekränkt über sich ergehen. Als die Mama auf ihn losgeht, versucht er sie mit der freien Hand abzuwehren. Der Boxer vom Achterdeck zieht die Frau weg. Später ist auch sie mit Handschellen an die Reling gefesselt. Sie sei zu grob geworden, sagen die Umstehenden. Doch nicht einmal jetzt versiegt der Strom ihrer Verwünschungen, und im Laufe des Tages neigen sich die Sympathien immer mehr dem Dieb zu.

Der OPJ seufzt nur. Ab und zu stellt er mit tonloser, matter Stimme eine Frage. Die Frau wohnt in einem nahe gelegenen Dorf am Fluß, und der OPJ hat einen Einbaum losgeschickt, um ihren Mann zu verständigen. Er kommt in Begleitung einer Amtsperson an Bord, eines dicken, schwitzenden Mannes in einem schlechtsitzenden Anzug. Gegen ihn ist der OPJ geradezu ein Muster an städtischer Kultiviertheit.

Der Mann will den Dieb mit in sein Dorf nehmen und ihn dort aburteilen. Kommt nicht in Frage, sagt der OPJ. Der Mann fängt zu schimpfen an, doch der OPJ bleibt ruhig. Am Abend geht die lärmende Gesellschaft von Bord. Auch die Zuschauer trollen sich, und der alte Dieb bleibt allein auf der Bank zurück. Verloren sitzt er in seinen schmutzigen Sachen auf dem sauberen Erste-Klasse-Deck.

Ich frage den OPJ, warum er den Mann nicht hat gehen lassen. Die Antwort lautet: »Er gehört nicht zu ihrem Stamm. Vielleicht hätten sie ihn unterwegs ins Wasser geworfen, oder die Dorfbewohner hätten ihn gelyncht.«

Auf dem Deck vor der Kabine des OPJ herrscht in den folgenden Tagen ein Kommen und Gehen armseliger Gestalten von den *barges*. Eines Abends werden drei betrunkene Uferbewohner gebracht und in Handschellen gelegt. Weil in der Bar keiner von ihnen die Zeche bezahlen wollte, sind sie sich in die Haare geraten. Sie kabbeln sich so lange weiter, bis der Boxer ihnen ein paar Ohrfeigen versetzt.

Benommen sehen sie die Menge an, die sich inzwischen angesammelt hat. Einer von ihnen trägt ein T-Shirt mit der Aufschrift *Paris Match*. Er muß es von dem französischen Journalisten Dieuleveult und seinen Leuten haben, die mit einem Floß auf dem Zaire zu den Stromschnellen von Inga gefahren und dort spurlos verschwunden sind. Das Hemd muß einmal weiß gewesen sein; jetzt ist es voller brauner Flecke.

»Das sind Topoke«, flüstert ein Passagier neben mir. »Siehst du, wie kräftig die sind? Die streiten sich wegen nichts und wieder nichts. Oft gibt es dabei sogar Tote. Wenn die freigelassen werden, macht jeder, daß er wegkommt.« Er selbst stammt aus der Gegend von Matadi. »Hast du da jemals so etwas miterlebt? Nein, ganz bestimmt nicht. Unsere Vorfahren haben immer gesagt: ›Wir haben die Weißen als erste gesehen, wir haben Kultur.‹« Verächtlich blickt er auf die drei Fischer hinab, die immer noch nicht zu begreifen scheinen, wo sie sich befinden. »Schau nur, wie sie daliegen, wie Tiere.«

Manchmal fangen Passagiere aus heiterem Himmel an, die Angeklagten zu beschimpfen. Als einmal zwei Diebe nebeneinander auf der Bank sitzen, ruft jemand: »Ihr kommt aus Bumba, ihr seid Budja, stimmt's? Das sind doch alles Diebe.«

Ich muß an die Worte meines Tischgenossen vom ONATRA denken: Mobutu habe jedermann das Gefühl gegeben, einfach nur Zairer zu sein. Auf diesem Deck aber blättert das Nationalbewußtsein wie eine dünne Lackschicht ab. Das Tribunal weckt rohe Emotionen, und plötzlich denken alle wieder in Stammeskategorien. Zum Glück ist der OPJ da und paßt auf, daß sich niemand an den Angeklagten vergreift.

Der grauhaarige alte Mann sitzt immer noch da. In

Kisangani soll er vor Gericht gestellt werden. Er trägt jetzt keine Handschellen mehr und nimmt immer häufiger am Geschehen teil. Manchmal richtet er belehrende Worte an die drei Fischer, wie es sich für einen weisen alten Mann geziemt. Ob sie sich nicht schämten, sich so zu betrinken, und was ihnen denn einfalle, ohne Geld Bier zu bestellen. Die Zuschauer amüsieren sich köstlich.

Eines Tages wird der junge Mann gebracht, der sich in der Bar Coca-Cola über die Füße gegossen hat. Er schlägt um sich und redet ununterbrochen. Er sei der Chef aller Polizisten an Bord, jeder würde ihn bespitzeln, aber ihm könne man nichts vormachen. Widerstandslos läßt er sich Handschellen anlegen. Es ist, als würde die Stimme, die solch kühne Reden schwingt, nicht zu dem angeketteten Körper gehören.

Dann erscheint sein Vater auf der Bildfläche, ein hochgewachsener gepflegter Mann mit hoher Stirn und Goldrandbrille. Offensichtlich ein *évolué*. Besorgt sieht er seinen Sohn an. »Er ist nicht gefährlich«, sagt er. »Er tut niemandem etwas, nur sich selbst, aber die Leute haben Angst vor ihm, weil er so wild gestikuliert.« Der Vater ist Rektor einer Schule am Fluß. Er hat sieben Söhne, sagt er, alle Akademiker, auch dieser. Aber irgend etwas ist schiefgegangen mit ihm. Drogen, vermutet der Vater.

Jetzt spricht sein Sohn mich an, in fließendem Französisch. Seine Augen glühen. Er sei international, sagt er, er wisse, wer ich sei und warum ich nach Zaire gekommen sei. Ich hätte mich auf die Suche nach meinem Onkel gemacht, der Missionar gewesen sei. Ich selbst hätte es ihm erzählt. Ich? Ich erinnere mich nicht, je mit ihm gesprochen zu haben. Doch dann dämmert es mir. Vor ein paar Tagen konnte ich nicht schlafen. Ich ging hinaus und lehnte mich an die Reling. Plötzlich stand ein junger Mann neben mir. Im Halbdunkel konnte ich ihn kaum sehen. Er könne nicht schlafen bei dem Lärm auf den *barges*, sagte er. Er redete völlig klar. Er erzählte, daß er Soziologie studiere, und wollte wissen, was mich nach Zaire geführt habe. Da hatte ich ihm von meinem Onkel erzählt.

In den folgenden Tagen unterhalte ich mich noch mehrmals mit ihm. Manchmal bittet er mich um etwas zu trinken, aber alles, was ich ihm bringe, gießt er sich über die Füße. Aus der Kombüse bekommt er jeden Tag eine Dose mit Essensresten. Er wird zur neuen Attraktion des Tribunals, denn er hält lange Reden, die allgemeines Gelächter hervorrufen. Manchmal ist er ganz zugänglich, dann wieder völlig verwirrt.

Eines Tages höre ich Lärm auf dem Unterdeck. Die Leute stieben auseinander, als wäre der Teufel hinter ihnen her. Selbst der OPJ flüchtet in Panik. Der junge Mann hatte genug von seiner Gefangenschaft und hat die Eisentür, an der er angekettet war, mit einem einzigen Ruck aus den Angeln gerissen. Doch als die Leute gleich darauf aus ihrem Versteck hervorlugen, ist er schon wieder in sich zusammengesunken. Er hat sich an der Hand verletzt. Verwundert betrachtet er die Tür, die neben ihm auf dem Boden liegt. Wer hat ihn befreit?

Von früh bis spät waltet der OPJ seines Amtes, mit einem Ernst und einer Gewichtigkeit, die seltsam anmuten auf diesem Schiff, auf dem Paragraph fünfzehn das Geschehen bestimmt und jeder die Arbeit, für die er eigentlich angestellt ist, als einen Nebenjob betrachtet. Selbst der protestantische Pfarrer, der die Gläubigen bei seinen Gottesdiensten in der Bar auf so erhabene Höhen führt, sitzt zwischendurch feilschend auf den *barges*.

Abends gegen zehn aber stellt der OPJ seine Tätigkeit ein. Dann können Betrunkene auf dem Deck liegen oder sich vor seinen Augen prügeln – er holt den Radiorecorder aus seiner Kabine, zieht die Antenne heraus und schaltet das Radio ein. »Er hört Nachrichten«, sagt Monoko. »Er ist ein Intellektueller, da muß er wissen, was in der Welt passiert.« Einmal rücke ich einen Stuhl heran, setze mich zu ihm und frage, ob ich einen Moment zuhören darf. »Aber sicher«, sagt er. *France Inter* ertönt von so weit her auf der *Ebeya*. Aber nicht die Nachrichten, sondern die Sportergebnisse.

So vieles geschieht jetzt an Bord, daß ich am liebsten überall gleichzeitig wäre. Bin ich abends auf den *barges*, wo wild getanzt wird, verpasse ich oft amüsante Episoden beim Tribunal, vertiefe ich mich in die Einzelheiten eines neuen Rechtsfalles, sind genau zu diesem Zeitpunkt wichtige Ereignisse auf den *barges* im Gange. Monoko sitzt mit seinen Freunden vor seiner Kabine und beklagt sich, daß die Fahrt so lange dauert, ich dagegen hoffe inständig, daß wir möglichst lange unterwegs sein werden. Zum ersten Mal seit meiner Ankunft in Zaire habe ich das Gefühl, mitten in Afrika zu sein.

Das Essen im Restaurant ist rationiert worden, wir bekommen jetzt nur noch mittags etwas. Aber Europäer sind nicht so kräftig wie Afrikaner, meint der Chefober, sie müssen regelmäßig essen, sonst werden sie krank. Jeden Abend um sieben klopft Balia an meine Tür und reicht verstohlen einen Stapel Butterbrote unter einem karierten Geschirrtuch herein. Kaum ist er weg, rufe ich Monoko und seine Kabinengenossen, und wir verzehren die Brote gemeinsam.

Eines Tages sehe ich den Kapitän mit mehreren jungen Männern reden. Lautstark protestieren sie dagegen, daß es auf den *barges* nichts mehr zu essen gibt. Einer von ihnen führt das Wort. Nachdem sie sich Luft gemacht haben und der Kapitän wieder ins Ruderhaus gegangen ist, spreche ich ihn an.

Tope vertritt die Studenten an Bord. »Wir haben Hunger«, sagt er. »Es ist doch nicht unsere Schuld, daß das Schiff Verspätung hat!« Tope ist im Urwald aufgewachsen und will nach Kisangani, wo er Agronomie studiert. Sein Vater hat eine Kaffeeplantage, die er später übernehmen soll. Zum ersten Mal seit einem Jahr war er wieder in seinem Heimatdorf, und was er dort erlebt hat, scheint ihn ziemlich durcheinandergebracht zu haben.

Durch sein Leben in der Stadt hat er angefangen, vieles in Zweifel zu ziehen. In seinem Stamm beispielsweise dürfen Frauen keine Eier essen, davon würden sie unfruchtbar, sagen die Dorfältesten. Tope hat darüber nachgedacht und glaubt, daß die Gründe woanders liegen. Eier sind im Dorf rar, und die Männer wollen sie für sich allein haben. Als er das jedoch seinem Vater gegenüber vorsichtig äußerte, wurde der böse. Wie er es wagen könne, an den Worten der Alten zu zweifeln? Sie könnten ihm Schaden zufügen! Und jetzt weiß Tope nicht mehr, was er denken soll.

Tope geht den gleichen Weg wie Louis, nur in entgegengesetzter Richtung. Er kennt die Mythen und Tabus des Urwaldes, er ist mit den Geschichten aufgewachsen, die für Louis und seine Freunde so neu waren. Seit er studiert, will er fort aus dieser alten Welt. In Kisangani hatte er ein Jahr lang das Gefühl, es geschafft zu haben, doch während der Ferien zog ihn das Dorf wieder in seinen Bann.

»Die Dorfältesten wollen nicht, daß wir uns weiterentwickeln«, sagt er, »sie haben Angst, wir kümmern uns dann nicht mehr um sie.« Mit seinem Vater kann er über seine Zweifel reden, aber vor der Generation seiner Großeltern hat er Angst, denn sie verfügen über Kräfte, die niemand begreift.

Vor ein paar Tagen hat er auf dem Schiff etwas sehr Unangenehmes erlebt. Er schüttete schmutziges Wasser über die Reling, und es landete im Boot eines alten Fischers. Der Mann war wütend. Tope entschuldigte sich, aber der Fischer schimpfte weiter und schwor, Tope werde nicht lebend in Kisangani ankommen, er werde unterwegs von einem Krokodil gefressen werden. Tope bekam es mit der Angst zu tun, doch die Fischer in den anderen Einbäumen sagten, er müsse sich keine Sorgen machen, die Männer in dieser Gegend könnten sich nicht in Krokodile verwandeln.

Die Universität scheint Tope nicht viel Rückhalt zu geben, das merke ich an den Fragen, die er stellt. Ob ich ihm sagen könne, was in Südafrika los sei? Die Berichte darüber seien so widersprüchlich. Manche Leute behaupteten sogar, die Weißen seien zuerst dagewesen, eigentlich gehöre das Land gar nicht den Schwarzen.

Und noch etwas will er wissen. Er hat schon viele Weiße danach gefragt, aber keiner scheint es ihm sagen zu wollen. Wer hat Lumumba ermordet? Hoffnungsvoll sieht er mich an, als sei er überzeugt, daß ich es weiß, als würden wir Weiße mit der Antwort auf solche Fragen geboren. Ich erwidere, daß es darüber verschiedene Theorien gibt, daß niemand es genau weiß, daß… Er ist enttäuscht. Ähnliches hat er vermutlich auch von den Patres auf der höheren Schule und später von seinen weißen Professoren an der Universität gehört.

Auf den *barges* leben die Studenten aus Kisangani unter schwierigen Bedingungen. Die meisten sind erst später an Bord gekommen, ihre Kabinen waren schon besetzt, und sie müssen nachts in den Gängen schlafen. Für die Neulinge unter ihnen ist das eine seltsame Erfahrung: Der Status, den sie als Studenten zu haben glaubten, paßt nicht zu ihrer Behandlung hier. Sie hatten sich das anders vorgestellt. Der Stolz, den sie aus dem Urwald mitgebracht haben, hat den ersten Dämpfer bekommen. Aber Tope weiß, daß ihnen noch mehr bevorsteht. An der Universität müssen die Studienanfänger demütigende Initiationsriten über sich ergehen lassen. »Damit sie wissen, daß sie alles, was menschlich ist, hinter sich lassen müssen.«

Tope korrespondiert mit Studenten in der Zentralafrikanischen Republik. Das Land ist wesentlich ärmer als Zaire, aber der Staat sorgt sehr viel besser für die Studenten, sagt er. »Wir sind reich, aber unser Präsident kümmert sich nicht um uns.«

Einmal sehe ich einen von Topes Freunden in einer Ausgabe von *Jeune Afrique* lesen. Das Heft stammt aus dem Jahr 1984 und schildert die Unruhen nach der Unabhängigkeit. Die Studenten lesen es abwechselnd – ein »Buch« nennen sie es. Ich bin gerührt und erstaunt. Woher nehmen sie ihre Aufgewecktheit in einem Land, in dem alles darauf ausgerichtet ist, sie zu entmutigen?

Die *commerçants* auf den *barges* lachen über sie und nennen sie *profiteurs*. Was machen sie den ganzen Tag? Nichts. »Wenn wir protestieren, weil wir Hunger haben, heißt es gleich, wir sind gegen das Regime«, sagt Tope. Die *commerçants* haben von der liberalen Handelspolitik Mobutus nur Vorteile, deshalb bringen sie kein Verständnis für studentische Anliegen auf.

In Kisangani gab es im vergangenen Jahr größere Konflikte zwischen *commerçants* und Studenten, erzählt Tope. Es begann mit einem Vorfall in einer Bar. Ein *commerçant* und ein Student stritten sich um eine Frau. Der *commerçant* schlug den Studenten, so heftig, daß er bewußtlos zu Boden fiel. Seine Freunde glaubten, er sei tot, sie gingen auf den Campus und trommelten ihre Kommilitonen zusammen. Dann zogen sie gemeinsam zu dem Täter und richteten ihn so übel zu, daß er an seinen Verletzungen starb. Die Universität blieb daraufhin zwei Monate geschlossen.

In dieser Zeit kam es vor, daß Studenten einen Laden betraten, etwas zu essen verlangten und dann ohne zu bezahlen wieder gingen. Die Inhaber wußten, was in der Bar vorgefallen war und wagten nicht, sie zu verfolgen. Ich sehe Tope an. Er wirkt wie ein ruhiger, besonnener junger

Mann. »Ich kann mir gar nicht vorstellen, daß ihr so etwas macht«, sage ich.

»Wir sind wütend«, erwidert er mit plötzlicher Heftigkeit. »Wir verstehen nicht, warum unser Präsident nicht besser für uns sorgt. Wir haben kein Dach über dem Kopf, kein Essen, nichts. Und wenn man wirklich wütend ist, dann ist man zu allem fähig.«

Monoko starrt düster vor sich hin: »Heute hätten wir in Kisangani ankommen sollen«, sagt er. Doch das Schiff fährt immer langsamer, und die ONATRA-Leute werden von Tag zu Tag nervöser. In Lisala mußten sie schon Lebensmittel nachkaufen. Die Verzögerung wird das ONATRA viel Geld kosten. Und zu allem Unglück laufen wir am Nachmittag auch noch auf eine Sandbank auf. »Jetzt hast du alles mal miterlebt«, sagt der Chefober.

Zur Zeit der Belgier fuhren *baliseurs* – Tonnenleger – den Fluß hinauf und hinunter, erzählt Monoko, und markierten die Fahrrinnen zwischen den zahllosen Inseln. Doch seit der Unabhängigkeit gibt es sie kaum noch, und es kommt oft vor, daß Schiffe auf Grund laufen. Anderswo auf der *Ebeya* kursieren allerdings weit phantasievollere Erklärungen für dieses neue Mißgeschick. Früher passierte so etwas in der Tat viel seltener, weiß ein alter Mann, »aber das lag daran, daß die Belgier dem Strom so viele Geschenke gemacht haben.« Er habe es selbst gesehen, behauptet er. Nähmaschinen, Salz, Pökelfisch und sogar Fahrräder warfen sie ins Wasser, um den Fluß günstig zu stimmen.

Als ich das einem anderen Zairer sage, muß er lachen. Aber dann erzählt er, daß die Belgier einmal eine Brücke über den Strom bauten. Bevor sie anfingen, tauchte ein Mann in einem schwarzen Anzug ins Wasser hinab. »Er hat die Wassergöttin um Erlaubnis gebeten, und als er wieder aufgetaucht ist, war er ganz trocken!«

Auf den *barges* herrscht mehr Trubel denn je. »Komm mal mit, ich muß dir was zeigen«, sagt Tope, als ich mit seinen Freunden an einem Tisch sitze und Bier trinke. Er zieht mich zur Reling. Ein hellerleuchtetes Schiff mit einer ausgefransten grünen Flagge zieht an uns vorbei. Auf den Decks stehen Leute zwischen flatternder Wäsche und winken uns zu. Es sieht aus wie ein schwimmender Slum. »Die sind vor uns in Kisangani«, sage ich.

Tope lacht. Ob ich nichts merke? Das ist die *Ebeya*! Man hat uns zurückgelassen! Jetzt lachen alle. Habe ich meine Kabine abgeschlossen? Geld und Kleidung habe ich natürlich nicht bei mir. Und wir werden mindestens vier Tage hier liegen, bis man uns holt!

Wilde Panik erfaßt mich. Ich muß hier weg, so schnell wie möglich! Wo ist der Eigner dieser *barge*? Die strahlenden Gesichter um mich herum machen mich wütend. Können wir nicht mit einem Einbaum hinterher? frage ich aufgeregt. Allgemeines Gekicher. Ob ich wirklich glaube, daß ein Einbaum die *Ebeya* noch einholen kann? »Aber die haben mich vergessen!« rufe ich verzweifelt.

In meinem Kopf jagen sich die Gedanken. Wie schmutzig man auf diesen *barges* wird – wenn ich auf die *Ebeya* zurückkomme, sind meine Hosenbeine jedesmal total verschmiert, und alles fühlt sich klebrig an. Ich habe nichts bei mir, und jetzt muß ich auch noch Reis mit Steinchen essen. Oder gar nichts, denn die Vorräte sind allmählich aufgebraucht.

»Wer ist denn hier zuständig?« Der Mann wird geholt. Er klopft mir beruhigend auf die Schulter. In einer Stunde kommt die *Ebeya* zurück und holt uns, sagt er, sie konnte nicht alle *barges* auf einmal mitnehmen. Die anderen warten dann flußaufwärts.

Die Zairer schütten sich aus vor Lachen. Was ist die Weiße erschrocken! Erleichtert lache ich mit. Weshalb sollte ich mich schämen? In den letzten Tagen ist so viel

Trennendes zwischen uns weggefallen. Das dachte ich zumindest. Jetzt hat sich innerhalb von Sekunden wieder eine Mauer zwischen uns aufgebaut. Auf der anderen Seite stehen die jungen Männer und schmunzeln immer noch. Sie müssen genau gewußt haben, wie ich reagieren würde, sie kennen die Weißen und ihre Ängste. Tope faßt mich am Arm. Komm. Genug ist genug. Darauf müssen wir was trinken.

Spät in der Nacht kommt die *Ebeya* zurück. Auf den *barges* ist es still geworden, denn es sind kaum noch Uferbewohner an Bord. In der Bar, die wir durchqueren müssen, um aufs Mutterschiff zu gelangen, ist es stockdunkel. Ich stolpere über einen Mann, der unter einem weißen Laken auf dem Boden liegt. Neben ihm liegt noch jemand, und vor ihm, hinter ihm, auf den Tischen und unter den Tischen auch. Als meine Augen sich an die Dunkelheit gewöhnt haben, sehe ich, daß in der Hitze und dem Gestank nach Rauch und Alkohol Hunderte von Menschen dicht an dicht schlafen. »Gib mir die Hand«, flüstert Tope. So bahnen wir uns, über Arme, Beine und Köpfe stolpernd, unseren Weg auf die andere Seite. Da und dort wird jemand wach und murmelt irgend etwas. »Es ist ihnen peinlich«, sagt Tope, »daß eine Weiße sie so sieht.«

Wir nähern uns Kisangani. Das Aufwachen auf der *Ebeya* ist immer mehr wie das Aufwachen in einem Dorf. Hähne krähen, Ziegen meckern, und auf dem Stahldeck, über das man auf die *barges* gelangt, wälzen sich schwarze Schweine in dem schmutzigen Wasser, das aus den Duschen herunterläuft. Der Kapitän hat sich einen kleinen Schimpansen gekauft, direkt aus dem Urwald. Der Affe sitzt vor der Kapitänskajüte, völlig apathisch angesichts der neuen Wildnis, in der er gelandet ist. Wenn er vom lachenden Reinigungspersonal mit dem Deck zusammen eingeseift und abgespritzt wird, fiept er nur leise. Später wird er in einen Käfig gesetzt und frißt brav, was der Kapitän ihm durch die Gitterstäbe schiebt.

Die Jungen, die auf Deck schlafen, fegen jeden Morgen die Abfälle mit einem Stock an den Rand und werfen sie dann nach unten. Keiner von ihnen hat ein Ticket, sagt Tope, aber was soll das ONATRA machen? Man kann sie schließlich nicht über Bord werfen. Die meisten von ihnen wohnen auf dem Schiff, sie essen, was die Mamas ihnen zustecken, und übernehmen kleine Aufträge für die *commerçants*. Abends in der Bar sind sie die besten Tänzer. Endlos können sie tanzen, immer wieder die gleichen Bewegungen, der gleiche Rhythmus. Anfangs fand ich das monoton, aber jetzt, da ich die Lieder allmählich kenne und die Tänze unterscheiden kann, könnte ich stundenlang zuschauen.

Als ich am Abend über das Deck gehe, sehe ich den kranken Soldaten, den Monoko aus unserem Revier verjagt hat, mit einer Bierflasche in der Hand in der Tür einer Erste-Klasse-Kabine sitzen. Wie in aller Welt kommt er hierher? Ich hatte geglaubt, er würde irgendwo auf den *barges* dahinsiechen. Er grinst mich an. Hinter ihm taucht der Kopf des weißen Offiziers im Tarnanzug auf, der, wie sich herausstellt, in einem Ausbildungszentrum für Fallschirmjäger im Landesinneren arbeitet. Eines Tages sah er den Soldaten verloren herumhängen und fragte ihn, was mit ihm los sei. »Man hat mich nach Hause geschickt«, antwortete der Soldat. »Dann arbeitest du von jetzt an für mich.« Der Soldat salutierte. »*A vos ordres, commandant* – Zu Befehl, Herr Major!« Seitdem putzt er die schwarzen Armeestiefel seines Herrn, wäscht seine Kleider und bewacht seine Kabine, wenn er essen geht. Der Weiße schläft bei offener Tür, und der Soldat liegt wie ein Hund davor. Ab und zu bekommt er für seine treuen Dienste etwas Geld. »Meistens kauft er sich Bier davon«, sagt der Offizier, »aber das ist seine Sache.«

Kurz darauf kommt Tope ganz erhitzt nach oben. Wo ich denn gewesen sei? Ich müsse unbedingt mitkommen und sehen, was auf den *barges* passiert sei. Ich folge ihm nach unten, über das Stahldeck, durch die schmale Tür und die Gänge, in denen die Leute mich allmählich kennen. »*Mundele*«, flüstern sie einander zu, wenn ich vorbeikomme, wie eine Parole.

An der Reling bleibt Tope stehen und zeigt auf das Unterdeck des Nachbarkahns. Inmitten von Plastiktüten mit allem möglichen Plunder liegt ein Mann auf einer schmutzigen Schaumstoffmatratze. Es ist ein ausnehmend schöner Mann mit breiten Wangenknochen in einem weichen, sanften Gesicht. Seine Augen sind geschlossen. Am Kopfende sitzt seine Mutter, eine alte, in Lumpen gehüllte Frau. Sie streichelt sein Gesicht, sein Haar, sie spricht zu ihm, sie weint. Plötzlich durchläuft mich ein seltsames Gefühl: Der Mann ist tot!

Ich kenne den stumpfen Blick im ausgezehrten Gesicht der Frau: Es ist der Blick der Armut, der Unwissenheit, der Angst in den Dörfern des Landesinneren. Wie oft habe ich solche Frauen vor ihren Hütten sitzen sehen, reglos, schicksalsergeben, die Hände im Schoß. Sie schienen so fern, und jetzt kommt es mir vor, als wäre ich durch den Tod des Mannes mit einem Schlag mitten in ihr Leben hineingeraten.

Ein etwa sechsjähriges Mädchen liegt schluchzend an der Brust des Toten. *Papa yeeyee, papa yeeyee!* Allmählich geht ihr Weinen in ein Klagelied über, und es dauert nicht lange, bis sich in einiger Entfernung jemand in seinem Rhythmus hin und her wiegt, ohne zu wissen, woher es kommt.

Der Mann war krank, erzählt Tope, seine Mutter wollte ihn in sein Dorf zurückbringen und ihn dort gesund pflegen. Hätte das Schiff keine Verspätung, wären sie längst zu Hause, aber nun hat er es nicht mehr geschafft. Am

Morgen um sechs ist er gestorben. Ich betrachte sein Gesicht. Er ist jung – was für eine Krankheit mag er gehabt haben?

Das Weinen lockt immer mehr Leute an. Manche bleiben stehen, fragen, was los ist, und gehen dann weiter, andere beginnen sich mit dem Fall zu befassen. Niemand wollte den Kranken in seiner Kabine haben, sagt Tope, und so hatte man ihn zunächst in den Gang gelegt. Da er dort aber den Zugang zu den Kühlschränken mit dem Bier versperrte, wurde er in diesen Winkel an der Reling verbannt. Ich muß an den kühlen Nebel denken, der nachts über dem Schiff liegt. Der Mann muß gefroren haben. Seit vier Tagen hatte er nichts mehr gegessen, sagt jemand. Hätte man ihm denn nicht etwas geben können, frage ich, man wußte doch, daß er krank war, daß er Hilfe brauchte. »Hier muß jeder sehen, wie er zurechtkommt«, lautet die Antwort.

Es ist wie an dem Tag, als die JMPler erbarmungslos auf die Uferbewohner einschlugen: Außer mir scheint niemand entsetzt zu sein. *Die Schwarzen sind hart zueinander* – wie oft habe ich das von Weißen gehört. *Sie kümmern sich nur um ihre Stammesgenossen. Ihren Nächsten kennen sie noch nicht*. Solche Äußerungen hatte ich immer als zu rassistisch, zu katholisch oder einfach zu abstrakt abgetan, doch jetzt klingen sie mir in den Ohren. »*Il n'avait pas les moyens* – Er hatte nicht die Mittel«, sagt ein Mann neben mir. So ergeht es einem hier, wenn man keine »Mittel« hat!

Doch da ist noch etwas. Das Grauen, die Empörung, die mich überkamen, als ich inmitten des pulsierenden Lebens an Bord plötzlich diesen Toten sah, scheinen den Leuten um mich herum fremd zu sein. Die meisten reisen das ganze Jahr über mit dem Schiff hin und her. Menschen werden hier geboren, Menschen sterben. Es sind vertraute Szenen. Selbst Tope wundert sich, daß ich so lange stehenbleibe. Sollen wir nicht zu seinen Freunden zurück?

Die Mutter setzt ihren einsamen Monolog fort. Wohin bist du gegangen, fragt sie ihren Sohn, wir sind doch noch gar nicht in Kisangani, warum hast du nicht gewartet, was sollen wir nur deinen Tanten und Onkeln sagen? Und wer sorgt jetzt für mich? Sie ist alt, und sie hat kein Geld. Es erstaunt mich, daß sie so schnell von materiellen Dingen redet, aber den Mamas ringsum treten dabei die Tränen in die Augen.

Jetzt kommen zwei Polizisten vom ONATRA. Sie müssen überprüfen, ob der Tote ein gültiges Ticket hat, denn dann übernimmt die Gesellschaft seine Beerdigung; wenn er keines hat, wird er in den Fluß hinabgelassen. Die Mutter sieht die beiden groß an. Sie kramt in einer der Plastiktüten und zieht einen Brief hervor. Der Verstorbene ist auf den Namen seines jüngeren Bruders, eines Soldaten, gratis gereist.

Plötzlich erscheint der protestantische Pfarrer von der *Ebeya* auf der Bildfläche. Warum ist er nicht früher gekommen, als der Kranke in diesen Winkel abgeschoben wurde? Aber er scheint vor allem eins zu können: Happenings veranstalten. Kurz darauf ertönen Trommeln, das afrikanische Requiem schallt übers Deck, Mamas schlagen Kastagnetten.

Zwei Männer ziehen die Decke von dem Toten zurück. Ich erschrecke, wende mich ab, zwinge mich, wieder hinzuschauen. Rumpf und Füße des Mannes sind monströs aufgequollen. Die Männer schneiden seine Hosenbeine ab. Wieder wende ich mich voll Ekel ab. Seine Beine sind mit eiternden Kratern und Beulen übersät.

Doch die Männer bleiben unbewegt. Sie rollen eine Schilfmatte auf einer Holzplanke aus und legen den Toten darauf. Einer von ihnen reibt seine Beine mit Öl ein. Die Mutter hat aufgehört zu weinen; das Ritual scheint sie zu beruhigen. Sie betrachtet die fremden Hände, die den Leichnam ihres Sohnes einbalsamieren. Auch das Mädchen sieht den Vater mit großen Augen an. Ich warte die ganze Zeit darauf, daß sie sich in die Arme der alten Frau wirft, wie es Trauernde bei uns tun würden, doch den ganzen Nachmittag über berühren sich die beiden nicht einmal. Mich fröstelt. Warum sucht eine nicht bei der anderen Trost?

Jetzt breitet jemand ein Laken über den Toten, himmelblau wie das auf meinem Bett. Beifälliges Gemurmel unter den Zuschauern. Im Laufe des Tages gesellt sich auch Monoko zu uns. Das einzige, woran er sich später erinnert, ist das Laken: Seht nur, wie gut das ONATRA für seine Passagiere sorgt!

Um uns herum brodelt die Gerüchteküche. Der Mann hatte seine Frau im Dorf zurückgelassen, sagt jemand. Er war in die Stadt gegangen und dort reich geworden, und er hatte mit einer anderen Frau zusammengelebt. Eines Tages wurde er krank. Niemand wußte, was ihm fehlte, kein Arzt konnte ihm helfen. Seine verlassene Frau schien ihn verhext zu haben, mit einem Stück Stoff, das sie von seinen Kleidern abgeschnitten hatte. Da hatte er seiner Mutter eine Nachricht geschickt und sie gebeten, ihn zu holen. Er wollte mit ihr ins Dorf zurück und sich mit der Familie seiner Frau versöhnen. Und nun ist er gestorben, noch ehe die Palaver im Dorf beginnen konnten.

»Was passiert jetzt mit ihm?« frage ich Tope. Man hat bereits ein Boot zu einem nahe gelegenen Dorf geschickt, dessen Häuptling man um Erlaubnis bitten will, den Toten dort zu begraben. Manchmal wird in solchen Fällen die Zustimmung verweigert, weil der Leichnam eines Menschen, der nicht dem eigenen Stamm angehört, böse Geister herbeirufen kann. Aber wir können nicht warten, bis wir in Kisangani sind, der Mann muß so schnell wie möglich von Bord. Bei dieser Hitze kann eine verwesende Leiche eine Epidemie auslösen. Das sind Entscheidungen, die von der Natur diktiert werden. Ich schäme mich fast für meine anfängliche Trauer. Was für ein nichtiges Gefühl angesichts dieser praktischen Erwägungen!

Am Nachmittag hält die *Ebeya* aufs Ufer zu. Der Dorfälteste hat sich damit einverstanden erklärt, daß der Tote in einem sumpfigen Gelände am Dorfrand begraben wird.

Viele Passagiere gehen an Land, froh, sich die Beine vertreten zu können, aber auch, weil sie nichts verpassen wollen. Die Dorfbewohner zeigen den Männern, wo sie eine Grube ausheben können: im Schatten eines Bambusbaums, der wie eine alte Tür knarrt.

Es wimmelt hier von Ungeziefer. Alles hüpft herum und kratzt sich, einige flüchten auf die *barges* zurück. Ich bin in Shorts und Sandalen und verfluche mich dafür, daß ich keine Socken angezogen habe. Im Handumdrehen sind meine Beine total zerstochen. Aber meine Kabine liegt an der anderen Seite des Schiffes, und wenn ich mich durch die Menge auf den *barges* kämpfen muß, bin ich in einer Stunde noch nicht wieder zurück.

Die Grube wird zusehends tiefer. Die Männer sehen die Dorfbewohner fragend an. Noch tiefer, sonst machen sich Tiere über die Leiche her. Monoko ist auch da. »Hier gibt es keine wilden Tiere«, sagt er verächtlich. »Die Fischer selbst werden den Leichnam wieder ausgraben und als Köder verwenden.« Mich schaudert. Meint er das ernst? »Diese Uferbewohner schrecken vor nichts zurück«, sagt er.

Der Gesang auf den *barges* wird lauter. Auf den Schultern zweier Träger wird der Tote an Land gebracht. Er ist in eine Schilfmatte gerollt und mit Schnüren umwickelt. Dahinter seine weinende Mutter und das Kind, gefolgt von dem Chor, der jetzt tanzt, in die Hände klatscht und aus vollem Halse singt, als gäbe es etwas zu feiern.

Nachdem der Leichnam in die Grube gesenkt worden ist, erzählt die Mutter die Lebensgeschichte ihres Sohnes – welchem Stamm er angehört hat, in welchem Dorf er geboren wurde. Dann schiebt sie seine Tochter nach vorn. »Wer bezahlt jetzt das Schulgeld für mich?« ruft das Mädchen und fängt wieder an zu weinen. Alles bricht in Tränen aus. Jemand wirft eine Schaufel Sand auf den Leichnam, und dann geht die Menge wieder an Bord. Zehn Minuten später legt die *Ebeya* ab.

Auf den *barges* hat man Geld gesammelt. Einen Teil bekommt die Mutter, vom Rest wird Bier gekauft, für den Chor und die Männer, die beim Begräbnis geholfen haben. Kurz darauf sitzen sie zusammen und trinken, als hätten sie den Vorfall schon vergessen. Ich gehe noch einmal an der Stelle vorbei, wo der Tote am Morgen lag. Auf seiner *barge* dröhnt schon wieder Musik aus den Boxen.

Und dann, nach sechzehn Tagen, tauchen endlich die Umrisse von Kisangani auf. Es ist Abend, der Hafen ist geschlossen, und wir müssen noch einmal auf der *Ebeya* übernachten. Aber kaum jemand schläft. Alle sind aufgeregt, man wandert über das Deck und hält ein letztes Schwätzchen. Ich laufe dem Pfarrer über den Weg und frage ihn, ob er gewußt hat, daß ein Kranker an Bord war. Ja, sagt er, er habe ihn gleich gesehen, als er über die *barges* ging. Er habe auch gefragt, was mit ihm sei. Unheilbar krank, hätten die Leute gesagt. Da sei er weitergegangen.

Aber hätte er als Pfarrer nicht etwas tun müssen, hätte er nicht einen Sanitäter verständigen oder dafür sorgen müssen, daß der Kranke eine Kabine bekam? Er sieht mich verständnislos an. »Der Mann war verhext«, sagt er, »da war nichts mehr zu machen.«

Kisangani: Kampf gegen das Vergessen

WIR haben die wichtigste Station am Ufer des Zaire erreicht. Hier war die Zivilisation nicht wie anderswo am Strom nur ein kurzes Aufflackern, nein, hier ist sie geblieben, als wollte sie den Urwald bezwingen. Die Ufer sind über Kilometer hinweg bebaut. Ohne die leichte Brise, die ständig über das Deck der *Ebeya* wehte, ist die Äquatorhitze plötzlich allgegenwärtig.

Staubige, von Palmen gesäumte Alleen führen fächerförmig ins Zentrum. Da ist das *Hôtel de Ville*, ein imposanter, rosa gestrichener Bau im Kolonialstil, in dem der Bürgermeister residiert. Davor dehnt sich ein riesiger Platz, groß genug für eine Militärparade. In den Straßen herrscht kaum Verkehr, so daß die einstmals europäische Stadt auf den ersten Blick wie eine Bühnendekoration wirkt. An ihrem Rand wächst hohes Gras, und wenn man sich schon fast wieder im Busch glaubt, ragt auf einem Hügel plötzlich eine prachtvolle schneeweiße Moschee auf.

Überall weht der Geist der Vergangenheit durch die Straßen. Die Stadt war immer Schauplatz großer Ereignisse und Umwälzungen; kaum war sie mit erstaunlicher Zähigkeit wieder aus der Asche aufgestiegen, stieß eine neue Katastrophe sie zurück in die allzeit drohende Bedeutungslosigkeit. Als würde sich der Urwald gegen die Menschenhände wehren, die sie ihm zu entreißen suchten.

Hier sind sich im neunzehnten Jahrhundert arabische und europäische Eroberer begegnet. Die Araber, die auf der Suche nach Elfenbein und Sklaven von der Ostküste Afrikas kamen, waren die ersten. 1883 gründete Stanley dann einen Posten auf einer nahe gelegenen Insel im Strom, und von dort aus wurden Elfenbein und Gummi nach Léopoldville verschifft.

Während der Kolonisierung war das damalige Stanleyville weithin berühmt. Wenn die Kaffee- und Kakaopflanzer aus dem Urwald kamen, um sich mit Vorräten zu versorgen, floß der Champagner in Strömen und in den Hotels und Bars wurde bis in den Morgen getanzt. Pakistanische, indische, griechische und portugiesische Kaufleute machten glänzende Geschäfte.

Das Hotel Kisangani mit seiner Lobby von der Größe eines Ballsaals und der Terrasse mit den weißen Tischen und Stühlen steht verlassen da. Nur vor dem Hotel Olympia parken zwei Jeeps, vollbeladen mit Kanistern, Reservereifen und Konserven. Touristen. Sie sitzen auf der Terrasse, sonnenverbrannt und mit einem reichen Fundus an Geschichten. Jeden Tag treffen neue Afrikafahrer ein, aus allen Himmelsrichtungen, erschöpft von der Fahrt über die schlechten Straßen. Doch wenn sie endlich hier ankommen, sind sie enttäuscht: Was ihnen als Stadt beschrieben wurde, ist eher ein Dorf.

Wäre Kisangani nicht der Schauplatz von V.S. Naipauls Buch *An der Biegung des großen Flusses*, wäre ich wahrscheinlich bald weitergereist. So aber habe ich es nicht eilig. Ich kenne diese Stadt, sie ist mir vertraut. Daß sie jetzt, zehn Jahre später, wie ausgestorben ist und nichts mehr von der im Buch beschriebenen unruhigen Atmosphäre hat, scheint Naipauls Prophezeiungen zu bestätigen. Als wäre sie nach ihren letzten Zuckungen für immer zur Ruhe gekommen.

An der Biegung des großen Flusses erzählt die düstere Geschichte des Untergangs einer Stadt im postkolonialen

Afrika. Das Buch beschreibt die Ohnmacht und den wilden Zerstörungsdrang eines dekolonisierten Volkes und stimmt in groben Zügen mit den tatsächlichen Ereignissen überein.

Der Protagonist Salim ist ein an der afrikanischen Ostküste geborener Inder, den es nach Kisangani verschlägt, nachdem die Stadt während der Unruhen im Gefolge der Unabhängigkeit verwüstet worden ist. Er eröffnet einen Laden. Wenig später kommt es zu neuen Tumulten. »Die Wut der Rebellen war eine Wut auf Metall, Maschinen, Draht, alles was nicht aus dem Urwald und Afrika stammte. [...] Es war die Wut, die Eindruck machte – die Wut einfacher Menschen, die mit ihren Händen an Metall zerrten. Und die schien schon jetzt, nach erst wenigen Wochen der Ruhe, mit so vielen hungrigen und bettelnden Dorfbewohnern in der Stadt, so weit weg, kaum noch vorstellbar.«

Nach der Rebellion blüht Kisangani allmählich wieder auf. Von neuem kommen die *commerçants* in ihren Einbäumen aus dem Urwald, um bei Salim einzukaufen. Der Große Mann – Mobutu – läßt ein Universitätsviertel bauen, ein Prestigeprojekt, die sogenannte Domäne. »In der Domäne waren Afrikaner – die jungen Männer am Polytechnikum – romantisch. [...] In der Stadt konnte ›Afrikaner‹ Schmähung oder Geringschätzung ausdrücken, in der Domäne war der Begriff stolzer.«

Doch Ambitionen, Komplexe und Arroganz des Großen Mannes sind grenzenlos, und er beschließt, den Handel, der Menschen aus aller Welt nach Kisangani geführt hat, zu verstaatlichen. Salims Geschäft wird von einem zairischen Mechaniker übernommen, der den ganzen Tag im Lager sitzt und Bier trinkt. »Es war seltsam. Er wollte, daß ich ihn als Chef anerkannte. Gleichzeitig wollte er, daß ich ihm zugute hielt, daß er ein ungebildeter Mann und Afrikaner war.« Nicht lange danach sieht

Salim sich gezwungen, die Stadt zu verlassen. Er fährt den Zaire hinab, mit demselben Schiff, mit dem ich gekommen bin, fort von der Stadt im Urwald, die ihn ausgestoßen hat und die mehr denn je ein Ort der Verdammnis ist.

Was ist zehn Jahre später aus ihr geworden? Ich mache mich auf die Suche nach Naipauls Kisangani, so wie man in einer fremden Stadt nach einem Bekannten sucht. Ich gehe zum Marktplatz. Hier hatte Salim seinen Laden. Ringsum stehen einfache fensterlose Häuser, noch mit asiatischen, griechischen und portugiesischen Namen über der Tür. Ich kenne die Gerüche in den Läden, und selbst ihre Besitzer erkenne ich wieder; es ist, als würden sie mich aus den Seiten des Buches ansehen. Drinnen liegen die Waren nicht mehr wie zu Salims Zeit auf dem Boden, sondern in Regalen, und die Auswahl ist vielfältiger: Transistorradios, Kleider, Fa-Seife.

Von Naipaul selbst und von den Menschen, die ihm für seinen Roman Modell gestanden haben, finde ich keine Spuren mehr. Wer ihn gekannt haben könnte, ist wie er fortgegangen, um in London oder Kanada neu anzufangen.

Jahre nach der Zairisierung wollte Mobutu die ausländischen Kaufleute wieder zurückholen, aber kaum jemand kam. Doch wie Salim hatten nun andere von der Stadt gehört und beschlossen, ihrerseits ihr Glück dort zu versuchen. Ihr Blick wird vorsichtig, wenn ich sie nach Naipauls Buch frage, als sei jedes gedruckte Wort über die Geschichte der Stadt von vornherein verdächtig. Sie bitten mich, ihre Namen nicht zu erwähnen, obwohl sie nichts erzählen, was des Aufschreibens wert wäre.

Die Weißen, die das Buch gelesen haben, sind nicht sehr angetan davon. Sie akzeptieren den eigenwilligen Blick eines Außenstehenden auf ihre Stadt nicht. Sie haben deren Geschichte miterlebt, für sie war alles anders.

Der zairische Professor an der soziologischen Fakultät der Universität hat den Namen des Autors noch nie gehört. »Man muß sich wohlfühlen, um sich für so etwas zu interessieren«, sagt er mit gequälter Miene. Wenn ich mich umsehe, kann ich ihn verstehen. Wir befinden uns im dritten Stock eines heruntergekommenen Gebäudes. Seit der Verstaatlichung hat die Universität kein Geld mehr, klagt der Professor. Wo früher die Klimaanlage war, ist jetzt ein Loch in der Wand. Das Fenster geht auf einen von Unkraut überwucherten Innenhof hinaus, in dem Studenten Auberginen, Soja und Maniok anbauen.

Als ich eines Nachmittags den Marktplatz fotografieren will, stürzen zwei Zairer auf mich zu, Leute vom Sicherheitsdienst. Ich darf hier keine Aufnahmen machen. »Warum nicht?« frage ich. Ich brauche eine Erlaubnis. Ob ich kurz in ihr Büro mitkommen könne? Einer der beiden greift nach meiner Kamera. »Aber ich hab doch noch gar nichts fotografiert!« rufe ich. Da lassen sie mich gehen. Ich habe Glück gehabt, denn später erfahre ich, daß ein Tourist, der in Kisangani Fotos gemacht hat, tagelang im Gefängnis gesessen hat.

So rückt Naipaul wenige Tage nach meiner Ankunft in den Hintergrund wie eine eigenwillige Idee, die ich aus einem fernen Land mitgebracht habe und die niemand versteht. Die Stadt beginnt ein Eigenleben zu führen. Nur wenn jemand etwas von früher erzählt, kommen mir wieder Szenen aus dem Buch in den Sinn.

Der belgische Konsul in Kisangani hat mich schon bei der Ankunft des Schiffes begrüßt, ein freundlicher lockerer Mann mit blitzenden Augen, der Typ des abenteuerlustigen Belgiers, dem man nur im Landesinneren begegnet. Getönte Brillengläser, offener Kragen, goldene Halskette. Sein Dienstwagen ist ein Jeep. Seine Kollegen in Kinshasa sind förmlicher, tragen Anzug und Krawatte, verlassen nicht ohne weiteres ihr Büro, um in der glühenden Sonne auf eine Besucherin zu warten, die sie gar nicht kennen. In Kisangani dagegen ist im Moment jeder weiße Besucher ein Ereignis.

Der Konsul kam vor der Unabhängigkeit als Soldat in den Kongo. Nach den Unruhen wieder in Belgien, verzehrte er sich jahrelang vor Heimweh nach Afrika, doch seine Frau wollte aus Angst vor den Rebellen nicht wieder zurück. Er aber ging, sobald sich die Gelegenheit ergab. Allein.

Seitdem wohnt er in einer Villa mit Blick auf den Fluß Tshopo. Am Ufer steht eine der beiden Brauereien, und manchmal, wenn sich die Belegschaft auf eine Festlichkeit vorbereitet, schallen Trommeln von dort herauf. Das Innere des Hauses hat etwas von einem Pfadfinderquartier, einer Waldhütte. Eine holzverkleidete Hausbar mit hohen Hockern, an der Wand der Tropenhelm, den der Konsul in jungen Jahren getragen hat, jenen Jahren, aus denen seine Bindung an das Land stammt. Während der Rebellion war er Kommandant der Regierungstruppen. Er trank Wasser aus Sümpfen, in denen er sich heute nicht einmal mehr waschen würde.

Früher lebten in Kisangani sechstausend Europäer, heute sind es nur noch sechshundert. Einige haben mehrfach den Beruf gewechselt, andere haben bis zu dreimal alles verloren. Sie haben die turbulenten, unberechenbaren Jahre nach der Unabhängigkeit miterlebt. Als die belgische Verwaltung sich Hals über Kopf zurückzog, brach von einem Tag auf den anderen alles zusammen.

1964 wurde Kisangani Hauptstadt der Simbas – *simba* bedeutet Löwe –, radikaler Lumumba-Anhänger, die sich gegen die Regierungstruppen erhoben. Die Mythen des Urwaldes begannen die Stadt zu überschwemmen. Die Simbas hatten eine Zauberin, deren *dawas* Gewehrkugeln in Wasser verwandelten. Die Krieger glaubten sich unverwundbar, wenn sie sich an die Gebote der Zauberin hielten. Vor dem Kampf durften sie keinen Sex haben, während des Kampfes durften sie nicht zurückschauen, und so liefen einige direkt in den Kugelhagel. Wurden sie dann tot aufgefunden, hieß es, sie hätten die Gebote nicht befolgt.

Wer diese Jahre überlebt hat, weiß unglaubliche Geschichten zu erzählen. Der belgische Kaffeepflanzer Gaston beispielsweise, der die Regierungstruppen unterstützt hat, sah einmal eine Gruppe Simbas am Straßenrand stehen, die desertieren wollten. Er lud sie auf seinen Lastwagen und brachte sie zum Armeestützpunkt in Kisangani. Doch die Regierungssoldaten ergriffen bei ihrem Anblick Hals über Kopf die Flucht, denn auch sie glaubten, die Simbas seien unverwundbar und könnten nur dann getötet werden, wenn sie ihnen splitternackt entgegenliefen.

Es war ein verworrener Kampf, und durch die Straßen von Stanleyville flossen Ströme von Blut. Von Zeit zu Zeit wandte sich der Zorn der Rebellen plötzlich gegen die Weißen. Die Rebellenführer sagten den Kriegern, ihre Ahnen würden wiederkehren, wenn sie Weiße töteten, und so legten die Simbas vor dem Kampf Festkleidung an und ihre Frauen fegten zum Empfang der Ahnen das Haus.

In einem großen Saal des Hotels Victoria, in dem die Weißen früher ausgelassene Feste gefeiert hatten, hielt man sie nun als Geiseln. Als die belgischen Fallschirmjäger auf dem Flugplatz landeten, um sie zu befreien, wurden in der darauffolgenden Panik Dutzende von Weißen erschossen.

Die weißen Fallschirmjäger glaubten nicht an *dawas*, und ihre Ankunft brach den Zauber, unter dessen Schutz die Männer aus dem Urwald zu stehen glaubten. Der Konsul erinnert sich noch an den Tag, als Onema, die Zauberin der Simbas, gefangengenommen wurde. Sie war mit

Fetischen behängt und rauchte wie ein Schlot, und selbst als man sie mit gefesselten Händen in ein Flugzeug nach Kinshasa setzte, verlor sie nichts von ihrer Würde. Später wurde sie offizielle Zauberin der Regierungstruppen.

Die Schauplätze der Kämpfe liegen bis heute wie offene Wunden in der Landschaft. Die Häuserwände zeigen noch Einschußlöcher, und das Hotel Victoria hat sich nie wieder erholt. Jeder Weiße, der an dem Gebäude vorbeikommt, wird an das Drama erinnert, das sich in seinen Mauern abgespielt hat. Der Name Victoria hat im heutigen Kisangani einen düsteren Klang. Kein Weißer will mehr am linken Ufer des Flusses wohnen, wo so viele Weiße umgebracht wurden.

Mobutus Zairisierungskampagne 1973 versetzte vielen Weißen den Todesstoß. Plantagen gingen in zairischen Besitz über, asiatische, griechische und portugiesische Geschäftsinhaber wurden auf die Straße gesetzt.

Wer geblieben ist, hat aus diesen Jahren eine Aura der Unbesiegbarkeit zurückbehalten. Einige waren Gefangene der Simbas und sind nur mit knapper Not davongekommen. Sie haben ein Wissen über die Schwarzen, das man nur im Kampf erwirbt, das auf Erfahrung beruht, aber einseitig ist. Wenn sie über die Zairer sprechen, kommen sie immer wieder auf diese Jahre zurück. Die Schwarzen figurieren in ihren Äußerungen stets als Krieger, so wie andere Belgier von ihren Boys oder die Patres von ihren Gläubigen reden.

Manche Weißen haben zairische Frauen geheiratet und gehören inzwischen zum Stadtbild. Sie sind Insider, sie kennen die launischen Gesetze dieses Landes, sie wissen, daß mit einem Schlag alles anders werden kann. Zauberei? Sie würden nie sagen, daß es so etwas nicht gibt, dazu haben sie zuviel erlebt. Der Konsul hat einmal einen Dieb in seinem Haus erwischt. Der Mann rief ihm einen Fluch zu. Später verletzte sich der Konsul direkt vor dem Haus des Diebes am Ellenbogen, und genau zum selben Zeitpunkt zog sich auch seine Frau in Belgien eine Verletzung am Ellenbogen zu. Er sieht mich nachdenklich an, als er mir davon erzählt. So etwas kann doch kein Zufall sein?

Nach der Zairisierung kam das Leben in Kisangani langsam wieder in Gang. Am Fluß ist eine Textilfabrik entstanden, anderswo werden Seife und Öl hergestellt, und es gibt sogar zwei konkurrierende Brauereien. In den Läden werden Listen frisch eingetroffener Waren ausgehängt. Doch wenn das Schiff Verspätung hat, herrscht sofort Benzinmangel in der Stadt. Die Ausländer sind deshalb ständig am Hamstern.

Griechen und Pakistaner haben ihre eigenen Clubs, die Belgier haben ihre Hausbars. Dort sitzen sie abends zusammen, der Kaffeepflanzer, der Bauunternehmer, der Arzt und der Geschäftsmann, und dort erzählen sie Neulingen von der Vergangenheit der Stadt. Und nach einiger Zeit reden auch die Neuen wie Alteingesessene.

Das europäische Viertel ist abends wie ausgestorben, als kehrte im Dunkeln die Angst vor dem Urwald und all dem Blutvergießen zurück. Man muß erst einige Tage in Kisangani verbracht haben, ehe man weiß, wo sich die Leute treffen. Im geschützten Innenhof des Hotels Olympia zum Beispiel. Dort kann es sogar recht lebhaft zugehen. Die Ausländer, die in Kisangani leben, suchen die Nähe der Touristen, den Duft nach Reise und Abenteuer. Hier liegt noch etwas vom Glanz früherer Jahre in der Luft, und sie sonnen sich darin, als suchten sie eine Bestätigung dafür, daß es richtig war hierzubleiben. Und daß die Vergangenheit vielleicht wiederaufleben wird. Sie haben so viele Umbrüche in dieser Stadt erlebt, daß sie sich über nichts mehr wundern.

Ein anderer Treffpunkt ist das Restaurant gegenüber dem Hotel Kisangani. Der Besitzer, ein melancholischer

Grieche, der von allen »Taximan« genannt wird, weil er früher in der Stadt Taxi gefahren ist, hat keinerlei Versuch unternommen, die triste Atmosphäre der Straße aus seinem Lokal zu verbannen. Drinnen stehen ein paar Tische im Neonlicht, draußen einige weitere auf dem Kies. Als Speisekarte dient eine Tafel neben der Tür, Mücken umschwärmen die weißen Tischtücher, das *pili-pili* kommt aus dem Pfefferstreuer. Das ist alles, und mehr ist auch nicht nötig, denn die einzige Konkurrenz ist das Pop In, eine pakistanische Imbißstube mit grauen Wänden, die wie ein Gebetsraum wirkt. Alkohol wird dort nicht ausgeschenkt.

Tiefe Furchen durchziehen Taximans Gesicht. Er raucht und trinkt, obwohl der Arzt es ihm verboten hat. Wenn der Strom in der Straße ausfällt und seine Gäste im Dunkeln sitzen, reagiert er mit afrikanischer Resignation. »*Kisangani, c'est fini* – Kisangani ist am Ende«, sagt er dann. Und doch scheint ihn irgend etwas hier zu halten. Vielleicht die Hoffnung, daß diese Stadt am Strom eines Tages zu neuem Leben erwachen wird, wie er es so oft erlebt hat. Das Geld, das er verdient, trägt er zu Clémentine, einer Mischlingsfrau, die im Zentrum eine Bar betreibt. Oder ins Kasino.

Vor einigen Jahren ist eine neue Gruppe von Kaufleuten nach Kisangani gekommen: Libanesen, die vor dem Bürgerkrieg in ihrem Land geflohen sind. Plötzlich hatte Kisangani ein libanesisches Viertel. Fremde Namen über den Ladentüren: Achour, Karim, Babylos. Drinnen gibt es alles zu kaufen, von Kleidung über Kinderwagen bis hin zu Thermosflaschen.

Auch die Libanesen machen bereits Geschichte. Kürzlich kamen zwei von ihnen ins Gefängnis, weil sie einander an die Gurgel gegangen waren – eine Meinungsverschiedenheit über den Krieg im Libanon.

Abends sitzen sie auf der Terrasse des Café Pergola und

trinken Pernod, eine Reminiszenz an den Arrak zu Hause. Sie sind auf der Hut, als ich mich eines Abends zu ihnen setze. Im Libanon haben sie alles verloren. Bekannte haben ihnen von Kisangani erzählt und gemeint, sie könnten dort vielleicht wieder von vorn anfangen. So sind sie hierhergekommen. Aber warum hierher, frage ich, an diesen gottverlassenen Ort? Der Älteste von ihnen sieht erstaunt von seinem Pernod auf. »Am Anfang hatte ich nichts«, sagt er, »und jetzt schicke ich meiner Familie im Libanon jeden Monat Geld. Wir sind hier nicht am Ende der Welt, wir sind im Herzen Afrikas!«

Auch die Missionsniederlassung am Fluß ist ein Treffpunkt. Die Patres haben eine Tankstelle, an der Durchreisende tanken. Auch ich komme oft hierher, in der Hoffnung, eine Mitfahrgelegenheit zu den Wildparks im Osten zu finden. Aber es ist Regenzeit, die Straßen sind schlecht, und niemand fährt in diese Richtung.

Eines Tages sehe ich den schwarzen Bischof Fataki durch die Bogengänge der Niederlassung eilen. Ein kleiner Mann in der Tracht von vor dem Zweiten Vatikanischen Konzil: ein langes cremefarbenes Gewand mit violetten Paspeln, ein schweres Kreuz auf der Brust. Sogar seine Socken sind lila. Er hat einen beschwingten Gang, trotz seiner über siebzig Jahre.

Fataki, während der Rebellion einer der Vermittler zwischen Simbas und Weißen und heute ein prominenter Gegner Mobutus, ist in Kisangani eine legendäre Gestalt. Er hat vielen Menschen das Leben gerettet. Vor den letzten Präsidentschaftswahlen hatte die Parteipropaganda angekündigt, daß es Stimmzettel in zwei verschiedenen Farben geben werde, grün für Fortschritt, rot für Chaos und Elend. Als Fataki ins Wahllokal kam, sah er dort nur grüne Stimmzettel. Er forderte die Soldaten auf, ihm einen roten zu bringen, er wolle für das Chaos stimmen.

Nach langen Diskussionen gab man ihm einen roten und einen grünen Stimmzettel mit in die Wahlkabine. Er zerriß den grünen und steckte den roten in den Umschlag. Als er das Wahllokal verließ, sah er, wie einer der Soldaten in die Kabine stürzte und die grünen Schnipsel aufhob.

Niemand außer Fataki könnte sich so etwas erlauben. Er flößt Respekt ein, denn er gehört zur Geschichte dieser Stadt. In seiner Gegenwart wird Mobutu wieder zu dem Schuljungen, der bei den Patres aufgewachsen ist. Und so spricht Fataki auch von ihm.

Eines Morgens erklärt er sich bereit, mir die Stadt zu zeigen. Wir fahren mit seinem schwarzen Mercedes, den er wie alle Bischöfe Zaires vom Präsidenten bekommen hat. Fataki ist ein Mann, der die Geschichte liebt. Die Araber haben die Menschen in dieser Gegend gelehrt, Swahili zu sprechen und Lehmhütten zu bauen, sagt er, sie haben Mangos, Avocados und Ananas mitgebracht. Später haben die Belgier Häuser und Straßen gebaut.

Was seit der Unabhängigkeit aus der Stadt geworden ist, schmerzt ihn. »Als die Belgier weg waren, haben alle nur noch von der *chicotte* geredet, der Peitsche aus Nilpferdhaut, mit der sie früher geschlagen wurden, und davon, daß sie als *makak*, als Affen beschimpft wurden. Sie glaubten, die Straßen der Belgier wären für die Ewigkeit gebaut und müßten nicht instand gehalten werden. Im Senegal und an der Elfenbeinküste läuft alles viel besser, da arbeiten Schwarze und Weiße noch heute zusammen, aber wir hier haben fast alle Weißen verjagt. Die Rebellion war eine *histoire de fous* – ein einziger Witz. Bewaffnete junge Männer unter Drogen, die alles zerstört haben, unter dem Vorwand, ihre Identität bewahren zu wollen.«

Kisangani ist keine Stadt mehr, sagt er, die Straßen sind kaputt, die Brücken marode, die Kanalisation funktioniert nicht mehr. In den Villen der Weißen wohnen jetzt Regierungsbeamte, von denen manche nicht einmal Stühle besitzen. Alles was die MPR tut, ist singen und tanzen, aber damit bringt man ein Land nicht weiter. Ein Land regieren heißt nicht, im schwarzen Mercedes herumfahren und Umzüge veranstalten. Früher kamen die Schiffe voll beladen mit Gütern aus Europa und liefen mit einheimischen Produkten – Kaffee, Kakao, Palmkerne – wieder aus. Jetzt ist das alles vorbei.

Wir verlassen den europäischen Teil der Stadt und kommen in die *cité*, ein endloses Labyrinth von Sandwegen mit armseligen Häusern links und rechts. Das übrige Kisangani hat einen Exodus von Ausländern erlebt, die *cité* dagegen ist immer weiter gewachsen. Sie ist zu einer afrikanischen Stadt geworden, und für ihre Bewohner ist Kisangani etwas ganz anderes als für Fataki. Von der Mission aus sieht er wie die Weißen nur den Niedergang der Stadt. Die Menschen in der *cité* aber vergleichen Kisangani nicht mit dem, was es einmal war, sondern mit dem Urwald, aus dem sie kommen. Für sie ist es eine Stadt voller Möglichkeiten.

Fataki zeigt mir einen kleinen Hafen am Tshopo. Hier legen die *commerçant*s aus dem Urwald mit ihren Einbäumen an. Es ist der schönste Ort, den ich während meines ganzen Aufenthalts in Kisangani sehe. Die Düsterkeit, die über den Straßen des europäischen Viertels liegt, ist plötzlich wie weggeblasen. Die Einbäume sind größer als die, die an der *Ebeya* festgemacht hatten. Ihre Besitzer haben sie mit Schilfdächern zum Schutz vor Sonne und Regen ausgestattet, unter denen sie auch schlafen, denn die Fahrt durch den Urwald kann Tage dauern. Sie gehören dem Stamm der Lokele an und leben in kleinen Dörfern am Strom oder weiter landeinwärts an seinen Nebenflüssen.

Es sind die Männer, die unbehaglich über die *barges* der *Ebeya* tigerten oder abends betrunken vor der Kabine des *Officier de Police Judiciaire* auf dem Unterdeck lagen. Hier, auf ihrem eigenen Terrain, wirken sie viel selbstbewußter. Mamas mit ihren Kindern auf dem Rücken schreien und lachen durcheinander. Ich muß an Zabeth denken, die *commerçante* in Naipauls *An der Biegung des großen Flusses,* die in ihrem Einbaum aus dem Urwald kommt, um bei Salim einzukaufen. Dieses Leben geht offenbar weiter wie eh und je.

Später komme ich allein hierher zurück, und zwei Lokele-Fischer nehmen mich in ihrem Einbaum mit. Als wir den Tshopo hinauffahren, bekommt alles eine andere Dimension. Die Baumriesen am Ufer scheinen uns ganz zu umschließen, und die Stimmen hallen über das Wasser wie in einem hohen Saal.

Mamas rufen uns einen letzten Gruß zu, bevor sie die Heimfahrt in ihr Dorf antreten, andere gleiten mit ihrer Fracht von Bananenbüscheln, Trockenfisch und Jutesäcken voll *makala* aus dem Urwald hervor. Tagelang habe ich sie von der *Ebeya* aus beobachtet, doch erst jetzt, auf gleicher Höhe mit ihnen, habe ich das Gefühl, sie wirklich zu sehen – die muskulösen Arme, die Schweißperlen auf ihrer Stirn, die lachenden Gesichter.

Ich frage die Fischer, ob auch sie manchmal an den großen Schiffen auf dem Fluß festmachen. Ja, sagen sie. Ob sie dann wissen, worum es bei den Kämpfen an Bord geht? Sie lachen. »Wir leben von einem Tag zum anderen«, sagt der Jüngere, »wir verkaufen die Fische, die wir gefangen haben, und vertrinken das Geld, und morgen fangen wir neue Fische.« Doch oft, wenn sie getrunken haben, geraten sie in Streit mit den *commerçants* an Bord. Die *commerçants* sind Stadtmenschen und machen sich darüber lustig, daß sie schlecht angezogen sind und barfuß laufen. »Aber wir haben keine Angst«, sagt der Ältere. »Erst neulich hat ein Lokele beinahe einen Kapitän ins Wasser gezogen.«

Die *commerçants* unterschätzen sie. Immer mehr Lokele

gehen in die Stadt, um Beamte zu werden, und fischen nur noch in ihrer Freizeit. Ihre Söhne studieren an der Universität. Und haben nicht schon die Belgier sie *Lokele, mundele* genannt, weil sie gebildeter sind als andere Stämme? Ich muß insgeheim lachen: Wenn das die Passagiere der *Ebeya* hören könnten!

Die Männer erzählen vom Tam-tam des Wassers, dem Ziegenhorn, mit dem sie einander warnen, wenn Krokodile oder Nilpferde in der Nähe sind, wenn im Dorf jemand gestorben oder ein Häuptling im Anmarsch ist. Sie haben auch Warnlieder, aber der Schall des Horns trägt weiter.

Ein kleiner Junge stößt sich mit seinem Einbaum vom Ufer ab und schaukelt einsam auf den Wellen. Er singt. Das Echo zwischen den Ufern verzerrt die Klänge. Ist das eines der Lieder, von denen die Fischer gesprochen haben? Sie lauschen. »*Non, ça, c'est un disque* – Nein, das ist ein Schlager.«

Als wir so dahingleiten, kann ich mir kaum noch vorstellen, daß all die turbulenten Ereignisse in dieser Gegend wirklich stattgefunden haben. Nach einer Weile wird der Urwald dichter und strahlt eine solche Vertrautheit und Ruhe aus, daß ich am liebsten immer weiterfahren würde, bis zu einem der mehrere Tagereisen entfernten Dörfer. Aber wie käme ich dann wieder zurück? Die meisten Dorfbewohner fahren nur alle paar Monate in die Stadt.

Die Textilfabrik von Kisangani taucht auf. Ich bin schon einmal mit dem Konsul an ihr vorbeigefahren. Ein phantasieloser Bau, fand ich, doch vom Wasser aus wirkt er geradezu futuristisch. »Da werden die besten Kleider Afrikas hergestellt«, sagen die Fischer. Der Wächter späht übers Wasser und ruft ihnen etwas zu. Die drei kennen sich. Von ihm erfahren die Fischer alles, was um die Fabrik herum vor sich geht. Die Weißen haben einen Tennisplatz und einen Swimmingpool, und manchmal wird auf dem Rasen Tischtennis gespielt. Die beiden rudern oft abends an dem Gelände vorbei. Früher war hier alles dunkel, jetzt tanzen die Lichter der Fabrik auf dem Wasser. Sie nennen es »Petit Paris«, Klein-Paris.

Hoch über uns schwebt ein silbergrauer Punkt am Himmel. Erst denke ich, es ist ein Vogel, aber es ist ein Flugzeug. Die Fischer in ihrem nichtigen kleinen Einbaum schauen hoch. Auch mich erfüllt plötzlich Ehrfurcht angesichts dieses magischen Objekts über dem prähistorischen Urwald. »Die Männer, die da mitfliegen, die haben Mut«, sagt der jüngere der beiden nachdenklich. »Im Grunde sind sie wie wir. Wir fahren den Fluß hinauf, obwohl es darin Krokodile, Schlangen und Zitteraale gibt.« Der andere blickt zur Sonne auf. Es muß ungefähr zwölf Uhr sein. »Das ist das Flugzeug nach Kinshasa«, sagt er gewichtig. »Und weißt du, wann es dort ankommt? In einer Stunde.«

Gen Osten

MEINE Ahnen sind mir wohlgesinnt, würden die Zairer sagen. Eines Abends lerne ich in einer Bar in Kisangani genau den richtigen Reisegefährten für die strapaziöse Fahrt in den Osten kennen: den Inspektor des staatlichen Office des Routes, des Straßenbauamtes. Eine ausländische Delegation will demnächst in den Osten, und er muß die Fahrtroute für sie ausarbeiten.

Kadima ist ein Hüne mit Metallbrille und einem schmalen Bartkranz. Er trägt ein kariertes Hemd und Jeans, spricht fließend Französisch und scheint an den Umgang mit Weißen gewöhnt, das merke ich sofort an der Art, wie er mit mir redet. Keine Fragen, wer ich bin, woher ich komme oder was ich vorhabe, nein, einfach ein knapper, klarer Vorschlag: In zwei Tagen fahren drei Jeeps des Office des Routes nach Goma. Die Reise wird zehn Tage dauern. Wenn ich will, kann ich mitkommen.

Sein Äußeres überrascht mich. Das Office des Routes ist eine vieldiskutierte und belächelte Institution in Zaire, im Volksmund *Office des Trous* genannt, Schlaglöcheramt. Gelder der Weltbank für die Instandhaltung der Straßen in Zaire versickern meist in dunklen Kanälen. Ich habe von so vielen Skandalen gehört, daß ich mir an der Spitze des Office lauter zwielichtige Gestalten im *abacost* vorgestellt hatte. Kadima grinst, als ich ihn auf den schlechten Ruf seiner Behörde anspreche. »So einfach ist die Sache nicht«, sagt er. »Das wirst du unterwegs merken.«

Ich will nichts überstürzen. In dem Konvoi des Office

des Routes fahren vier Zairer mit. Was werden sie von einer Weißen denken, die allein mit ihnen quer durch den Urwald reist? Wo werden wir unterwegs übernachten? Ich bitte den Konsul, kurz mit mir in Kadimas Hotel zu kommen, damit er mich persönlich ihrer Obhut anvertrauen kann.

Wir treffen Kadima in der Lobby an, wo er gerade ein Kreuzworträtsel löst und eine Pfeife mit parfümiertem Tabak raucht. Ich wundere mich immer mehr über ihn. Wo hat er sich solche Gewohnheiten zugelegt? Er bietet uns etwas zu trinken an. Dann lehnt er sich zurück und klärt uns in allen Einzelheiten darüber auf, wie wir fahren werden. Als wir wieder draußen sind, sagt der Konsul: »Er ist ein Luba. Das sind die gescheitesten Leute in ganz Zaire. Du brauchst dir also keine Sorgen zu machen, du bist in guten Händen.«

Bei unserer Abreise geht es chaotisch zu: Kadima in seinem Toyota Landcruiser, seine Assistenten in zwei kleineren gelben Jeeps hinter uns, tanken, einkaufen, Abschied nehmen – bis es endlich losgeht, haben wir die halbe Stadt durchquert.

Am Gebäude des Office des Routes machen wir einen letzten Halt. Leute gehen ein und aus, stehen im Flur plaudernd beisammen, sitzen mit den gewichtigen Mienen ihrer Vorgänger, der Belgier, über Papier gebeugt an Schreibtischen. Was machen sie eigentlich? Das ist mir immer wieder ein Rätsel. Nicht weit von hier werden Straßen vom Regen weggespült, aber dieses Haus voller Beamter scheint ausschließlich um sich selbst zu kreisen. Jetzt kommen die Männer heran, um ihren Inspektor zu begrüßen. Kadima kurbelt das Fenster herunter und gibt ihnen Anweisungen. Sie verbeugen sich. »*Oui, patron* – Ja, Chef.«

Dann verlassen wir Kisangani. Die gemauerten Gebäude werden seltener, der Asphaltbelag endet. Links und rechts regennasse Dörfer mit Lehmhütten. Menschen starren uns reglos an, da und dort hebt sich eine Hand. Es ist das eintönige Gesicht des Landesinneren – seine Züge sind mir inzwischen zwar vertraut, aber es wirkt auf mich noch immer völlig undurchdringlich. Unser Wagen ist schneller als die Jeeps von Kadimas Assistenten. Schon nach einer halben Stunde haben wir sie aus den Augen verloren und sind allein auf weiter Flur.

Die Dorfbewohner sehen uns an wie die beiden Fischer in ihrem Einbaum das Flugzeug. Wir sind Teil einer komplizierten Welt, die an ihnen vorbeirauscht, ohne jeden Bezug zu ihrem Leben. Ich muß daran denken, was mir François in Kinshasa über die Dorfbewohner an den Straßen im Landesinneren gesagt hat: Die einzigen Weißen, die sie je gesehen hatten, waren Männer in vorbeifahrenden Jeeps, und so waren sie ganz erstaunt, als einmal einer von ihnen ausstieg und tatsächlich aufrecht stehen und gehen konnte. Sie hatten immer geglaubt, Weiße könnten sich nur sitzend fortbewegen.

Kadima stammt aus dem Kasai, und diese Dörfer sind ihm im Grunde ebenso fremd wie mir. Wir sitzen nebeneinander im Auto, wir werden als zusammengehörig betrachtet, wir wissen, daß noch zehn gemeinsame Tage vor uns liegen, und so gibt es schon kurz nach unserer Abreise so vieles, was uns verbindet, daß wir uns wie alte Bekannte unterhalten.

Kadima hat im belgischen Leuven studiert. Als wir die Daten vergleichen, stellt sich heraus, daß wir ein ganzes Jahr gleichzeitig in derselben Stadt gewohnt haben. Im Geiste findet er sich noch heute blind dort zurecht, vom Stadtpark zur Alma, der Mensa, und von dort zum Cercle, wo sich die ausländischen Studenten trafen.

Ich versuche ihn mir in den Straßen vorzustellen. Schwarze Studenten gehörten zwar zum Stadtbild, blieben aber doch Außenstehende. Wir wußten so wenig über sie. Wie vertraut erscheint mir Kadima jetzt plötzlich, so viele Jahre später. Die Jeans, das karierte Hemd, der rote Pulli, den er sich lässig um die Schultern gelegt hat – er ist noch immer wie ein Leuvener Student von damals angezogen, und er trägt die Sachen mit einer Selbstverständlichkeit, die ihn von den Beamten, die wir am Morgen gesehen haben, abhebt. Ihr Chef ist ein weitgereister Mann.

Kadimas Vater war 1960 Teilnehmer der ersten Roundtable-Konferenz über die Unabhängigkeit des Kongo in Brüssel. Zwei Jahre später schickte er seine Kinder auf ein belgisches Internat. Kadima war damals zwölf.

Im Internat hörte er abends heimlich Radio Caroline und wurde Rolling-Stones- und Beatles-Fan. Doch er war auch der älteste Sohn, und an den Wochenenden mußte er sich im Haus der Familie um seine Geschwister kümmern. Das zairische Leben ging dort ganz normal weiter, und in den Ferien flog man nach Hause. Sein Vater machte ihm eindringlich klar, daß er eines Tages für immer zurückkehren und eine Frau aus dem Kasai heiraten müsse.

Als Kadima sich Jahre später an der Universität in eine belgische Studentin namens Françoise verliebte, vergaß er diese Ermahnungen. Er stand kurz davor, sie zu heiraten, da bekam er einen Brief: Er müsse nach Hause kommen, es sei an der Zeit, daß er sich eine Frau suche. Er sagte Françoise nichts davon. Vielleicht konnte er seinen Vater ja umstimmen.

In den Ferien lernte er ein Mädchen aus dem Kasai kennen. Sein Vater war zufrieden. Kadima erwähnte Françoise nicht, denn er spürte, daß sein Vater sie niemals akzeptieren würde. Als er nach Leuven zurückkehrte, um sein Studium abzuschließen, stand sein Entschluß fest: Er würde seinem Vater gehorchen – obwohl er Françoise seit Jahren kannte und das Mädchen aus dem Kasai eine Fremde für ihn war.

Eines Nachmittags ging er mit Françoise spazieren und sagte ihr, was während der Ferien geschehen war und wie er sich entschieden hatte. Sie schwieg eine Weile und fragte dann: »Hast du dir das gut überlegt?« Von da an sahen sie sich kaum noch.

»War das nicht schlimm für dich?« frage ich. Kadima sieht starr geradeaus. »Sie wäre hier nicht glücklich geworden«, sagt er.

Sein Vater war inzwischen ein bedeutender Geschäftsmann, und als Kadima nach Zaire zurückkehrte, wurde er technischer Berater des Präsidenten Mobutu. Eine glänzende Karriere lag vor ihm. Einige Jahre später aber geschah etwas Seltsames: Er erwischte seinen Assistenten dabei, daß er sich bestechen ließ, doch als er ihn entlassen wollte, schaltete sich sein Vorgesetzter ein und nahm den Assistenten, einen Stammesgenossen, in Schutz. Kadima stellte ihn vor die Wahl: er oder der Assistent. Der Chef wollte beide behalten. Da kündigte Kadima.

Seine Ehe ging unterdessen ebenfalls in die Brüche. Die Patres in dem belgischen Internat hatten Kadima puritanisch erzogen. Françoise war seine erste Freundin gewesen, und über zairische Frauen wußte er praktisch nichts. Seine Frau war die erste Zairerin, mit der er schlief. Verglichen mit anderen Männern war er reichlich unerfahren. Seine Kollegen gingen abends aus, sie hatten ein *deuxième bureau* und oft sogar mehrere Geliebte. Die Frau, mit der sie verheiratet waren, blieb zu Hause; *rideau* – Vorhang nannten sie sie lachend. Kadima hatte einen anderen Begriff von Ehe. Doch seine Frau, ein traditionell erzogenes Mädchen vom Lande, war mit der Vorstellung aufgewachsen, der Mann verbringe den größten Teil seiner Zeit außer Haus. Wenn Kadima abends nach der Arbeit daheimbleiben wollte, wurde sie böse. Ob er ihr nachspionieren wolle? »Sie hat mich förmlich gezwungen, mir ein *deuxième bureau* zuzulegen«, sagt er. Er ließ sich scheiden.

Nun saß er ohne Frau und ohne Arbeit da. Er bereute es, nicht in Belgien geblieben zu sein. Was hatte er sich hier erhofft? Er hatte gegen das System im Präsidialamt rebelliert, er war verdächtig. Niemand sagte, er dürfe sich nicht frei bewegen, aber er kam sich vor, als stünde er unter Hausarrest. Er mußte abwarten, bis seine Vorgesetzten der Ansicht waren, er sei genug gestraft. Aber wollte er überhaupt noch hier arbeiten?

Mehrere Jahre lebte er in einer Art Vakuum. Er fing an zu trinken und hing nächtelang in Bars herum. »Bald konnte ich die Frauen, die ich mit nach Hause nahm, nicht mehr zählen«, sagt er. Er hatte sich ein Familienleben gewünscht, wie er es in Belgien gesehen hatte, aber die Frauen, die er kennenlernte, waren ausnahmslos *femmes libres*. Jetzt tat er doch noch, was seine Frau gewollt hatte, und dabei hatte er sie gerade deshalb verlassen.

Kadima erzählt ruhig von diesen Jahren, ohne seinem Vater oder seinem Chef Vorwürfe zu machen. Obwohl er so lange in Belgien gelebt hat, sind die Regeln der zairischen Gesellschaft offensichtlich tief in ihm verwurzelt. Daß er dadurch in eine Grauzone geriet, betrachtet er als unvermeidlich, als den Preis, den er für seine belgischen Jahre bezahlen mußte.

Fünf Jahre nach seiner Kündigung bot man ihm eine neue Stelle an, als Inspektor des Office des Routes im Osten des Landes. Der Standort gefiel ihm. Weit weg von der Hauptstadt würde er noch einmal ganz von vorn anfangen können. Den Posten im Präsidialamt hatte sein Vater ihm verschafft, in Goma dagegen kannte ihn niemand, dort würde er sich beweisen müssen.

Seitdem ist er auch wieder verheiratet. Seine zweite Frau hat ebenfalls schon eine Ehe hinter sich, und beide lieben die Ruhe. »Ich kann ganze Wochenenden zu Hause sitzen«, sagt er. »Wir leben ziemlich zurückgezogen.«

In Belgien ist Kadima nie wieder gewesen. Er weiß

nicht, was aus Françoise geworden ist, und er ist sogar ein wenig erstaunt, als ich ihn danach frage. Es scheint ihn nicht mehr zu interessieren.

Ähnliches habe ich in Zaire schon öfter festgestellt. Sehnsucht, Melancholie, Bedauern – das scheinen Gefühle zu sein, die hier kaum gedeihen. Kadima hat sich auf seine neue Situation eingestellt, er geht ganz in seiner Arbeit auf. »Es gibt hier soviel zu tun«, sagt er. Wenn in Kinshasa neue Autos, Ersatzteile und Benzin für das Office des Routes eintreffen, sieht jeder zu, daß er sich so schnell wie möglich etwas davon sichert. So kommt es, daß im Landesinneren ständig an allem Mangel herrscht.

»Glaub nicht, daß dieser Inspektor nicht auch ab und zu was auf die Seite schafft«, hat mir ein Weißer in Kisangani vor meiner Abreise gesagt. »Und nicht nur ein paar Liter Benzin, sondern ein paar Fässer. Und wenn er doch ehrlich ist, dann hat er das System gegen sich. Denn wenn das Office des Routes zehntausend Liter Benzin bekommt, dann verkaufen seine Leute es weiter, weil sie unterbezahlt sind.«

Doch Kadima scheint mir nicht der Typ zu sein, der Benzinfässer veruntreut. Als Inspektor hat er ein ordentliches Gehalt, und wahrscheinlich unterstützt ihn auch sein Vater, der ja ein einflußreicher Geschäftsmann ist. Aber seine Erfahrungen im Präsidialamt in Kinshasa haben ihm Einblick in die komplizierte Realität seines Landes verschafft. Und seit er beim Office des Routes arbeitet, wird er wohl noch einiges mehr erlebt haben.

Wer auf der Fahrt von Kisangani nach Goma eine Autopanne hat, findet immer Ersatzteile, sagt er. Meistens im nächsten Depot des Office des Routes. Er lacht. »Das nennt man hier Zusammenarbeit.«

Bei einem Posten des Office, aus dem eine große Menge Benzin verschwunden ist, legen wir eine zweitägige Pause ein. Kadimas Nachforschungen führen ihn zu einem weißen Kaffee-Exporteur, der das Benzin für wenig Geld von einem Angestellten des Office bekommen hat.

»Das ist das Problem mit den Weißen hier«, sagt Kadima später. »Sie haben Geld, sie können ohne weiteres eine Summe zahlen, die für so einen jungen Mann ein Vermögen ist. Es ist schwer für einen kleinen Angestellten, der Versuchung zu widerstehen. Die Weißen beklagen sich dauernd über die Korruption im Office des Routes, aber sie selbst sind die ersten, die Benzin oder Ersatzteile kaufen, wenn jemand sie ihnen anbietet.«

Die Straßen im Landesinneren sind infolge der Korruption in einem miserablen Zustand. Am Morgen hat es geregnet. Vor uns quält sich ein schwerer Laster durch den roten Matsch wie ein Elefant auf dem Weg zu seiner letzten Ruhestätte. *Serpent de la Route* – Straßenschlange – steht in kindlicher Schrift an der Ladeklappe. An den Seiten Aufkleber mit Leoparden. Von der Ladefläche rufen, lachen und winken uns die Mitreisenden zu, gefährlich schwankend zwischen dem üppigen Gelb von Bananen und Plastikkanistern. »Total überladen«, sagt Kadima. Unter den Belgiern wurde das Gewicht der Laster kontrolliert, jetzt kümmert sich niemand mehr darum.

Weiter vorn hat ein Lastwagenkonvoi haltgemacht. Auch diese Laster haben Namen: *Confiance* – Vertrauen –, *Reggae Night, It's a way of life*. Einige der Fahrer liegen schlafend im Schatten, andere kochen sich über einem Holzfeuer ihr Essen. Frauen flechten einander die Haare. Manche laufen hinter uns her und rufen uns zu, daß sie schon tagelang hier festsitzen und Hunger haben. Einmal, so erzählt Kadima, waren hier in der Regenzeit drei tiefe Löcher in der Straße. Die Fahrer mußten monatelang ausharren, bis sie weiterfahren konnten. Sie bauten sich Hütten, lebten mit den Dorfbewohnern zusammen und gaben den Löchern sogar Namen. Das kleinste nannten sie Tshombe, das mittlere Kasavubu und das größte Mobutu.

Das Hindernis, das die Laster aufgehalten hat, sieht auf den ersten Blick aus wie ein Fluß, der quer über die Straße fließt. Eine leichte Brise kräuselt die Wasserfläche. Ich sehe Kadima an. Wie kommen wir da durch?

Auf der anderen Seite steht ein gelber Abschleppwagen des Office des Routes. Drei junge Männer in orangen Anzügen lungern am Straßenrand und springen auf, als sie uns sehen. »*Bonjour, chef.*« Verbeugungen, Begrüßungen, unterwürfige Blicke. Als wären sie ertappt worden und wollten einer Standpauke vorbeugen.

Kadima fragt kurz angebunden, was los ist. Sie warten bis es trockener wird, um dann die Rinne aufzufüllen, aber uns können sie hinüberziehen. Kadima sagt etwas auf swahili. Es muß ein Scherz sein, denn die Männer lachen erleichtert und laufen zu dem Abschleppwagen zurück.

Unser Jeep versinkt bei dem Manöver beinahe in den Fluten. Die zurückgebliebenen Fahrer schauen schweigend zu. Da geht er hin, der Inspektor des Office des Routes.

Die Szene wiederholt sich in den nächsten Tagen immer wieder. Bei jedem Loch steht ein Team des Office des Routes bereit und hilft uns weiter. Allmählich kommt es mir vor, als wäre das Office nur dazu da, dem Inspektor die Fahrt zu erleichtern.

Kadimas Ankunft an einem Posten ist jedesmal ein Ereignis, das die ganze Belegschaft auf den Plan ruft. Einer wäscht den Jeep, ein anderer tankt ihn auf, und sie streiten sich darum, wer Kadima in seine Hütte einladen darf. Was machen diese Leute, wenn Kadima nicht da ist? Nichts, so wie es aussieht.

In der ersten Nacht sollten wir in einem Dorf schlafen, in dem das Office des Routes einen Posten unterhält. Doch es wird dunkel, und wir sind noch längst nicht da. Um uns herum ist es totenstill. Wenn wir jetzt eine Panne haben, müssen wir im Jeep übernachten. »Ich glaube, wir suchen uns besser ein Hotel«, sagt Kadima. Ein Hotel? Hier? »Wer weiß? Vielleicht finden wir ja was«, sagt er.

An diesem Abend sehe ich zum ersten Mal in meinem Leben Pygmäen. Sie gehen die Straße entlang, aufgeregt lachend und schwatzend, kleine Männer und Frauen in zerlumpten Kleidern, mit bemalten Gesichtern und Trommeln unterm Arm. Wahrscheinlich sind sie auf dem Heimweg von einem Fest. Glitzernde Augen im Scheinwerferlicht, und dann sind wir schon wieder vorbei. Kadima grinst. »Hast du die gesehen?« Auch für ihn, den kräftigen, baumlangen Luba, sind Pygmäen ein ungewohnter Anblick. »Morgen wirst du sie überall sehen«, sagt er, »die Frauen mit großen nackten Brüsten.«

Kurz darauf prallen wir beinahe gegen einen Balken, der quer über der Straße liegt. »*Un barrage anti-fraude* – eine Schmugglersperre«, flüstert Kadima. In dieser Gegend wird viel Gold und Elfenbein geschmuggelt. Er kurbelt das Fenster herunter. Aus dem Dunkel, das so still und feindselig schien, dringen Gelächter und der vertraute Geruch eines Holzfeuers herein. Vor einer Hütte sitzen Soldaten und Frauen und trinken Bier. Ächzend stehen die Soldaten auf und kommen herangestolpert. Gewehrläufe schieben sich ins Wageninnere. Wer wir seien? Wo wir hinwollten? Ihre Augen sind blutunterlaufen vom Alkohol. Ich weiß nicht, was Kadima sagt, aber kaum macht er den Mund auf, verschwinden die Gewehre, und die Männer beginnen plump zu salutieren und zu dienern. Sie sind schon zwei Tage hier. Ihr Kommandant hat sie mit dem Auftrag losgeschickt, nach einem Reifen und zwei Kästen Bier Ausschau zu halten. Ob wir ihnen nicht weiterhelfen könnten? Wir haben es eilig, sagt Kadima. Sie trotten zum Schlagbaum. Als wir weiterfahren, salutieren sie einfältig lachend, und einer ruft uns nach: »*Chef, j'ai soif* – ich habe Durst!«

Im Halbdunkel sehe ich ein Lächeln über Kadimas Gesicht huschen. »Die Jungs haben nichts zu tun«, sagt er. »Die sitzen den ganzen Tag nur herum und trinken und spielen Karten. Da belästigen sie jeden, der vorbeikommt.«

Plötzlich taucht ein Dorf vor uns auf, in dem noch Betrieb herrscht. Links und rechts der Straße sitzen Mamas im Licht ihrer Öllampen und bieten alles mögliche zum Kauf an. Ein Pfeil zeigt zur *Boulangerie Michigan* – der Michigan-Bäckerei –, einem Tisch, auf dem sich Brötchen stapeln. Am Straßenrand parken Lastwagen. Kadima hält vor einem Schild mit der Aufschrift *Hotel Dallas* und sieht mich an. »Meinst du, wir können's riskieren?« Ich schaue hinüber, sehe aber nur zwei Frauen auf Holzschemeln sitzen und Primus-Bier trinken. Hinter ihnen im Dunkel die vagen Umrisse einer Hütte. Die Frauen betrachten Kadima und mich. Sie betrachten den Jeep. Mühsam entziffern sie die Aufschrift an der Wagentür: »O-f-f-i-c-e d-e-s R-o-u-t-e-s.« Dann richten sie den Blick wieder auf den dunklen Weg, als warteten sie auf interessantere Kunden.

»Moment mal.« Kadima steigt aus und spricht mit ihnen. Eine von ihnen nimmt eine Öllampe vom Tisch, und er folgt ihr ins Dunkel.

Das Hotel ist eine langgestreckte Hütte. Zehn Zimmer zu beiden Seiten eines schmalen Gangs. Die Schlüssel sind, wie ich später feststelle, alle identisch. Zwei Eidechsen jagen einander über die bröckelnden Lehmwände meines Zimmers. Ein schmales Bett mit einem schmuddeligen Laken. Hinter der dünnen Wand schnarcht ein Mann.

Als ich wieder hinausgehe, hat Kadima einen kleinen schwarzen Sony-Weltempfänger auf dem Schoß und raucht Pfeife. Er hört Nachrichten, wie ein alter Opa auf der Bank vor seinem Haus.

Die Frauen bringen uns einen Teller mit Reis und Huhn. Das Bier ist lauwarm. Strom gibt es hier nicht. Auf der anderen Straßenseite torkelt ein Betrunkener auf eine der Mamas zu und ruft etwas. Sie lächelt und entblößt dabei eine Reihe blendend weißer Zähne. Die Leute stehend lachend um den Mann herum. Ein Laster, mit Lichtern geschmückt wie ein Christbaum, kommt am Dorfausgang mit quietschenden Bremsen zum Stehen.

Als ich im Bett liege, geht der Lärm noch eine Zeitlang weiter. Endlich wird es still, und ich höre nur noch das Schnarchen von nebenan und weiter den Gang hinunter unterdrücktes Kichern. Dann schlafe ich ein.

Am nächsten Morgen stehen auch die beiden anderen Jeeps des Office des Routes vor dem Hotel. Wir frühstücken zusammen. Mudefo, der technische Assistent, hat ein Mädchen bei sich, das in Goma zur Schule muß.

Mowa ist ungefähr achtzehn. Die Gesellschaft der hohen Herren, in die sie unversehens geraten ist, scheint sie nervös zu machen, denn sie kichert in einem fort. Sie ist die Tochter eines kleinen Hotelbesitzers an der Straße. Nicht lange, und sie sagt mir, weshalb sie in Wirklichkeit mit Mudefo fährt: Er will sie heiraten, denn seine erste Frau kann keine Kinder mehr bekommen.

Jedesmal wenn wir in den folgenden Tagen einmal allein sind, beklagt sie sich über ihn. Er ist böse auf sie, weil sie nicht mit ihm schlafen will, er fängt dauernd Streit an, und manchmal schlägt er sie sogar. Sie tut mir leid. So jung und schon in einer so hoffnungslosen Lage. Doch wenn die Männer dabei sind, ist sie wie ausgewechselt. Sie lacht und scherzt, sie nennt Mudefo »*mon mari* – mein Mann« und tut so, als wäre alles in bester Ordnung. Am Ende weiß ich nicht mehr, was ich von ihren Geschichten halten soll.

Zwei kleine Jungen sitzen neben unserem wackligen

Frühstückstisch im Sand und spielen mit einem Krapfen. Weiter vorn schlägt eine Mutter ihr Baby mit einem Bambusstöckchen auf den Po. Kinder gehen mit ihren Heften und Kugelschreibern in schmutzigen Plastiktüten zur Schule. Eine Frau sitzt auf dem Boden und flicht mit Engelsgeduld an einer Schilfmatte.

Ich fühle mich ein wenig unbehaglich beim Anblick dieser dörflichen Szenen. Wir kommen aus der Stadt, wir reden zu laut, wir sind zu gut gekleidet, zu grob für diese zerbrechliche Kulisse. Am Morgen hat mir ein Junge einen Eimer mit Waschwasser gebracht, und ich habe den ganzen Boden naßgespritzt. Die Dorfbewohner waschen sich am Fluß, sagt Kadima.

Bald sind wir wieder unterwegs, zum Epulu-Reservat, dem einzigen Ort weltweit, an dem Okapis in freier Wildbahn leben. Hier beginnt die Touristenroute in den Osten, jenes riesige Naturschutzgebiet mit Wildparks, Seen, Bergen und Vulkanen, in dem die belgischen Kolonisten früher ihre Ferien verbrachten. Heute gibt es in Epulu nur noch einen zairischen Tierarzt. Gerade sind drei Okapis an einen amerikanischen Zoo verkauft worden, und er mußte neue fangen. Sie befinden sich in einem Gehege; man sieht noch die Verletzungen von der Falle, die er für sie gebaut hatte. Die Amerikaner wollen Epulu wieder beleben, sagt er, Touristen sollen auf einer zehntägigen Rundreise durch Afrika hier Station machen.

An den Wasserfällen des Flusses Epulu steht ein heruntergekommenes Hotel. Auf dem Balkon sitzen die Touristen, die ich schon in Kisangani gesehen habe. Inzwischen hat sich auch der Australier von der *Colonel Ebeya* zu ihnen gesellt. Sie rauchen einen Joint und sehen ziemlich vergammelt aus. Auf dem Tisch vor ihnen liegen Brot, eine Packung Blue-Band-Margarine, Papayas und Avocados. »*I would go for a three-course meal* – Ein Drei-Gänge-Menü wär jetzt das Richtige«, sagt der Australier. Sie sind mit einem Lastwagen hergekommen, auf einer Ladung Manioksäcke. Es war eine einzige Strapaze, und obwohl sie sich schon seit zwei Tagen ausruhen, sind sie immer noch fix und fertig.

Die Pygmäen, die am Rand des Parks in Laubhütten wohnen, betteln sie um Zigaretten an. Der Australier hat bereits einen Deal mit ihnen gemacht: Er stellt Armreife und Ringe aus Kupfer her, und im Tausch gegen solche Schmuckstücke wollen sie ihn in ein Pygmäendorf tiefer im Urwald führen.

So verlassen wie Epulu finden wir auch die meisten anderen Touristenattraktionen vor. Am Albertsee sind wir die einzigen Besucher. Nilpferde mit Pelikanen auf dem Rücken gleiten friedlich durchs Wasser. Die Häuser hinter uns, die einstigen Touristenunterkünfte, haben keine Dächer und Türen mehr, nur die Mauern stehen noch. Im Schatten dieser Ruinen hat sich der zairische Wächter eine Lehmhütte gebaut. Er sitzt mit seiner Familie beim Essen und steht gar nicht erst auf, um uns zu begrüßen. Vor der Hütte hat er ein Maniokfeld angelegt, das wahrscheinlich mehr einbringt als sein Job.

Einmal flitzt direkt vor uns ein Affe über die Straße. Kadima drosselt das Tempo, und dann entdecken wir am Waldrand eine ganze Affenhorde. Die Tiere wollen offenbar über die Straße und warten, bis wir vorbei sind. Der mißtrauische Blick der Mutter, die ihr Junges an sich drückt, die erschrockenen Gebärden eines Affen, der sich zu verstecken sucht – wir sind Eindringlinge in ihrem Revier. Später, in der Savanne, sehen wir auch Antilopen und Büffel. Die Elefanten und Löwen aber, die in den Wildparks leben, lassen sich während unserer ganzen Tour nicht blicken.

Und dann sind da die Pygmäen. Bevor die Belgier kamen, lebten sie im Urwald, sie jagten, wohnten in Laubhütten und zogen von einem Lagerplatz zum anderen.

Die Belgier versuchten sie seßhaft zu machen und ihre Kinder zur Schule zu schicken, aber noch heute gibt es im Wald Pygmäen, die kaum jemals mit Weißen in Berührung gekommen sind. In Mambasa, einst eine wichtige Station an der Sklavenroute, rufen Kinder uns »Hello!« und »Hi!« zu. Die Erklärung dafür bekommen wir in der Missionsstation: Es gibt zahlreiche amerikanische Wissenschaftler in der Gegend, die das Leben der Pygmäen erforschen.

Die Pygmäen in den Dörfern an der Straße versuchen vom Tourismus zu leben. An hölzernen Pfosten hängen die einfachen Souvenirs, die sie verkaufen: Schilfkämme, mit bunten Fäden zusammengefügt, handgeschnitzte Pfeile und Bogen, Ketten und Armbänder aus Federn und Tierzähnen.

Eines Nachmittags machen wir in einem solchen Dorf halt, um Obst zu kaufen, aber vor allem um die Pygmäen einmal aus der Nähe zu sehen. Kadima ist genauso neugierig wie ich. Kaum sind wir ausgestiegen, kommen Männer in zerlumpter Gebrauchtkleidung – Hosen ohne Reißverschluß, Hemden mit amerikanischem Aufdruck – über den frisch gefegten Platz auf uns zu. Eine Frau, die gerade Maniokblätter stampft, bedeckt schnell ihre Brüste mit einem Stück Stoff.

Einer der Männer erzählt uns, daß er unter den Belgiern *kapita* des Dorfes war. Er war für die Instandhaltung der Straßen zuständig und zeigte Durchreisenden die Stelle, wo Stanley gegen die Araber gekämpft hat. Er kennt den Ort genau, obwohl inzwischen alles von Gras überwuchert ist und nirgends ein Schild auf das historische Geschehen hinweist.

Seine ganze Familie ist uns gefolgt. Nackte Kinder und kleine Frauen schauen neugierig zu Kadima auf, der doppelt so groß ist wie sie und sich wieder seine Pfeife angezündet hat.

Alles schnattert durcheinander. Kadimas Gesicht zeigt ein väterliches Lächeln. Der *kapita* erzählt, daß seine Vorfahren im Wald lebten, von den Belgiern jedoch gezwungen wurden, ein Dorf an der Straße zu bauen. Vor jeder Hütte mußten sie ein Feld anlegen, dahinter eine Toilette, und wenn der *agent territorial*, der Gebietsverwalter, kam und etwas nicht in Ordnung war, setzte es Stockschläge. Der *kapita* sieht mich an. Woher ich komme? Aus Belgien? Er verzieht das Gesicht und zeigt auf sein Hinterteil. »Er sagt, er hat noch Narben von den Schlägen, die ihm die Belgier verpaßt haben«, übersetzt Kadima.

Plötzlich streckt der Mann die Hand aus. »Gib mir hundert Zaire«, sagt er, »für die Prügel, die ich von deinen Vorfahren bekommen habe.« Ich bin sprachlos. Selbst die koloniale Vergangenheit wird hier zur Handelsware!

Wir fahren zum Berg Hoyo, einem der wenigen Orte auf unserer Fahrt, wo man auf internationalen Tourismus eingestellt ist. Moderne Bungalows, ein Restaurant inmitten eines üppig blühenden Gartens. Ein Paradies in der Wildnis. In der Trockenzeit kommen ganze Busladungen mit Touristen aus dem nahen Ruanda-Burundi hierher, jetzt aber ist alles ausgestorben.

Zwei kleine Jungen erwarten uns. Sie tragen winzige Shorts, sind mit Halsketten behängt und haben Pfeil und Bogen in der Hand. Einer von ihnen zupft mich am Ärmel. »*Madame, nous sommes des pygmées* – wir sind Pygmäen ...« Wir platzen los. »Soso, Pygmäen seid ihr – und?« sagt Kadima. Sie zeigen auf ihren Mund und strecken die Hand aus. »*Donnez-nous de l'argent* – gebt uns Geld.«

Kadima fängt ein Gespräch mit ihnen an. Müßten sie nicht in der Schule sein? Sie werden gehänselt, sagen sie, weil sie so klein sind, und die Lehrer werden jedesmal böse, wenn sie mit ihrem Vater auf die Jagd gehen. Deshalb sind sie lieber hier. Ein rührendes Gespann, wie sie da an dem Baum stehen. Mit ihren Hungerbäuchen und ihrem Pfeil und Bogen sehen sie aus wie die Pygmäen auf alten Bildern. Das wissen sie auch, und deshalb lassen sie sich hier fotografieren. Gerade das, was sie daran hindert, so zu leben wie andere Zairer, macht sie zur Touristenattraktion.

Um den Jeep herum ist unterdessen ein kleiner Markt entstanden. Die Leute haben ihre Waren auf dem Boden ausgebreitet. Der Älteste von ihnen kommt zu uns herüber, ein ausgemergelter Mann mit ledriger Haut, in einer kurzen Hose aus Rinde und mit einer Leopardenfellmütze auf dem Kopf. Er hat nichts zu verkaufen. Er ist der Häuptling des Dorfes, sagt er, und seine Kinder haben Hunger. Dann hält er die Hand auf. Kadima scheint verärgert, steckt ihm aber fünfzig Zaire zu, worauf er die anderen kaum noch abschütteln kann.

Die Atmosphäre im Jeep ist locker und entspannt. Wenn wir vom Reden müde sind, hören wir mit meinem Kassettenrecorder zairische Musik. Kadima singt mit und bewegt rhythmisch die Schultern, als würde er tanzen. Das paßt so wenig zu der Autorität, die er ausstrahlt, wenn wir irgendwo haltmachen, daß ich jedesmal lachen muß. Manchmal singt er Schlager aus seiner Zeit in Belgien. *Michèle* von den Beatles und *Tombe la Neige* von Adamo kann er auswendig.

Eines Abends gehen wir mit den Angestellten des Office des Routes in Bunia in eine Bar. Mudefo und Mowa sind auch dabei. Kadima hat mir schon von solchen Abenden erzählt. Meist sorgen seine Leute dafür, daß ein paar Frauen für ihren Chef da sind. Er akzeptiert diesen Brauch, nimmt die Frauen aber nie mit auf sein Zimmer. Er will sich seinem Personal gegenüber nicht verpflichtet fühlen.

An diesem Abend aber sind außer Mowa und mir keine anderen Frauen da. Auf dem Rückweg ist Kadima verstimmt. »Ich will nicht, daß sie sich anders verhalten, weil du dabei bist«, sagt er. »Sie hätten Frauen mitbringen müssen, wie sonst auch.«

Bei unserer Ankunft in Beni bringt der Hoteldiener unser Gepäck auf dasselbe Zimmer. »Wir schlafen nicht zusammen«, sagt Kadima, wieder mit diesem wohlwollenden Lächeln. »Wir brauchen zwei Zimmer.«

Mudefo grinst. Er glaubt ihm nicht. Er denkt, wir wollen nur den Schein wahren. Am Abend gehen wir wieder aus. In der Bar herrscht ein Trubel wie in der *cité* von Kinshasa. Auf einer runden Tanzfläche mit Discobeleuchtung drängen sich die Paare. *Mario* und andere Hits aus der Hauptstadt schallen aus den Boxen.

Wir sind eine große Gruppe. Ein Tisch wird für uns frei gemacht. Die Angestellten des Office haben ihr *deuxième bureau* mitgebracht, junge Mädchen, die mir als ihre Schwestern vorgestellt werden. Die beiden Frauen neben mir sind etwas älter und offenbar Kadima zugedacht. Es sind *commerçantes*, die in Beni Kleider aus der Hauptstadt verkaufen. Aber das Geschäft läuft nicht, der Kaffee steht dieses Jahr nicht gut, niemand hat Geld. Sie beantworten meine Fragen widerwillig, und ich habe das Gefühl, daß sie eine Rivalin in mir sehen.

Kadima sitzt am Tischende und raucht seine Pfeife. Seine Leute streichen um ihn herum und achten darauf, daß sein Glas nicht leer wird. Obwohl er so weit von mir entfernt sitzt, scheint jeder zu glauben, wir seien zusammen. Ich bin die Weiße, die im Wagen des Inspektors hierhergekommen ist. Kadima spürt es auch; den ganzen Abend weicht er meinem Blick aus. Ab und zu fordert er einen der Männer durch eine Geste auf, mit mir zu tanzen. Sie tun es mit einer gewissen Scheu, als fürchteten sie, ihn vor den Kopf zu stoßen.

Aber meistens tanze ich mit Mowa. Sie ist ausgelassener, als ich sie je erlebt habe. Irgendwann läßt sie sich erschöpft auf den Stuhl neben mir fallen und fängt an, von unserer Reise zu reden. Ich hätte Glück, daß ich mit »meinem Mann« allein im Auto sei, sagt sie, sie selbst müsse Mufedo mit vier anderen teilen.

»Kadima ist nicht ›mein Mann‹.«

»Dann eben dein Bruder.« Mufedo, der uns gegenüber sitzt, lacht. »Und Mowa ist meine Schwester«, sagt er. *»Même mère, même père* – selber Vater, selbe Mutter.«

So albern sie noch weiter. Als Kadima mit einer der *commerçantes* tanzt, stößt Mowa mich an. »Du mußt aufpassen, hier wimmelt es von Diebinnen.« Sie meint die *commerçantes*. »Die wollen uns unsere Männer stehlen.«

Als wir zusammen zur Toilette gehen, sehe ich an der Bar zwei auffallend schöne Frauen. Ob das *femmes libres* sind? Mowa zieht mich weiter. »Paß auf, das sind auch Diebinnen«, flüstert sie.

Es wird ein wilder Abend. Als wir um drei Uhr morgens gehen, herrscht in der Bar immer noch Hochbetrieb. Ich bin ganz aufgekratzt, aber kaum sitzen wir im Jeep, merke ich, daß mit Kadima etwas nicht stimmt. Normalerweise gibt er seine Chefpose auf, sobald wir eingestiegen sind. Diesmal nicht. Düster schaut er auf die dunkle Straße hinaus. »Ist was?«

Erst antwortet er nicht. Dann fragt er: »Was hast du zu Mudefo gesagt?« Ich kenne diesen Ton. So redet er mit seinen Angestellten, wenn sie etwas falsch gemacht haben. »Du scheinst ja ziemlich eifersüchtig zu sein.«

Ich muß lachen. »Hat Mufedo das gesagt?«

»Nicht nur er, die anderen auch.«

»Das wirst du doch nicht glauben?«

Er schweigt. »Stimmt es etwa nicht, daß du den beiden Frauen neben dir eine Szene machen wolltest?«

»Ich? Wieso sollte ich?«

»Du sollst sehr besitzergreifend sein. Und anscheinend hast du auch einen Revolver.«

Jetzt muß ich laut lachen. Wie kommt er nur darauf?

»Wer hat dir das erzählt?«

»Alle.«

Im Lauf des Abends haben sie ihm einer nach dem anderen gesagt, ich sei eifersüchtig. Nicht nur auf die *commerçantes*, sondern auch auf die beiden Frauen an der Bar. Und sogar auf Mowa. Ob ich etwa nicht zu ihr gesagt hätte, daß ich sie darum beneide, wie sie tanzt? So etwas habe ich in der Tat gesagt, aber offenbar hat sie es falsch verstanden.

Ich versuche Kadima zu erklären, was ich über die Frauen an der Bar gesagt habe und was für Scherze Mudefo und Mowa zu Beginn des Abends gemacht haben. Aber es hilft nichts. Er glaubt mir nicht. »Wenn alle es sagen, dann muß doch was dran sein!«

Ich komme mir vor, als würde ich im Dunkeln herumstolpern. Gegen was für absurde Beschuldigungen muß ich mich da wehren! Wie konnte Kadima das alles glauben? Wir sind jetzt seiner einer Woche zusammen unterwegs, wir kennen uns doch inzwischen!

Plötzlich fällt mir ein Gespräch ein, das wir vor ein paar Tagen im Auto hatten. »Ich möchte dich was fragen«, hatte er gesagt, »aber du mußt mir versprechen, daß du mir eine ehrliche Antwort gibst.« Ich versprach es.

»Bist du glücklich?«

»Warum fragst du?«

»Du wolltest mir eine ehrliche Antwort geben.«

Er könne sich kaum vorstellen, daß ich glücklich sei, sagte er, sonst würde ich nicht so allein in der Weltgeschichte herumreisen. Warum meine Eltern das zuließen? Ob ich niemanden hätte, der sich um mich kümmert? Zum ersten Mal auf unserer Reise hatte ich das Gefühl, daß er mich nicht im mindesten versteht, daß wir grundverschieden sind, aber ich war achtlos darüber hinweggegangen.

Am nächsten Morgen begegne ich Mudefo und Mowa im Flur des Hotels. Sie grüßen mich, als wenn nichts wäre. Kadima aber macht ein mürrisches Gesicht. Er hat seine Sachen bereits ins Auto gepackt. Ab heute fährt er allein, sagt er, ich soll bei Mudefo einsteigen. Ich protestiere. Nach dem, was gestern abend vorgefallen ist, will ich auf keinen Fall mit Mudefo und Mowa fahren.

Vielleicht sollte ich einfach hierbleiben, aber die Aussicht, auf einem Sack Maniok hinten auf einem Laster weiterzureisen, lockt mich wenig. Trotzig setze ich mich in Kadimas Jeep, entschlossen, ihn davon zu überzeugen, daß er sich geirrt hat.

Aber ich rede gegen eine Wand. Was ich in der Bar gesagt habe, steht für ihn unumstößlich fest. Und er wirft mir die Folgen meines Verhaltens vor: Ich hätte seine Autorität als Inspektor untergraben, was sollen denn seine Assistenten denken – eine revolverschwingende Frau!

Dann herrscht stundenlang Schweigen im Auto. Ich versuche zu verstehen, was eigentlich genau passiert ist. Wahrscheinlich haben Mudefo und Mowa mir Eifersucht unterstellt und alle meine Worte und Gesten entsprechend interpretiert. Und von da an begann die Gerüchteküche zu brodeln, wie auf der *Ebeya*. Es erstaunt mich, daß Kadima, der doch so lange im Ausland gelebt hat, diesen trügerischen Mechanismus von Halbwahrheiten und Mythen nicht durchschaut.

Und was würden Mudefo und Mowa sagen, wenn Kadima sie in meinem Beisein fragen würde, was am Abend zuvor los war? Ich stelle ihm diese Frage. Er wird mit ihnen darüber reden, sagt er.

Am Abend im Restaurant ist es soweit. Mowa setzt ihre unschuldigste Miene auf. Sie wisse von nichts, jemand anders habe ihr gesagt, ich sei eifersüchtig. »Aber ich hab doch mit niemandem außer dir und Mudefo geredet«, ereifere ich mich. Mudefo lacht. »Da gibt es gar nichts zu lachen!« fahre ich ihn an, außer mir vor Wut. Mudefo springt auf wie von der Tarantel gestochen. Was mir einfalle! Nicht einmal seine Frau habe jemals so mit ihm zu reden gewagt! Er stürmt hinaus. Kadima wirft mir einen vernichtenden Blick zu und ignoriert mich von da an. Er setzt das Gespräch mit Mowa auf lingala fort. Bedrückt krieche ich am Abend ins Bett.

Am nächsten Tag im Auto reden wir nicht mehr darüber, und ganz allmählich verfallen wir sogar wieder in unsere alten Reisegewohnheiten. Wenn ich meinen Kassettenrecorder einschalte, sieht Kadima mich von der Seite an, bewegt kurz die Schultern und lacht. Zwei Tage später scheint er das Ganze vergessen zu haben.

Mir selbst fällt es viel schwerer, mich damit auszusöhnen. Es ist, als liefe ein tiefer Riß durch diese sorglosen Tage. Daß ein achtzehnjähriges Dorfmädchen so etwas bewirken kann und daß Kadima unbesehen glaubt, was man ihm erzählt! Plötzlich ist die Welt wieder in Schwarz und Weiß geteilt, und ich stehe auf der anderen Seite des Zauns.

In Goma angekommen, bringt Kadima mich in ein Hotel. In der Lobby trinken wir noch etwas. Mudefo kommt, um sich zu verabschieden. Seit dem Abend im Restaurant hat er nicht mehr mit mir gesprochen, und jetzt gibt er mir die Hand, ohne mich anzusehen. *Schwarze vergeben und vergessen schnell*, haben Weiße mir oft gesagt. Wirklich? Ich ziehe seine Hand näher heran. Ich will nicht, daß wir so auseinandergehen. »Trinken wir noch was zusammen? Zur Wiedergutmachung?«

Seine Miene hellt sich auf. Auch Mowa setzt sich zu uns. Bis tief in die Nacht trinken wir Bier. Über den Abend in Beni verliert keiner mehr ein Wort.

Shaba: der Schatten der Sezession

ES sind Bilder aus meiner Erinnerung, die mich in den Süden Zaires führen, in die Bergbauprovinz Shaba, das frühere Katanga: wirre, oft blutige Szenen von Unruhen und Massakern nach der Unabhängigkeit, verzerrte Gesichter von Belgiern, die sich Katangesen nannten und in Katanga bleiben wollten, Tshombe, der die Provinz für unabhängig erklärte, UN-Truppen, die Katanga bombardierten, um die Sezession zu beenden.

Als Shaba sich 1977 und 1978 von neuem erhob, geriet Mobutus Regime ins Wanken. Marokkaner und Franzosen kamen dem Präsidenten zu Hilfe und stellten die Ruhe wieder her. Seitdem liegt die Provinz in Ketten wie ein widerspenstiges Tier. Jeder wird nervös, wenn es sich regt, denn Shaba ist die wirtschaftliche Lebensader Zaires.

Es ist frisch in Lubumbashi, der Hauptstadt von Shaba, als ich dort ankomme. Ein Prickeln liegt in der Luft, wie in den Bergen. Das milde Klima war einer der Gründe, weshalb viele Weiße sich einst hier niederließen und davon träumten, für immer zu bleiben. Katanga war die einzige Provinz im Kongo, in der es so etwas wie eine weiße Besiedlung gab.

Das Wetter scheint den Rhythmus dieser Stadt zu beeinflussen. Die Menschen laufen festen Schrittes durch die Straßen, und zum ersten Mal habe ich bei einer Fahrt ins Landesinnere nicht das Gefühl, in der Vergangenheit gelandet zu sein. Im Gegenteil: Es kommt mir vor, als hätte ich einen Sprung nach vorn getan. In anderen Provinzstädten lauert stets der kaum gebändigte Urwald, hier dagegen sind die weißen Kolonialhäuser von Bäumen und Blumen umgeben, und es gibt Verkehrsampeln, die sogar funktionieren.

In der Nacht ertönen langgezogene Signale, die an den Klang von Nebelhörnern erinnern. Das müssen die Güterzüge sein, die Kupfer, Kobalt, Zink und Uran in den Norden bringen. Morgens um halb sechs heult eine Sirene; sie ruft die Bergleute zur Arbeit. In dieser Stadt herrscht eine so autonome, unzairische Atmosphäre, daß ich ganz durcheinanderkomme: Bin ich hier wirklich noch in dem Land, das ich monatelang durchstreift habe?

Ein zairischer Bekannter in Kinshasa hat mir einen Brief an einen früheren Studienkollegen mitgegeben, der heute Dozent an der Universität von Lubumbashi ist. Ich suche Lukusa in seinem Büro an der Avenue Mobutu auf, einem kahlen Raum mit zwei Tischen. Seine Kleidung – Jackett, Hemd und Hose – erinnert mich an die Dritte-Welt-Intellektuellen in Paris, nur die Krawatte fehlt. Er betrachtet mich mit arroganter, selbstbewußter Miene. Auch das bin ich nicht gewöhnt. Die Intellektuellen, die ich im Norden kennengelernt habe, sind zurückhaltender, bescheidener. Er grinst. »Soso, Nzuzi schickt dich.« Er reißt den Umschlag auf und überfliegt den Brief. Dann sieht er mich fragend an. »Und was kann ich für dich tun?«

Ich bin perplex. Normalerweise ist so ein Empfehlungsschreiben die Garantie für einen guten Führer. Ich würde gern sehen, wie die Menschen hier leben, sage ich, ich möchte die Minen von Kolwezi besuchen, die *cité*, ich will das Nachtleben von Lubumbashi erkunden.

Lukusa lacht sarkastisch. »Wir sind hier nicht in Kinshasa, hier wird gearbeitet!« Er scheint nicht sehr erfreut über meinen Besuch. Was will ich eigentlich? Mich ein bißchen umsehen? Was habe ich hier zu suchen? »Hier laufen schon genug Weiße herum«, sagt er. »Ohne die Empfehlung von Nzuzi hätte ich dich gar nicht reingelassen.«

Sein feindseliger Ton erschreckt mich, aber dann sehe ich ein schalkhaftes Aufblitzen in seinen Augen, das mich wieder beruhigt. Vielleicht will er mich nur auf die Probe stellen. Zu Beginn meiner Reise war ich auf diese Art Widerstand gefaßt, aber inzwischen habe ich so viele Zairer kennengelernt, die den Belgiern nachtrauern, daß ein solcher Empfang das letzte ist, womit ich gerechnet habe.

»Du machst genau das gleiche wie die Weißen«, sage ich, »die scheren die Schwarzen auch alle über einen Kamm.« Dann erzähle ich ihm von meiner Reise. Mit einem leicht überheblichen Lächeln hört er zu. »Da hast du mehr von Zaire gesehen als ich.« Als ich ihm sage, daß ein Onkel von mir Missionar war, runzelt er die Stirn. Auch er hat Missionsschulen besucht. Zum Schluß sprach er Französisch besser als seine Muttersprache Tshiluba, und das hat ihn seinen Eltern entfremdet. »Und was ist jetzt?« sagt er bitter. »Wir sind dazu erzogen, in Paris zu leben, nicht hier!« Er zeigt auf seine Studenten, die am anderen Tisch arbeiten. »Wir haben gerade eine kleine Untersuchung durchgeführt. Das Papier mußte ich selbst bezahlen!«

Er steht auf. »Komm, wir gehen was trinken. Ich weiß ja nicht, was du vorhast, aber vielleicht kann ich dir helfen.«

Kurz darauf sitzen wir in einem griechischen Café auf der anderen Straßenseite. Auf der Terrasse trinken die Leute Kaffee; ihre Aktenkoffer stehen in Reichweite. Lukusa entdeckt eine zairische Bekannte. Zu meiner Überraschung spricht er sie mit »Madame« an, eine Anrede, die ebenso wie »Monsieur« in Zaire wie ein Schimpfwort klingt. Hat nicht Mobutu vorgeschrieben, sich mit *citoyen* und *citoyenne* anzureden?

Lukusa lacht. Er provoziert gern. »Die meisten Zairerinnen fühlen sich geschmeichelt, wenn man sie ›Madame‹ nennt. Ausdrücke wie *citoyen* kommen aus dem Norden, und wer sind die im Norden schon? Im Süden hatten die Luba, die Kuba und die Luanda schon vor Jahrhunderten ihre Königreiche. Lange bevor die Belgier kamen, gab es hier bereits politische Strukturen. »Erst die Belgier haben die Verhältnisse hier auf den Kopf gestellt«, sagt er. »Die Leute aus dem Norden waren kriegerisch veranlagt, also landeten sie in der *Force Publique*, der belgischen Kolonialtruppe, der Rest in Handel und Bildungswesen. Als wir unabhängig wurden, hatten die im Norden bereits Waffen, und seitdem beherrschen sie uns.«

Wieder dieses überhebliche Lächeln. »Wir kommen aus der Savanne«, erklärt er, »wir sind weitblickend und zivilisiert, aber die Buschbewohner im Norden, die sind aus den Bäumen direkt in einen Mercedes gefallen, und jetzt kommandieren sie uns herum! Und du weißt ja, wie es in Afrika ist: Die Führer treten nie freiwillig ab, man muß sie entweder abknallen oder niedermetzeln. *Ici le pouvoir est au bout du fusil* – Macht ist hier der Finger am Abzug.«

Zwei Weiße setzen sich an den Tisch neben uns. Einer von ihnen hat einen gewaltigen Bauch. »Siehst du das?« flüstert Lukusa. »Weißt du, wie wir so einen Bauch nennen? *L'œuf du blanc* – Das Ei des Weißen.« Er lehnt sich zurück und starrt die beiden Männer unverschämt an.

Die Selbstgefälligkeit der Weißen in Lubumbashi hat ihn schon immer angewidert. Als Jugendlicher ging er oft schwimmen, in einem Club, in dem Schwarze ebenso verkehrten wie Weiße. Offiziell waren dort alle gleich, aber wenn die Schwarzen schwammen, sah man im Wasser keine Weißen mehr. Lukusa und seine Freunde tummelten sich stundenlang im Pool und machten die verrücktesten Kunststücke, nur um die Weißen zu ärgern.

Die Belgier sind nie wirklich weggegangen, sagt er. Erst

haben sie einem Regime an die Macht verholfen, das ihnen aus der Hand frißt, und dann haben sie sich diese Farce namens Entwicklungshilfe ausgedacht. Aber ihre Mentalität ist die gleiche geblieben. Neulich auf der Post hab ich gesehen, wie sich ein Belgier vorgedrängt hat. Niemand hat protestiert. Ich bin zu ihm hin und hab gesagt, er soll sich hinten anstellen. Er fing an zu schimpfen, und da hab ich ihn geohrfeigt. Er ist zu Tode erschrocken. Aber zurückgeschlagen hat er nicht; wahrscheinlich dachte er, ich bin Soldat, denn das sind die einzigen Schwarzen, die sich trauen, einen Weißen zu schlagen«, sagt er verächtlich.

Ich bin ganz benommen von Lukusas Worten. So aggressiv habe ich noch keinen Zairer über die Weißen reden hören. Doch nach einigen Tagen in Lubumbashi gewöhne ich mich an solche Tiraden. Die Feindseligkeit den Weißen gegenüber ist hier groß. Sie scheint in der Geschichte dieser Provinz zu wurzeln, die jahrelang von der belgischen Bergwerksgesellschaft *Union Minière du Haut-Katanga* beherrscht wurde.

Anfang des Jahrhunderts, als die Union Minière die Bodenschätze abzubauen begann, waren die meisten Bewohner der Region Bauern. Sie hatten wenig Lust, in den Minen zu arbeiten, denn in den ersten Jahren passierten so viele Unfälle, daß die Arbeiter immer wieder davonliefen. Jene Bergleute aber, die von den Belgiern in den südlichen Nachbarländern rekrutiert wurden, und die Luba, die sie aus dem Kasai nach Katanga holten, waren so weit von zu Hause weg, daß sie nicht weglaufen konnten.

Bald hatte die Union Minière die ganze Region fest im Griff. Sie betrieb Viehfarmen, Brauereien und Zementwerke, sie baute Straßen und Schulen. Für ihre schwarzen Arbeiter sorgte sie wie eine Mutter: Neben ihrem Lohn hatten sie Anspruch auf Wohnung, Kleidung, Lebensmittel und medizinische Versorgung.

Im Katanga jener Jahre herrschte eine natürliche Apartheid. Nach der Arbeit gingen die Schwarzen in die *cité*, die Weißen in die Reitbahn, in den Club »Cercle Wallon« oder in Bars wie das »Manneke Pis«. Das damalige Elisabethville stand in scharfer Konkurrenz zur Hauptstadt Léopoldville. *La capitale du cuivre contre la capitale du papier* – Die Kupferhauptstadt gegen die Papierhauptstadt.

Zum Zeitpunkt der Unabhängigkeit lebten in Katanga an die fünfundzwanzigtausend Belgier. Zwei Wochen später rief Tshombe die Sezession Katangas aus. Die Weißen dort unterstützten ihn, und auch Belgien drückte beide Augen zu. Die Union Minière, die von Anfang an wie ein Staat im Staate organisiert war, hielt die Dinge noch mehr als zwei Jahre am Laufen.

Lukusa war damals Anfang Zwanzig. Er erinnert sich noch an die fremden Soldaten in der Stadt. »Am Ende haben sich alle Staaten der Welt hier zusammengetan, um uns fertigzumachen.« Nach vielen Reibereien und Stammeszwistigkeiten beendeten die UN-Truppen die Sezession, und Katanga war wieder von der politischen Hauptstadt abhängig.

Unter den Bewohnern von Shaba ist die Sehnsucht nach der Sezession groß. Damals flossen die Reichtümer der Region noch an sie zurück. Katanga hatte eine eigene Währung, ein Lehrer konnte sich ein Auto leisten, seine Kinder fuhren mit dem Rad zur Schule, und in der Stadt wurde viel gebaut. Später verschwand das Geld, das in Katanga erwirtschaftet wurde, wieder in der Hauptstadt. Und was bekamen die Menschen dafür? Nichts. »Der Staat macht sich hier nur durch Unterdrückung bemerkbar«, sagt Lukusa. »Wenn man frühmorgens vom Sicherheitsdienst aus dem Bett geholt wird, weil man etwas Falsches gesagt hat, dann erinnert man sich plötzlich wieder daran, daß es überhaupt einen Staat gibt.«

Heute leben zwar nur noch dreitausend Weiße in

Shaba, aber GÉCAMINES, wie die Union Minière jetzt heißt, spielt im Ablauf des täglichen Lebens noch immer eine überragende Rolle. Das Unternehmen hat seine eigenen Schulen, Arbeiterwohnungen und sogar Friedhöfe, und die Löhne sind höher als bei jedem anderen Staatsbetrieb im Land. So kommt es, daß die Sogwirkung von GÉCAMINES bis weit über die Grenzen Shabas hinausreicht.

In den *cantines* von GÉCAMINES können Arbeiter ebenso wie Führungskräfte jeden Monat Maniok, Mehl, Fisch, Fleisch und andere Lebensmittel zu günstigen Preisen beziehen. Einen Sack Mehl für achtzig Zaire kann man in der Stadt für sechshundert Zaire verkaufen. Die meisten Geschäfte in Lubumbashi werden indirekt von GÉCAMINES beliefert. Wenn es bei GÉCAMINES eine bestimmte Sorte Milch nicht mehr gibt, ist sie auch in der Stadt nirgends mehr zu bekommen.

Viele andere Produkte in den Läden von Lubumbashi kommen aus Südafrika. Offiziell verurteilt Zaire das Apartheidsregime, aber auf den Handel wirkt sich das nicht aus. In den Hotels von Lubumbashi herrscht ein stetiges Kommen und Gehen südafrikanischer Geschäftsleute, und bei Empfängen wird südafrikanischer Wein serviert. Selbst die Züge, die in den Norden fahren, sind aus zweiter Hand in Südafrika gekauft.

Früher wurde das Erz über Angola ausgeführt, doch seit der Revolution dort geht ein großer Teil über Südafrika. Ein Zairer, der bei GÉCAMINES arbeitet, reagiert lakonisch, als ich meine Verwunderung darüber äußere. »Ich war mehrmals in Johannesburg«, sagt er trocken. »Was da passiert, ist natürlich schlimm, aber hier ist es auch nicht besser.«

Als ich bei GÉCAMINES um eine Besichtigungserlaubnis für die Minen von Kolwezi nachsuche, bin ich im Nu von besorgten zairischen Mitarbeitern des Informationsdienstes umringt. Ob ich schon ein Quartier gefunden hätte? Ob ich nicht einen Chauffeur bräuchte, der mich durch die Stadt fährt? Sie können sich kaum vorstellen, daß Ausländer sich ohne die Hilfe von GÉCAMINES zurechtfinden.

An den Wänden ihrer Büros hängen Poster, die Mobutu in militärischer Montur zeigen. *Le libérateur du Shaba* – Der Befreier von Shaba – steht darunter. 1978, als die Kämpfe mit den zairischen Rebellen noch in vollem Gange waren, kam er in einem offenen Jeep nach Kolwezi, damit jeder sehen konnte, daß er keine Angst hatte.

Der drohende Gesichtsausdruck ihres Präsidenten scheint die Zairer von GÉCAMINES nicht im mindesten zu stören. Die meisten reden wenige Minuten, nachdem wir uns kennengelernt haben, schon wieder von anderen Dingen als Kupfer und Uran. Wenn ein Kollege hereinkommt, schauen sie allerdings kurz auf und das Gespräch gerät ins Stocken. Man hört immer wieder dieselben Klagen: Sie sind unterbezahlt, die Weißen hier verdienen das Zehnfache.

Das überrascht mich. »Ich hab immer gehört, ihr seid die bestbezahlten Führungskräfte in ganz Zaire«, sage ich zu Michel, einem Einheimischen, der mir sein Leid klagt. »Du redest wie die Leute in Kinshasa«, erwidert er. »Die leben nicht von ihrem Gehalt, sondern von ihren Nebeneinkünften. Die sitzen nicht im Büro, die sind den ganzen Tag unterwegs und machen Geschäfte. Wir hier werden zwar bezahlt, aber wir haben gar keine Möglichkeit, etwas nebenher zu verdienen. Hier ist der Manager der große Mann, nicht der *commerçant*.«

Michel verdient fünfzehntausend Zaire im Monat, die Hälfte dessen, was er braucht. »Der Tag, an dem ich mein Gehalt bekomme, ist der katastrophalste im ganzen Monat, da rennen mir meine Gläubiger die Bude ein.«

Das System der *cantines* findet er absurd, ihm wäre es lieber, er bekäme mehr Geld. Aber der IWF, der Internationale Währungsfonds, hat dem Land Lohnbeschränkungen auferlegt, weil es so hoch verschuldet ist. Und woher kommen diese Schulden? Von Mobutus Prestigeprojekten. Warum mußte er das teure Stromkabel von Inga nach Shaba legen lassen? Shaba kann selbst Staudämme bauen. Aber der Präsident will nicht, daß Shaba eigene Kraftwerke hat. Er will vom Norden aus das Licht abschalten können, wenn die Bergbauprovinz sich gegen ihn erhebt.

Michel ist in Lubumbashi geboren, doch seine Familie stammt aus dem Kasai. Sein Vater war einer der Luba, die in den Süden gingen, um bei der Union Minière zu arbeiten. Mobutu fürchtet die Luba, sagt Michel, weil sie von jeher schlaue und selbstbewußte Händler waren. Zur Zeit der Belgier hatten viele von ihnen eine privilegierte Stellung im öffentlichen Leben, und da sie ihre Kinder gleich zu Beginn auf die Missionsschulen schickten, waren die Luba einer der ersten alphabetisierten Stämme des Landes. Bei GÉCAMINES arbeiten viele Luba aus dem Kasai. Oft kommt es zu Konflikten zwischen ihnen und den ursprünglichen Bewohnern von Shaba, für die sie noch immer Eindringlinge sind.

Michel nimmt mich mit in eine Bar, in der wir »in Ruhe reden können«, wie er es ausdrückt. Wir fahren mit seinem Auto, einem Wrack, das er vor über zehn Jahren gekauft hat und für das es längst keine Ersatzteile mehr gibt.

Die Bar ist ein bescheidenes Lokal, das eher wie ein Wohnzimmer wirkt. »Hier sind wir unter Freunden«, sagt Michel. Er stellt mir Jean vor, einen Kollegen von der SNCZ, der *Société Nationale des Chemins de Fer du Zaire*, wie die zairische Eisenbahn heißt, nach GÉCAMINES das bedeutendste staatliche Unternehmen in Lubumbashi. Die SNCZ wickelt sämtliche Erztransporte in den Norden ab. Oft entgleisen die Züge, und dann kommt schon mal ein Waggon oder eine Ladung abhanden. Jean lacht. »Weißt du, wie man uns hier nennt? *Société Non Contrôlée du Zaire* – Zairische Gesellschaft ohne Kontrolle.«

Sowohl Michel als auch Jean sind bereits mit der Regierung in Konflikt geraten. Beide waren Mitglied der UDPS, der *Union pour la Démocratie et le Progrès Social* – Vereinigung für Demokratie und sozialen Fortschritt –, einer verbotenen oppositionellen Gruppierung, die vor allem in Shaba und im Kasai aktiv ist.

Michels Probleme begannen während einer Sportveranstaltung von GÉCAMINES. Seine Mannschaft hatte verloren, und in seiner Wut darüber fing er an, auf alles mögliche zu schimpfen, was ihm gegen den Strich ging, auch über das verfluchte Regime, unter dem er lebte. Am nächsten Tag wurde er verhaftet. Er saß monatelang im Gefängnis und glaubte schon, man würde ihn umbringen. Doch er wurde wieder freigelassen und für ein Jahr vom Dienst suspendiert. Aber wie sollte er ohne Einkommen seine Familie ernähren? Freunde halfen ihm, einen kleinen Benzinhandel aufzumachen.

Seit einiger Zeit hat er wieder eine Stelle bei GÉCAMINES. Es ist eine Art Abstellgleis – Karriere kann er dort nicht mehr machen. Es klingt resigniert, als er davon erzählt.

»Und jetzt?« frage ich.

»Jetzt halte ich den Mund. Aber das ist wie eine Feder: Je stärker man draufdrückt, desto höher springt sie, wenn man sie losläßt. Nach außen hin wirken wir vielleicht ruhig, aber wir sind *clairvoyants* – wir halten die Augen offen. Wir wissen, was hier los ist. Zaire baut Kupfer ab und schickt es nach Europa, statt es gleich hier zu raffinieren. Mobutu ist froh, daß ihr es kauft, weil er Geld für seine Villen im Ausland braucht. Und das soll Entwicklung sein? Ein Witz ist das.«

»Wir müßten aufhören, Kupfer zu produzieren«, sagt er, »wir sollten uns mehr auf die Landwirtschaft konzentrieren. Aber so etwas darf man hier nicht laut sagen, denn jeder profitiert davon, daß alles so läuft wie im Moment. Würden die Raffinerien in Belgien zumachen, wären Tausende arbeitslos. Wir sind die Melkkuh der Politiker in Kinshasa. Wenn Shaba Fieber hat, fangen sie in Kinshasa an zu niesen und eine Dringlichkeitssitzung des Kabinetts wird einberufen. Als in Kolwezi für höhere Löhne gestreikt wurde, ist Mobutu völlig ausgerastet und Franzosen und Amerikaner haben ihn unterstützt. In ihren eigenen Ländern sind sie demokratisch, aber hier sieht die Sache anders aus. Als wäre Demokratie eine höhere Form von Kultur, für die wir noch nicht reif sind.«

Politik ist in Shaba ein Schimpfwort, sagt er, sie gilt als die Kunst des Lügens. Von Zeit zu Zeit kommt ein Regierungsvertreter aus Kinshasa und verspricht Lohnerhöhungen, aber dann wird er plötzlich kaltgestellt, und man kann ihn auf nichts mehr festnageln. Später hört man dann, daß er rehabilitiert worden ist.

»So werden wir hingehalten«, seufzt Michel. »Wenn jemand leere Versprechungen macht, sagt man hier: ›Hör mal, *ne me fais pas de la politique* oder *ne me fais pas du Mobutisme* – mach hier keine Politik, mach hier keinen Mobutismus.‹ Viele denken so wie ich, aber öffentlich kann man kaum darüber reden, denn wir befinden uns hier in einer militärischen Zone. Wenn es bestimmte Bars gäbe, in denen sich die Arbeitnehmer von GÉCAMINES oder der SNCZ treffen, dann würde es sofort heißen, wir hecken was aus. Das ist der Schatten der Sezession. In Kinshasa ist es anders, da war kein Krieg, da kennen sie nur Bier und Frauen.«

Émile, der Chauffeur, den GÉCAMINES mir für die Fahrt nach Kolwezi zur Verfügung gestellt hat, ist ein recht eigenwilliger Führer. Zu allem gibt er beleidigte Kommentare ab. Als wir, noch in Lubumbashi, an einem leerstehenden Gebäude vorbeikommen, murrt er: »Sehen Sie sich das an. Typisch zairisch. Das Haus ist noch unter Tshombe gebaut worden, und nach der Sezession wollte es niemand mehr benutzen. Das ist das Problem hier. Wenn jemand in Ungnade fällt, dann fällt auch alles, was er gemacht hat, in Ungnade.«

Auf der Fahrt nach Kolwezi hören wir im Autoradio eine Rede Mobutus. Er grüßt sein Volk auf swahili, tshiluba, kikongo und lingala. »Hört, hört«, sagt Émile, »er spricht zu seinen Sklaven.« Unterwegs müssen wir mehrmals an Straßensperren des Militärs anhalten. Émile zeigt geduldig seinen GÉCAMINES-Ausweis vor, aber im Weiterfahren seufzt er: »*Des militaires partout, Madame, ça c'est Shaba* – Überall Militär, das ist Shaba.«

In den Dörfern des Nordens waren die MPR-Fahnen ausgebleicht, als hätte man sie aufgepflanzt und dann vergessen, an der Straße nach Kolwezi dagegen leuchten sie giftgrün, und die Schilder mit den Parteislogans sind frisch gemalt. Am Stadteingang knallt uns das Rot und Grün des Revolutionsdenkmals entgegen. Es ist, als könnte man das Ausmaß des Dissidententums in dieser Gegend an der Anzahl frisch gestrichener Denkmäler ablesen.

Ein trübes, fahles Licht liegt über Kolwezi, das während meines ganzen Aufenthalts nicht weicht. Qualmende Schornsteine, häßliche Gebäude, freudlos hämmernde Maschinen, ein Geruch wie früher in der Schule im Chemiesaal. In den drei Tagen hier fahre ich in Bergwerke hinab, setze Helme auf und wieder ab und betrachte komplizierte Diagramme zur Verarbeitung von Metall, aber dafür bin ich nicht hergekommen. Ich will sehen, wo sich *die Ereignisse,* wie jeder sie nennt, abgespielt haben und was seitdem hier passiert ist. Denn nach dem Krieg von 1977, als marokkanische Truppen die zairischen Rebellen, die aus Angola gekommen waren, verjagt hatten und alles glaubte, die Gemüter hätten sich wieder beruhigt, brach in Kolwezi erneut eine Rebellion aus.

Die Stadt war das letzte Bollwerk der Weißen in Shaba. In Lubumbashi waren nach der Unabhängigkeit kleine Privatbetriebe wie Pilze aus dem Boden geschossen, in Kolwezi aber gab es nur die Minen. Die Weißen, die dort arbeiteten, hatten nach wie vor ihre Bars und Clubs. Als die zairischen Rebellen wieder aus Angola einfielen, herrschte in der Stadt sechs Tage lang Krieg. Über hundert Weiße wurden von den Rebellen ermordet. Wer nicht hatte fliehen können, machte Tage voller Angst und Schrecken durch.

Doch die Ereignisse von 1978 sind in denselben Nebel gehüllt wie die Rebellion in Kisangani. Nach einigen Tagen war nicht mehr klar, was die Rebellen eigentlich wollten, aber ihr Wüten riß die Schwarzen in Kolwezi mit, und viel angestauter Groll machte sich Luft. »Noch eine Woche, und die Schwarzen aus den *cités* hätten uns alle abgeschlachtet«, sagt ein belgischer Mitarbeiter von GÉCAMINES, der damals von französischen Fallschirmjägern evakuiert wurde.

Zweihundert Belgier sind seitdem wieder zurückgekehrt. »Aber wenn so etwas wieder passiert, müssen wir machen, daß wir wegkommen«, sagt der Belgier, »sonst war's das.«

Auch die Schwarzen in Kolwezi haben die Ereignisse von 1978 nicht vergessen. Deren Ausgang hat ihnen zwar klargemacht, wie die Dinge lagen und wie machtlos sie de facto waren, aber die Hoffnung, die damals geweckt wurde, ist noch nicht ganz erloschen.

Mit einer Gruppe zairischer Ingenieure besichtige ich ein Bergwerk. Auf dem Weg dorthin erzählen sie stolz, daß wir mit Jeeps durch kilometerlange Stollen fahren werden. »Da kommst du dir vor wie auf dem Boulevard des dreißigsten Juni in Kinshasa«, sagen sie. »Nur die Blumen fehlen.«

Ein Weißer führt uns herum. Die Ingenieure hören interessiert zu, aber zwischendurch sagen sie mir, wie sie über ihre weißen Kollegen denken: Sie sollten gehen, es gibt inzwischen genug zairische Ingenieure, wir kommen allein zurecht. Als die Weißen 1978 aus Kolwezi evakuiert wurden, behaupteten sie bei ihrer Ankunft in Belgien, Kolwezi könne ohne sie nicht einmal eine Woche überleben. Dabei lief während ihrer Abwesenheit in den Minen alles reibungslos weiter.

Wenn erst einmal alles in zairischer Hand ist, sagen die Ingenieure, wird man sich umorientieren müssen. Vielleicht wird man dann beschließen, die Minen stillzulegen, denn im Moment hat das zairische Volk praktisch keinen Nutzen davon. Alles Erz geht außer Landes, zu Preisen, die das Ausland diktiert. »Was die Union Minière hier gemacht hat, das war Piraterie«, sagen sie. »Die wollten die Minen so schnell wie möglich komplett ausbeuten. In Sambia sind kürzlich vier Bergwerke stillgelegt worden. Vielleicht sollten wir diesem Beispiel folgen.«

Aber wie immer erzählen die Weißen etwas ganz anderes. Als sie zurückkamen, war Kolwezi ein Friedhof, sagen sie, und das Kupfer aus den Minen war so schlecht, daß man es nicht mehr verkaufen konnte. Deshalb hatte Mobutu sie zurückgeholt.

Ein Belgier, der in der Transportabteilung von GÉCAMINES arbeitet, findet bei seiner Rückkehr aus dem Urlaub jedesmal das totale Chaos vor. Alles ist ins Stocken geraten, Laster fahren nicht mehr, Ladungen kommen nicht an. Es dauert Monate, bis der Betrieb wieder normal läuft. »Ich hänge hier den ganzen Tag am Telefon und kontrolliere, ob meine Anweisungen ausgeführt werden«, sagt er. »Mein Stellvertreter sagt dem Lastwagenfahrer, er soll losfahren, und bildet sich ein, das genügt.«

Zairer, die als Praktikanten nach Belgien geschickt wurden, wenden das, was sie dort gelernt haben, eine Zeitlang an und fallen dann wieder in den alten Schlendrian zurück. »Sie haben keine *conscience professionelle* – kein Berufsethos«, klagt ein Belgier. »Wenn wir nicht da sind, geht eine Weile alles gut, aber sobald sie in Geldnot sind oder sich ein *deuxième bureau* zulegen wollen, fangen sie an, sich zu bedienen, und alles, was nicht niet- und nagelfest ist, verschwindet, wie überall in Zaire.«

Zurück in Lubumbashi, besuche ich Lukusa. Er scheint erfreut, mich zu sehen. »Und, wie war's bei GÉCAMINES? Hast du gemerkt, daß ihr Belgier dort immer noch das Sagen habt?« Er geht ans Fenster und blickt auf das Verkehrsgewühl auf der Avenue Mobutu hinaus. »Weißt du, was?« sagt er. »Wir hätten einen richtigen Unabhängigkeitskrieg führen sollen, wie die Algerier. Wir hätten viel mehr Belgier umbringen sollen, dann hättet ihr jetzt Respekt vor uns.«

»Na, du bist ja ganz der alte geblieben.«

Er sieht mich prüfend an. »Ich glaube, du bist gar keine Belgierin. Bist du sicher, daß du nicht doch Französin bist?« Er reist regelmäßig nach Frankreich und fühlt sich dort weniger diskriminiert als in Belgien. »Die Franzosen haben ihre Kolonien nach den Prinzipien der Französischen Revolution verwaltet: *Liberté, Égalité, Fraternité* – Freiheit, Gleichheit, Brüderlichkeit. Davon hattet ihr Belgier noch nie was gehört.«

»Du sitzt hier den ganzen Tag im Büro und philosophierst«, sage ich. »Wie wär's, wenn du mir mal die Stadt zeigst?«

Er winkt ab. »Wie denn? Zu Fuß? Ich bin nur ein armer Professor, ich verdiene nicht mal ein Zehntel von dem, was ein Straßenfeger in Paris verdient. Ich hab kein Auto.«

Ich zeige nach draußen, wo Émile auf mich wartet. »Wir können den Wagen von GÉCAMINES nehmen, wenn das für dich okay ist.«

Nach einigem Sträuben läßt er sich überreden. »Mein

Schwiegervater hat natürlich ganz recht«, sagt er. »Der fragt mich immer: ›Wann bemühst du endlich um eine Stelle bei GÉCAMINES?‹«

Gleich darauf fahren wir durch die *cité*, für mich ein vertrautes Bild. Rote sandige Straßen voller Schlaglöcher, zerlumpte Männer, die Karren mit *makala* schieben, Frauen mit Körben auf dem Kopf unterwegs zum Markt.

An einem Gelände, das wie eine Mondlandschaft aussieht, bittet Lukusa Émile anzuhalten. »Hier sind wir früher mit unseren Freundinnen hergekommen, in dunkler Absicht«, sagt er. Wir steigen aus. In einiger Entfernung steht das rostige Skelett eines Güterwaggons, ein Relikt der *Mines de L'Étoile,* des ersten Bergwerks der Union Minière in Lubumbashi. Jetzt holen sich die Leute aus der *cité* hier Altmetall. Überall graben kleine Jungen in der Erde, teils mit Werkzeug, teils mit bloßen Händen. Sie suchen nach Malachit. Einer von ihnen steht auf einem kleinen Hügel und schaut uns wild an. Seine Haare sind voller Staub, seine Shorts zerrissen, seine Beine schmutzig und von Narben bedeckt. »*Voilà le Zaïre de demain* – Hier siehst du das Zaire von morgen«, sagt Lukusa. »Die Jungen hier, die haben gar nichts. Um zu überleben, tun sie alles: stehlen, vergewaltigen – einfach alles.«

Wir gehen zum Auto zurück. »Dafür sind wir in ganz Afrika bekannt«, sagt Lukusa. »Wenn in einem von unseren Nachbarländern ein Dieb, ein Zuhälter oder ein Mörder verhaftet wird, denkt jeder sofort, er ist Zairer.«

Émile fährt uns in eine noch von den Belgiern erbaute Bergarbeitersiedlung. Auf einem kleinen Platz lehnen Männer an hölzernen Verkaufsständen und trinken Bier. Plastikspielzeug baumelt an Schnüren, und aus Lautsprecherboxen plärrt Musik. Das Ganze erinnert an einen Jahrmarkt. »Wollen wir kurz aussteigen?« frage ich. Lukusa möchte lieber weiterfahren, aber Émile hat schon angehalten. Hinter den Ständen sind einige *ngandas* – Bars –, in denen die Bergleute nach der Arbeit etwas trinken. Es sind einfache Buden: vier Bretterwände und ein Wellblechdach. Sie scheinen geschlossen zu seinen, doch nach einigem Suchen findet Émile den Eingang, und plötzlich stehen wir in einem engen, brechend vollen Raum. Draußen ist noch heller Tag, hier drinnen ist es dunkel wie in den Bergwerksschächten. Unbehaglich nimmt Lukusa auf einem der hölzernen Hocker Platz. Wir bestellen Tembo, starkes, süßes Bier, in Shaba eine besondere Spezialität. An der Bar sitzen einige Frauen und unterhalten sich mit schrillen Stimmen. Wenn die Bergleute ihren Lohn bekommen, sagt Émile, wird die Hälfte davon sofort vertrunken. Am nächsten Tag passieren jedesmal Unfälle in den Minen, weil sie betrunken zur Arbeit kommen.

Als wir wieder draußen sind, schaut Émile auf die Uhr. Seine Arbeitszeit ist um. »Setzen Sie uns einfach unterwegs ab«, sagt Lukusa, »wir gehen zu Fuß zurück.«

Wir steigen in der Gegend aus, in der Lukusa geboren ist: kleine Häuser mit winzigen Fenstern, früher ein Wohnviertel für *évolués*. Lukusa erinnert sich noch an den Tag, als sein Vater seinen Mitgliedsausweis bekam. »Meine Mutter hat kaum jemanden zu dem Fest einzuladen gewagt«, sagt er. »Wir hatten nur wenige *évolués* in der Verwandtschaft, und sie hatte Angst, die anderen würden sich nicht anständig benehmen.«

Sein Vater war katholisch, aber in seinen eigenen vier Wänden durfte man nur Tshiluba sprechen, um keine bösen Geister anzuziehen. »Unsere Eltern haben uns auf Missionsschulen geschickt, aber dann fingen sie an, uns zu mißtrauen«, erzählt Lukusa düster. »In manche Geheimnisse hat meine Mutter mich nie eingeweiht. Ich hatte Kontakt zu Weißen, da hätte ich sie ja verraten können. Mein Vater hat geglaubt, in der Schule würden wir technische Fertigkeiten erlernen; daß wir damit unsere Kultur verlieren, hat er sich nicht klargemacht. Die Patres haben immer erklärt, sie brächten uns etwas Besseres; nie war davon die Rede, daß es in unserer eigenen Kultur auch Wertvolles gibt.«

Lukusa war einer der ersten Schwarzen in Lubumbashi, die auf eine höhere Schule für weiße Kinder durften. Am ersten Tag brachte ihn sein Vater bis ans Schultor. »Wenn das hier nicht klappt mit dir, dann werden die Weißen künftig kein Interesse mehr daran haben, Schwarze studieren zu lassen«, sagte er. Die erste Zeugnisverteilung wird Lukusa nie vergessen. Die Eltern der schwarzen Schüler standen in einer Gruppe beisammen. Es wurde totenstill im Saal, als Lukusa aufgerufen wurde. Mit zitternden Knien ging er nach vorn. In der Grundschule hatten seine Eltern gejubelt, gesungen und getanzt, wenn er versetzt worden war – wieso reagierten sie jetzt nicht? Als er zurückging, sah er sie mit ängstlichen Gesichtern hinten im Saal stehen. Sie klatschten Beifall, wie sie es bei den weißen Eltern gesehen hatten. »Sie hatten sich ganz an das weiße Ritual angepaßt.«

Plötzlich schüttelt er den Kopf, als wollte er diese Erinnerungen vertreiben. »Ach ja«, seufzt er, »damals waren wir noch voller Zukunftshoffnungen. Ich wollte Schriftsteller werden, aber in einem Land wie Zaire ist Schreiben etwas geradezu Surrealistisches, denn wo soll man das Geld zum Leben hernehmen? Da hat man als Diamantschürfer im Kasai noch eher eine Zukunft.«

Er lacht verächtlich. »Die Patres haben gesagt, wir würden einmal die Elite des Landes sein. Sie haben uns eine neue Welt versprochen, und dann haben sie uns am Tor zu dieser Welt stehengelassen. Wir können schreiben und lesen, aber das braucht man überhaupt nicht, um zur Elite zu gehören. Für Intellektuelle ist hier kein Platz. Wir können nicht mehr mit unseren Eltern reden, doch zu dieser anderen Welt gehören wir auch nicht. Ihr in Europa wißt wenigstens, wohin ihr geht, aber welcher Afrikaner weiß schon, was die Zukunft bringt? Die wird nach wie vor von anderen bestimmt.«

Von allen afrikanischen Intellektuellen sind die Zairer am schlechtesten dran, sagt er. Die Kollegen, denen er auf internationalen Kongressen begegnet, bedauern ihn, weil er unter einem so primitiven Regime leben muß.

So unterhalten wir uns, bis wir in Kenia angelangt sind, dem Vergnügungsviertel von Lubumbashi. »Hier wohnen die größten Schlitzohren, aber auch die besten Fußballer«, sagt Lukusa. Wir gehen in eine Bar, deren Besitzer er kennt. »Er ist Soldat, aber er sitzt den ganzen Tag in seiner Bar. Wenn man ihn rufen würde, weil in Kolwezi ein Aufstand ausbricht, wär er der erste, der die Beine in die Hand nimmt. Er lebt in Armut, seine Kinder haben Hunger – wieso sollte er für sein Land sterben?«

An einem der Tische sitzen einige junge Männer und unterhalten sich. Sie schauen auf, als wir hereinkommen, und grüßen Lukusa verlegen. Es sind Studenten. Die haben's auch nicht leicht, sagt Lukusa. Als vor zwei Jahren die Mensa geschlossen wurde, kamen viele Studenten zu ihm und beklagten sich darüber, daß sie hungern mußten. Er schickte sie weg. Wenn sie protestieren wollten, sollten sie zum Rektor gehen und ihn ohrfeigen, riet er ihnen. »Wir müssen hart sein«, sagt er. »Als wir studiert haben, mußten wir auch für unsere Rechte kämpfen.« Die Studenten sind sich über ihre Situation im klaren, aber groß protestiert wird nicht. Alle paar Jahre am Todestag Lumumbas schreien sie »*Vive Lumumba! À bas Mobutu!* – Es lebe Lumumba! Nieder mit Mobutu!«, ein paar von ihnen werden verhaftet, und schon ist der ganze Spuk wieder vorbei. »Hier fangen die Studenten keine Revolution an«, sagt Lukusa. »Die schreiben lieber Berichte über Kommilitonen, um sich bei denen da oben beliebt zu machen.«

Als wir die Bar verlassen, ist es draußen dunkel. In

Kenia brennt nur da und dort Licht. Ich sehe Lukusa an. Stromausfall? Er lacht mich aus. »Hier gibt's gar keinen Strom! Mobutu redet ständig von der Verbindung Inga–Shaba, aber in Kenia ist es nach wie vor dunkel. Das darf man aber nicht laut sagen, sonst ist man gleich wieder mittendrin in der Politik. Die Errungenschaften der Revolution darf man nicht in Zweifel ziehen – die Anarchie, die Korruption, die Gewalt.«

Anfangs machen wir noch Anstalten, nach Hause zu gehen, aber es wird immer schwieriger, sich von dem Lärm, dem Trubel, dem Tanzen in Kenia loszureißen. Lukusa war als Student oft hier, immer noch ein Lokal fällt ihm ein. Ich fühle mich vom ersten Augenblick an wohl. Das hier ist wie Matonge, das kenne ich. »Man merkt, daß du viel im Norden warst«, sagt Lukusa, »du verhältst dich wie die Kinoises.« Manchmal fährt er nach Kinshasa und stürzt sich dort ins Nachtleben. Hier hat er kaum Zeit für so etwas.

Nach und nach zieht der Trubel in Kenia auch ihn in seinen Bann. »Sieh dich mal um«, sagt er, als wir später in einer kleinen Bar sitzen. »Merkst du was?« Ich sehe die Paare auf der Tanzfläche, die Tische voller Tembo-Bierflaschen, die lachenden Gesichter. Gespannt sieht Lukusa mich an. »Immer noch nicht?« – »Nein.« – »Vermißt du hier nichts?« Er lacht. »Schau dich noch mal genau um. Hast du je eine Bar gesehen, in der kein Mobutu-Poster hängt?« Tatsächlich. Kein Poster des Präsidenten. Lukusa lacht triumphierend. »Du siehst, ich bin nicht der einzige, der ihn nicht leiden kann.«

Wir tanzen, und nachdem wir einmal angefangen haben, hören wir nicht wieder auf. »Und du behauptest, die Leute hier gehen nicht aus!« rufe ich. Tief in der Nacht höre ich plötzlich einen bekannten Ton. Ayyyyyyyyyyyy!!!! Es klingt wie die GÉCAMINES-Sirene. Woher kommt es? Da ist es wieder. Ayyyyyyyyyyyy!!!! gellt es über die Tanzfläche. »Hast du das noch nie gehört?« fragt Lukusa. »Das machen sie immer, wenn es richtig hoch hergeht.«

Bis in die Morgenstunden folgt uns die GÉCAMINES-Sirene von Bar zu Bar. Anfangs finde ich den Ton schrecklich, er erinnert mich an Arbeit, an die rauchenden Schlote und die dunklen Bergwerksschächte von Kolwezi, doch mit der Zeit verschmilzt er mit dem pulsierenden Rhythmus Kenias.

Das metallische Licht der Morgendämmerung steht schon am Himmel, als wir in die Stadt zurückkehren. Uns dreht sich vom Tembo-Bier noch der Kopf, aber um uns herum gehen die Menschen schon zur Arbeit. Plötzlich beginnt die echte GÉCAMINES-Sirene zu heulen. Lachend sieht Lukusa mich an. »Kommt uns das nicht irgendwie bekannt vor?«

Mitgefangen, mitgehangen

WIR sitzen schon im Flugzeug nach Kisangani, da fordert uns der Steward auf, wieder auszusteigen. Den Grund nennt er nicht. Die Passagiere sind die gleichen wie immer auf Inlandsflügen: Ich erkenne einen indischen Geschäftsmann wieder, den ich schon einmal in Kisangani gesehen habe, die anderen Ausländer müssen ebenfalls Geschäftsleute sein. Und dann die Zairer: Männer im *abacost* mit Mobutu-Anstecknadeln am Revers und Aktenkoffern in der Hand. Wahrscheinlich Regierungsbeamte.

Im Warteraum tauchen die ersten Gerüchte über die Verzögerung auf. »Der Präsident braucht das Flugzeug«, weiß ein Zairer. Michal, eine niederländische Hörfunkjournalistin, die mich begleitet – sie ist noch nicht lange in Zaire – sieht mich erstaunt an. Der Präsident beansprucht ein Linienflugzeug für sich allein? Das ist ja nicht zu fassen! Und niemand protestiert! Ich merke, wie sehr ich mich in den vergangenen Monaten an die Verhältnisse hier gewöhnt habe. Was machen ein paar Stunden früher oder später schon aus? Ich hatte bereits von solchen »Entführungen« gehört; Ausländer beklagen sich oft darüber. Wie sollen sie in einem Land Geschäfte machen, dessen Präsident sogar die Fluggesellschaften als sein Privateigentum betrachtet?

Mit gewichtigen Mienen sind die Zairer am Morgen in die Maschine gestiegen. *Les privilégiés du régime* – Die Privilegierten des Regimes. Männer, die es weit gebracht haben, so weit, daß sie, ohne mit der Wimper zu zucken, ein Flugticket bezahlen können, für das andere ein ganzes Jahr arbeiten müßten. Doch jetzt zeigt sich wieder, wie unsicher ihr Dasein ist. Es hängt an einem seidenen Faden, den der Präsident in der Hand hält. Aber sie scheinen es gelassen hinzunehmen.

Die ausländischen Passagiere sind aufmüpfiger. »Wahrscheinlich hat er einen von seinen Boys vergessen«, spottet ein griechischer Geschäftsmann. Er spricht leise, denn respektlose Äußerungen über den Präsidenten sind in der Nähe so vieler Männer im *abacost* nicht ratsam.

Zwei Lastwagen voller junger Zairer fahren an der Gangway vor. »Die Präsidentengarde«, flüstert jemand. Mobutu sei am Morgen überraschend nach Gbadolite geflogen, und seine Leute müßten ihm folgen. Erst am Nachmittag können wir abfliegen.

Meine Erzählungen von der *Colonel Ebeya* haben Michals Neugier geweckt. Wir werden eine Rundfunkreportage über die Schiffsreise machen, und da die Fahrt stromabwärts kürzer ist, fliegen wir nach Kisangani. Von dort aus wollen wir dann nach Kinshasa.

Michal hat es nur unter großen Schwierigkeiten geschafft, nach Zaire einzureisen. Ich habe ein Touristenvisum, aber sie mußte, da sie ihre Rundfunkausrüstung dabeihat, ein Journalistenvisum beantragen, und das ließ monatelang auf sich warten. Gegen tausend Mißgeschicke gewappnet, ist sie hier angekommen. Ich habe versucht, sie zu beruhigen: Auch ich wurde vor meiner Abreise von allen Seiten gewarnt, und jetzt reise ich schon seit Monaten problemlos im ganzen Land herum.

In Kisangani erwarten uns schlechte Nachrichten. Das Schiff, das am nächsten Tag eintreffen sollte, sitzt auf einer Sandbank fest. Inzwischen ist Trockenzeit, und die Sandbänke sind zahlreicher und gefährlicher als auf meiner Fahrt mit der *Ebeya*. Was nun? Wir haben unseren Reiseplan mit westlicher Präzision ausgearbeitet. In etwas über einer Woche muß Michal in die Niederlande zurück.

Als wir am nächsten Tag erfahren, daß das Schiff immer noch festsitzt, beschließen wir, die Flußfahrt zu streichen. Nach Kinshasa zurückfliegen? Kommt nicht in Frage. Wir müssen ein anderes Thema finden, und zwar hier.

Wir wohnen im Haus des belgischen Konsuls am Tshopo. Nach längeren Diskussionen kommen wir alle drei zum selben Ergebnis: dann eben eine Reportage über die turbulente Vergangenheit dieser Stadt. Der Konsul kennt genug Belgier, die die Rebellion miterlebt haben.

Wir machen uns sofort an die Arbeit, ich allerdings mit gemischten Gefühlen, denn ich kenne die Ex-Kolonisten in Kisangani schon von meinem letzten Aufenthalt hier, von diesen Abenden an der Hausbar, wo sich großartige Schilderungen ihrer Erlebnisse mit Berichten über frisch aus Kinshasa eingetroffene belgische Muscheln abwechselten. Oder darüber, wer das letzte Fußballspiel gewonnen hat. Seit meiner Reise auf der *Fabiolaville* bin ich dieser Sorte Belgier immer wieder begegnet. Sie haben mir oft geholfen – jeder Landsmann ist für sie ein Bundesgenosse –, aber ich mißtraue ihrer Sicht der Geschichte dieses Landes. Es ist eine weiße Sicht.

Der Hörfunk ist ein schwieriges Medium. Auf dem Schiff hätten wir die Stimmen der Mamas aufnehmen können, die Musik, das Plätschern des Wassers, die Rufe der Uferbewohner. In einer Stadt wie Kisangani ist die Vielfalt der Geräusche weit geringer. Hier reden die Leute nur. Und es wäre doch praktisch, wenn sie niederländisch sprechen würden, meint Michal.

Also machen wir uns auf die Suche nach Gaston. Während der Rebellion hat er die Regierungstruppen unterstützt, und er war mit mehreren zairischen Frauen verheiratet. Jetzt ist er ein wohlhabender Kaffeepflanzer. Ich bin ihm schon einmal begegnet, am Swimmingpool des

Konsuls. Ein kleiner, etwa fünfzigjähriger Mann mit grimmigem, aggressivem Blick, der Typ, der als Kind kräftig ausgeteilt haben muß, wenn er seiner Körpergröße wegen gehänselt wurde. Seine Anekdoten über die Rebellion in Kisangani enden jedesmal mit einem höhnischen Lachen. Aber er kennt die Stadt wie kaum ein anderer.

Wir fahren mit Gaston in seinem Jeep zum Hotel Victoria, in dem die Weißen 1964 von den Rebellen als Geiseln gehalten wurden. Michal hat ihren Sony-Walkman mit Mikrofon dabei. Gaston erzählt, daß die Weißen damals wie Vieh zusammengetrieben wurden, daß sie auf der Straße niederknien mußten und dann erschossen wurden. Passanten schauen neugierig zu uns her, aber er läßt sich nicht stören.

Dann fahren wir zur Place des Martyrs, wo die Regierungssoldaten von den Simbas niedergemetzelt wurden. »Hier ist das Blut durch die Straßen geflossen«, sagt Gaston. Doch die Regierungstruppen waren keinen Deut besser, auch sie haben Tausende von Rebellen auf bestialische Weise umgebracht. Einmal sah Gaston auf einem Platz Arme, Beine und Rumpf eines Rebellen einzeln an den Bäumen baumeln.

Gaston kommt richtig in Fahrt. Er raucht mit heftigen Gebärden und stößt ab und zu seine Zigarre in die Luft. Es sieht aus wie ein Boxhieb. Seine Geschichten werden immer komplizierter, Rebellen, Regierungssoldaten und Söldner wirbeln darin kreuz und quer durcheinander. Auch Michal schnappt schon nach Luft. Wer die Rebellion miterlebt hat, mag noch einen Zusammenhang erkennen, für Außenstehende aber ist es ein unentwirrbares Knäuel von Ereignissen. Doch der Recorder ist geduldig, und wir lassen Gaston reden. Er ruft die ruhmreiche Vergangenheit Kisanganis wach und beschreibt den himmelschreienden Niedergang der Stadt nach der Zairisierung.

»Und jetzt zeig ich euch, wo damals die Fallschirmjäger

gelandet sind, um die Weißen zu befreien«, sagt er. Der Flugplatz scheint nicht mehr in Betrieb zu sein. Ein leeres Gelände mit einem Zaun ringsum. Wir wissen nicht recht, ob wir aussteigen sollen, denn es wird dunkel, übergangslos wie überall am Äquator. Doch Gaston beruhigt uns. »Na, kommt, nur ganz kurz.« Am Zaun bleiben wir stehen. Hinter uns auf der Asphaltstraße haben Leute den langen Marsch in die *cité* angetreten. Einige verlangsamen ihren Schritt und schauen zu uns her.

Plötzlich kommt aus der Dämmerung ein Mann auf uns zu. Ein junger Mann, dem schlaksigen Gang nach zu schließen. Ein Soldat. »Das ist hier militärisches Gelände, wissen Sie das nicht?« Militärisches Gelände? Wir lachen. Wo steht das? Die betrunkenen Soldaten kommen mir in den Sinn, die uns auf der Reise in den Osten nachts den Weg versperrt haben, und die Soldaten auf der Fahrt nach Kolwezi. Immer bereit, Ärger zu machen, und oft so leicht zu besänftigen.

Der Soldat inspiziert den Recorder und runzelt die Stirn. »*Vous prenez des photos?* – Haben Sie fotografiert?« Auf militärischem Gelände, so lauten seine Instruktionen, ist Fotografieren streng verboten. Michal erklärt ihm, daß der Walkman keine Kamera ist, aber der Soldat zeigt auf ein Gebäude in einiger Entfernung. Dort hat er sein Büro. Wir möchten ihm bitte folgen.

Gaston versucht ihn zu beruhigen. Wir haben doch nichts Verbotenes getan. Woher sollten wir wissen, daß hier militärisches Gelände ist? Doch der Soldat deutet auf den Walkman. »Und was ist das? Was haben Sie damit gemacht?«

In dem Büro sind noch mehr Soldaten. »Wartet hier, das haben wir gleich«, sagt Gaston. Er geht hinein, scherzt mit den Männern, klopft ihnen auf die Schultern. Michal und ich beobachten ihn vom Auto aus. Ich kenne diese Gesten. So regeln die Belgier hier ihre Angelegenheiten. Vielleicht steckt Gaston ihnen zum Schluß noch etwas zu. Michal sieht mich beunruhigt an. Was passiert jetzt? »Keine Angst, Gaston macht das schon.«

Doch die Soldaten bleiben hart. Einer von ihnen geht ans Telefon. »Sie rufen ihren Vorgesetzten an«, informiert uns Gaston. Er hat sich eine Zigarette angezündet und geht heftig gestikulierend auf und ab. Dann streckt er den Kopf durchs Fenster. »Könnt ihr das Band nicht löschen?« Es ist eine Dreiviertelstunde drauf, die können wir nicht in fünf Minuten löschen. Das Band verstecken? Und wenn sie den Wagen durchsuchen? Wir beschließen, gar nichts zu tun.

Michal wird immer ängstlicher. »Da siehst du's, Journalisten leben hier eben doch gefährlich!« Von allen Seiten habe man sie gewarnt, aber ich hätte gesagt, Zaire sei kein Polizeistaat, hier könne man sich frei bewegen, die Leute in den Niederlanden hätten übertrieben. Und jetzt das! Ich muß lachen, als ich sie so aufgeregt sehe. »Nun mach dir mal keine Sorgen«, sage ich, »immerhin wohnen wir beim Konsul.«

Ein schwarzer Mercedes fährt vor. Die Soldaten salutieren. Der Mann am Steuer kurbelt das Fenster herunter. Gaston kennt ihn. »*Citoyen* Kalume, der Chef des Sicherheitsdienstes«, flüstert er uns zu. Der Mann ist sichtlich verärgert. Wer wir seien? Was wir an dem Zaun zu suchen gehabt hätten? Er will unsere Papiere sehen, aber ich habe meine nicht bei mir. Und dann mache ich einen Fehler: Ich sage, man hätte mir immer empfohlen, sie nicht mitzunehmen. »Wer hat Ihnen das empfohlen?« fährt er mich an. »Ihre weißen Freunde? Haben Sie Angst, Ihre Papiere könnten gestohlen werden? Hat man Ihnen das gesagt?«

Im Halbdunkel kann ich sein Gesicht kaum erkennen. Er trägt eine Brille und wirkt gepflegt. Sein Französisch ist fehlerfrei; er muß im Ausland studiert haben. Zu jedem anderen Zeitpunkt hätte ich mich gern mit ihm über seine

Schulzeit bei den Missionaren unterhalten. Aber den Ton unseres Gesprächs bestimmt er, und es ist kein angenehmer Ton. Wie ein Schulmädchen stehe ich vor ihm. Ertappt. Und keine Möglichkeit, mich zu wehren.

Michal muß den Recorder vorzeigen. »Sie haben auch eine Kamera«, sagt einer der Soldaten. Sein Vorgesetzter deutet gebieterisch auf unsere Taschen. »*Ouvrez* – Aufmachen.« Nervös nehmen wir alles heraus. Keine Kamera. Dann wird der Wagen durchsucht. Die Soldaten räumen ein, daß sie sich möglicherweise geirrt haben.

Gaston sagt, wir seien Gäste des Konsuls. Der Mann beachtet ihn nicht. Michal muß ihm den Recorder aushändigen. »Den lasse ich morgen zum Konsul zurückbringen«, sagt er. Dann fährt er davon. Im Auto beruhige ich mich wieder. Na bitte, ist doch nichts passiert. »Und was ist, wenn sie das Band abhören?« fragt Michal. »Ach, das machen die nicht«, erwidert Gaston. »Das verstehen sie ja gar nicht. Ihr werdet sehen, morgen ist alles wieder in Ordnung.«

Noch ein wenig beklommen fahren wir nach Hause.

Der Konsul ist wütend auf Gaston, als er hört, was passiert ist. »Wie kommst du dazu, die beiden zum Militärflugplatz zu bringen! Jetzt lebst du schon so lange hier – da hättest du's doch weiß Gott besser wissen müssen!« Doch gleich darauf lacht er wieder. »Kommt, trinken wir was, das beruhigt die Nerven.« Auch er glaubt nicht, daß es Schwierigkeiten geben wird. Kalume ist ein guter Bekannter von ihm. »Er hat nur seine Pflicht getan.«

Nur Michal macht sich weiter Sorgen. Die Geschichte des belgischen Zaire-Kenners Ronald van den Bogaert geht ihr im Kopf herum. Hatte das nicht auch ganz harmlos angefangen? Er hatte nur einen Stapel Zeitungsausschnitte und ein paar Kassetten bei sich, als er auf dem Flughafen von Kinshasa festgenommen wurde, und dann saß er über ein halbes Jahr hinter Gittern.

Mich hat die lakonische Reaktion des Konsuls beruhigt. Er ist schon so lange in Kisangani, er kennt die Verhältnisse hier. »Wir sind in guten Händen«, sage ich, »die Männer regeln das untereinander.«

Am nächsten Tag werden wir zum Sicherheitsdienst zitiert. Am Eingang ein verschlafener Soldat. Hinter ihm ein ummauertes Gelände mit einem Baum und einem Betongebäude. Blätter sind von dem Baum durch die offenen Fenster geweht und trudeln durch die Flure. Im ersten Stock müssen Gaston, Michal und ich stundenlang warten. Mitgefangen, mitgehangen. Leute steigen die Treppe hinauf und hinunter und werfen uns fragende Blicke zu.

Lange bleibt Gaston nicht sitzen. Seufzend steht er auf, geht den Flur hinunter, läßt sich auf einen anderen Stuhl fallen, starrt an die Decke. Noch immer versucht er uns zu beruhigen. Er ist schon so oft in die AND, die *Agence Nationale de Documentation*, bestellt worden, sagt er, ihm machen die keine Angst. Doch sein Auf-und-ab-Tigern verrät, daß auch er nervös ist.

Dann werde ich in eines der Zimmer gerufen. Michal verschwindet in dem Raum nebenan. Der Mann, der mir gegenübersitzt, ist jung und zuvorkommend. Wesentlich milder gestimmt als sein Chef gestern abend. Er bittet mich, Platz zu nehmen. Vor ihm liegt eine Liste mit handgeschriebenen Fragen. Wer ich sei? Weshalb ich nach Zaire gekommen sei? Wo ich überall gewesen sei? Was ich gestern auf dem Militärflugplatz gewollt hätte? In was für einer Beziehung ich zu Michal stünde? Die Antworten notiert er mit einem Kugelschreiber auf lose Blätter.

Ich höre mich selbst reden. Meine ganze Reise passiert vor mir Revue. Es ist seltsam, das alles einem Unbekannten zu erzählen, es klingt so banal. Man folgt den Spuren seines Onkels, und dann landet man hier! In dieser Umgebung wirkt die Reise plötzlich suspekt. Das einzige offizielle Dokument, das ich bei mir habe, ist ein Brief, in dem steht, daß ich die Nichte von Pater Houben bin und daß die Patres finanziell für mich bürgen. Aber der Mann ist freundlich. Er spricht leise und verständnisvoll. Seine Aufgabe scheint ihm ein wenig peinlich zu sein.

Draußen geht ein Platzregen nieder. Als ich wieder auf den Flur hinaustrete, platschen dort dicke Tropfen auf den Boden. Der Wind weht herein. Es ist kühl in dem Gebäude. Alle sind schon nach Hause gegangen. Gaston hat in einer Ecke Schutz gesucht und ist mit verschränkten Armen eingeschlafen. Hinter einer Tür höre ich Michal reden. Vor Aufregung spricht sie noch schlechter Französisch als ohnehin schon.

Später bringt uns der Mann, der mich verhört hat, in seinem weißen Volkswagen nach Hause. »Sie brauchen sich keine Sorgen zu machen wegen des langen Verhörs«, sagt er. »Das war reine Routine, der Fall ist damit erledigt.« Er scheint überzeugt zu sein, daß es sich um ein Mißverständnis handelt. Morgen bekommen wir unsere Pässe zurück und können wahrscheinlich sogar unsere Arbeit fortsetzen. Wir lachen und verabreden, daß wir, wenn alles vorbei ist, einmal abends mit ihm in die *cité* gehen.

Der Konsul wartet schon auf uns und empfängt uns wie Schiffbrüchige. Er hat Essen gemacht, Beefsteak mit Pommes frites. Mit Champagner stoßen wir auf den glücklichen Ausgang an. Hoch über uns spaltet ein Blitz den Himmel, und mit dem Donner stürmt plötzlich der nette Vernehmungsbeamte herein. Er ist tropfnaß. *Citoyen* Kalume schickt ihn, sagt er entschuldigend, wir müssen noch einmal mitkommen.

Was ist passiert? Kalume hat die Kassette übersetzen lassen. Darauf waren wir nicht gefaßt. Fieberhaft versuche ich mich zu erinnern, was genau Gaston gesagt hat, aber vergeblich. Ich habe gar nicht richtig zugehört. Es waren diese Geschichten, die sich die Weißen in Zaire untereinander erzählen. Die Realität aus ihrer Sicht. Für einen Zairer, der aufmerksam zuhört – und genau das hat Kalume mit Hilfe eines Dolmetschers getan –, muß der Bericht empörend sein.

Am Abend werden wir einer nach dem anderen in Kalumes Büro zitiert. Er sitzt an seinem Schreibtisch, ein schwerer Mann mit drohender Miene. Er kritzelt Männchen auf einen Notizblock. Vorwurfsvoll sieht er mich an. Er habe sich die Kassette angehört. Ob wir das alles senden wollten? Was sollten denn die Niederländer von Zaire denken! Wie man so etwas sagen könne! Weshalb wir nicht zum Gouverneur von Kisangani gegangen seien, der hätte uns viel besser von der Geschichte seiner Stadt erzählen können. Ein Glück, daß er die Kassette noch abgefangen habe.

Wie soll ich ihm erklären, daß die Niederländer den Text auf der Kassette wahrscheinlich nie gehört hätten? Daß es nur das erste einer ganzen Reihe von Interviews war, daß Gastons Geschichten zu kompliziert waren, daß … Er würde mir ja doch nicht glauben.

»Ich habe den Präsidenten informiert«, sagt er knapp. »Der Präsident hat Anweisung gegeben, den Fall genauestens zu untersuchen.« Zum ersten Mal erfaßt mich leichte Panik. Der Präsident! Wenn sein Zorn uns trifft, können wir uns auf etwas gefaßt machen.

Aber was haben wir eigentlich verbrochen? Von jetzt an spielt diese Frage keine Rolle mehr. Wichtiger ist: Wie kommen wir mit heiler Haut davon? Wir werden wieder in die Zimmer im ersten Stock geführt, und das Verhör beginnt von neuem. Im Lauf des Abends kommt plötzlich Kalume herein. Er bringt eine Thermoskanne mit Kaffee. »Damit ihr wach bleibt«, sagt er lachend. Es klingt fast väterlich. Höchstpersönlich schenkt er uns ein. Das ist der inoffizielle Kalume. »Ist das hier immer so?« frage ich und sehe den Vernehmungsbeamten an. Die beiden lachen. »Nur wenn es spät wird.« Alles kommt wieder in Ordnung, schießt es mir durch den Kopf, als Kalume die Tür hinter sich schließt. Inzwischen ist ihm wohl auch klar, daß nichts Schlimmes passiert ist.

Um drei Uhr morgens dürfen wir endlich nach Hause. Michal ist in Panik. Ein paar Fragen hat sie überhaupt nicht verstanden, und der Beamte hat einige ihrer Antworten nicht verstanden. Was sie damit gemeint habe, als sie sagte, sie sei Journalistin? Ein Journalist arbeite doch für eine Zeitung. Wozu sie dann den Kassettenrecorder gebraucht habe? Sie konnte ihm nicht erklären, was ein Rundfunkjournalist ist. Aber sie hat auch etwas Lustiges erlebt. Während des Verhörs mußte sie zur Toilette. Der Beamte führte sie die Treppe hinunter und öffnete die Tür zu einem großen, leeren Raum. Das Licht ging nicht. Da hinten sei die Toilette, sagte er. Als Michal sich vorwärtszutasten begann, kam er ihr zu Hilfe. Er führte sie in eine Ecke des Raumes und nahm ihre Hand, legte sie auf die Brille und zeigte ihr dann noch, wo das Toilettenpapier hing. Trotz unserer Anspannung müssen wir lachen. Mitten in unserer Misere ist einen Moment lang die komische Seite des Lebens in Zaire aufgeblitzt.

Als wir nach Hause kommen, hat der Konsul bereits ein Fernschreiben an die belgische Botschaft in Kinshasa aufgesetzt, in dem er unsere Lage erläutert. Ich erschrecke. Können wir die Angelegenheit nicht an Ort und Stelle regeln? Warum muß Kinshasa informiert werden? Die Belgier kommen mir in den Sinn, denen ich in der Botschaft begegnet bin, alle, die mich gewarnt und gemeint haben, ich könne die Situation in diesem Land nicht einschätzen. Was werden die sich ins Fäustchen lachen! Insgeheim schimpfe ich mit mir selbst: Wie konnte ich nur so naiv sein! Mit einem Kassettenrecorder durch Kisangani zu laufen und Ex-Kolonisten zu interviewen!

Michal schläft in dieser Nacht kaum. Sie denkt an die Niederlande. Wie lange können wir die Sache geheimhalten? Was ist, wenn sie aus dem Ruder läuft? Auch ich mache mir allmählich Sorgen. Am Morgen wache ich mit dem sehnlichen Wunsch auf, ich hätte alles nur geträumt. Doch als ich Michal mit weit geöffneten Augen in ihrem Bett liegen sehe, hat mich die rauhe Wirklichkeit schnell wieder.

Als der Konsul zur Arbeit geht, bleiben wir zu Hause. Wir müssen abwarten, was weiter passiert. Wir gehen ans Ufer des Tshopo hinunter. Kinder wollen uns Leopardenfelle verkaufen, Mamas rufen uns fröhliche Grüße zu. Hier geht das Leben ganz normal weiter. Nur für uns ist alles anders geworden.

Ich muß an Michel in Lubumbashi denken, der im Gefängnis gelandet ist, nachdem er bei einem Fußballspiel auf die Regierung geschimpft hatte. Er hat davon erzählt wie von einem bösen Traum. Sein Bericht hatte etwas Unentrinnbares, Absurdes. Was hatte er schon getan? Nichts. Doch als er erst einmal inhaftiert war, erschien plötzlich alles verdächtig, was er im Leben je gemacht hatte, und so war er ganz überrascht, als man ihn freiließ. Und wie zahm war er danach geworden! Jetzt, da wir uns selbst in diesem Netz verstrickt haben, fühle auch ich den Nebel des Unentrinnbaren näher kommen.

Und plötzlich fällt mir Ronald van den Bogaert ein. Große Sympathien hatte ich nie für ihn. Viele Belgier nannten ihn einen Schwachkopf, es hieß, er sei naiv gewesen, er hätte sich nicht in die zairische Innenpolitik einmischen dürfen. Die Jesuiten in Kinshasa schickten ihm eine Bibel ins Gefängnis, damit er etwas zu lesen hatte, andere aber hatten wenig Mitleid mit ihm. Er brachte ihre Interessen in Gefahr. »Zehn Jahre hätten die ihn einsperren müssen«, sagten manche Belgier. Werden sie das nicht auch von uns sagen, wenn sie hören, was passiert ist?

Wir gehen ins Haus zurück und warten auf den Konsul. Vielleicht ist ja alles wieder in Ordnung, wenn er kommt, vielleicht… Als wir seinen Jeep vorfahren hören, springen wir auf. Aber er bringt schlechte Nachrichten mit. Wir müssen alle nach Kinshasa, dort wird dann weiter über uns entschieden. In zwei Tagen geht die Maschine.

Kalume hat von der AND in Kinshasa Anweisung erhalten, uns einzusperren, aber wir dürfen im Haus des Konsuls bleiben. Ein herrliches Gefängnis: Morgens deckt ein Boy in weißer Schürze den Frühstückstisch auf der Terrasse, unten rauscht der Tshopo, und aus dem Urwald am anderen Ufer gellen Tierlaute herüber.

Der Konsul ist weiterhin optimistisch. In Kinshasa werden sie schon einsehen, daß sie einen Fehler gemacht haben, meint er. Trotzdem sollten wir uns auf das Schlimmste gefaßt machen. Ich denke an *citoyen* Bondo, Doktor Dubois, André und Kivilu. Ob sie uns helfen würden? Oder werden sie reagieren wie so viele bei Van den Bogaert? Als hätte er die Pest. Wir schreiben Briefe, schicken Fernschreiben. Meine Reisenotizen, die ich in Kinshasa gelassen habe, müssen in Sicherheit gebracht werden.

Am Nachmittag liegen wir am Swimmingpool, und am Abend vor unserer Abreise gehen wir mit dem Konsul aus, essen im Hotel Olympia, tanzen bei Clémentine. Ich treffe Leute, die ich während meines ersten Aufenthalts in Kinshasa kennengelernt habe. Sogar einen der Studenten von der *Colonel Ebeya* sehe ich von weitem. Ich komme mir vor wie unter einer Glasglocke. Es hat sich in der Stadt herumgesprochen, daß wir in Schwierigkeiten sind.

Am Freitagabend geht es los. Wir sind eine seltsame Gesellschaft. Der Konsul, ruhig wie immer, mit einem Lächeln, das seine Besorgnis verbergen soll, Gaston in einem cremefarbenen Safarianzug, nervös an einer dicken Zigarre saugend. Er hat nur Handgepäck dabei. »Ich hab nicht vor, lange zu bleiben«, grinst er. Aber er sieht müde aus, und seine Augen wandern unruhig hin und her. In den vergangenen Tagen hat er seine Angelegenheiten in Ordnung gebracht und seiner zairischen Frau Anweisungen gegeben.

Seit gestern leidet er unter furchtbarem Juckreiz. Filarien. Auch davor hat man mich auf der *Fabiolaville* gewarnt: Winzige Würmer, die unter die Haut gelangen und alle paar Jahre diesen Juckreiz verursachen. Gastons Gesicht ist verquollen, Arme und Beine sind rot vom Kratzen. Der Anblick des in die Enge getriebenen kleinen Mannes hat nachgerade etwas Rührendes.

Endlich kommt *citoyen* Kalume, im schwarzen *abacost* mit seidenen Biesen. Er weicht unserem Blick aus. Im Flugzeug reist er erster Klasse. Gaston setzt sich neben mich. Er glaubt, es geht bei der ganzen Sache nicht um uns, sondern um ihn. Wahrscheinlich will Kalume Geld von ihm, für seine Tochter, die in Brüssel lebt und ihn ziemlich viel kostet. Gastons Sekretär, ein guter Freund von Kalume, hat es ihn bereits wissen lassen: Wenn Gaston unbeschadet aus der Sache herauskommt, kann Kalume ein schönes »Geschenk« von ihm erwarten. Gaston nennt sogar einen Betrag. Hunderttausend Franc. Auf Kalumes Konto in Belgien.

Als wir abheben, schaut Gaston sorgenvoll drein. »Hast du gesehen? Wir haben einen schwarzen Piloten. Ich trau den Typen nicht.« In jeder anderen Situation hätte ich versucht, mich vor der Geschichte, die jetzt folgt, zu drücken, aber so... Gaston hat es auch nicht leicht, er hat gerade Frau und Kind zurückgelassen. »Warum nicht?« frage ich.

»Na ja«, sagt er, »wenn bei einem weißen Piloten während des Fluges irgend etwas nicht stimmt, fahndet er sofort nach der Ursache und versucht den Fehler zu beheben. Aber weißt du, was ein Schwarzer macht? Gar nichts, der ist wie gelähmt. Sein einziger Gedanke ist: Wer hat mir das eingebrockt? Und inzwischen gehen wir alle hops.« Er grinst.

Ich verfluche mich selbst. Habe ich denn diese ganze Reise nur gemacht, um mich in einer solchen Situation wiederzufinden? Unter weißen Ex-Kolonisten?

In Kinshasa stehen der belgische und der niederländische Konsul angespannt an der Gangway. Der Niederländer nimmt Michal beiseite. Was genau passiert sei? Wie wir behandelt worden seien? Verärgert läßt Kalume die beiden trennen. Der ganze Flughafen ist voll von Sicherheitsleuten. Wenn wir nicht auf der Stelle eingesperrt werden wollen, müssen wir in Kalumes Nähe bleiben.

Wir werden in die VIP-Lounge gebracht, dieselbe, in der ich am Morgen unserer Abreise nach Gbadolite mit *citoyen* Bondo saß. Wie vielversprechend sah da noch alles aus!

Als wir mit Kalume allein sind, wird er plötzlich freundlicher. Ob wir etwas trinken wollen, während wir auf das Gepäck warten? Er läßt Bier bringen und nimmt auf der Armlehne meines Sessels Platz. Auch ihm paßt es nicht, daß er hierherkommen mußte. Er hat viele Verwandte hier, und alle erwarten, daß er ihnen etwas mitbringt; ein Mann in seiner Stellung muß ja reich sein. Meist wohnt er in einem Hotel außerhalb der Stadt, wo ihn niemand findet.

Wir sollten ihm vertrauen, er werde alles tun, um uns zu helfen. Aber die Belgier und Niederländer von der Botschaft müßten stillhalten, sonst gebe es Probleme. »Vorhin wollte mich jemand fotografieren«, sagt er, »eine junge Weiße. Sie hat so getan, als würde sie etwas aus ihrer Handtasche holen, aber ich habe gesehen, daß sie eine Kamera bei sich hatte. Ich habe sie angestarrt, und da ist sie erschrocken. Sie weiß, daß ich sie gesehen habe.« Ich wundere mich. Wieso sollte jemand von der Botschaft Kalume fotografieren? Später stellt sich heraus, daß er sich das eingebildet hat. Es war die Schwiegertochter des Konsuls, die ein Feuerzeug aus ihrer Tasche nahm.

Dann ist unser Gepäck da, und wir können losfahren. Zwei Mercedeswagen mit Chauffeur stehen bereit. Kalume und ich steigen in den ersten ein, Gaston und Michal in den zweiten.

Schon in Kisangani habe ich Kalume von meiner Reise erzählt. Von meinem Wunsch, das Land, das ich nur durch die Brille meines Onkels kannte, mit den Augen der Zairer selbst zu sehen. Im Auto kommt er auf das Gespräch zurück. Er ist in der Nähe von Gbadolite geboren, und auch er ist bei den Patres in die Schule gegangen. Er fliegt regelmäßig nach Belgien und hat sogar den *abacost*, den er trägt, dort machen lassen.

In den letzten Tagen haben wir ständig zwischen Hoffnung und Verzweiflung geschwankt. Kalumes vertraulicher Ton läßt die Hoffnung wieder aufflackern. Haben wir uns doch zuviel Sorgen gemacht? Wir fahren auf langen, verschlungenen Wegen durch die Stadt, vielleicht um Verfolger abzuschütteln. Als wir die Außenbezirke von Kinshasa erreichen, erkenne ich die Gegend wieder: Wir steuern das Hotel Okapi an, wo ich ab und zu schwimmen war.

Michal und ich schlafen im selben Zimmer. Am Morgen ruft Kalume an. Seine Stimme klingt ganz anders als gestern abend. »Wenn ihr eure Landsleute von der Botschaft seht, sagt ihnen, sie sollen aufhören, euch zu folgen, sonst wird eure Akte wesentlich dicker, als sie bis jetzt ist.« Er sei in der Nacht noch in der Stadt gewesen und habe gesehen, daß das Botschaftspersonal uns überall gesucht hat. Man habe ihn nicht erkannt, weil er sich umgezogen habe. Umgezogen! Als ob man Kalume in einem anderen *abacost* nicht erkennen würde! Später stellt sich heraus, daß uns die Leute von der Botschaft tatsächlich gesucht haben. Sie wollten wissen, wo wir übernachten. Als sie im Okapi nach uns fragten, hieß es, wir seien dagewesen, aber wieder gegangen, weil das Hotel keine Klimaanlage hat. Offenbar wollte Kalume sie irreführen.

Ich ziehe weiße Hosen und eine weiße Bluse an. Heute sollen wir in der Zentrale der AND verhört werden. Es ist ein herrlicher Tag, und im Garten des Hotels hängt ein schwüler tropischer Duft. Wir frühstücken mit Kalume am Pool. Die Umgebung hebt unsere Stimmung. »Vielleicht können wir noch kurz schwimmen, wenn wir zurück sind.«

Dann fahren wir in die Stadt. Wir halten an einem von Mauern umgebenen Gebäude. Ich kenne die Gegend; François, mein französischer Führer in Matonge, wohnt hier in der Nähe. Es scheint eine Ewigkeit her, daß ich mit ihm auf dem Motorrad durch die Stadt gefahren bin. Als gäbe es zwei Kinshasas.

Ein Mann bringt uns in ein kleines Büro, wo wir stundenlang warten müssen, so daß es schon scheint, als hätte man uns vergessen. Kalume haben wir noch kurz gesehen, bevor er in dem Gebäude verschwand. Geistesabwesend schaute er uns an. Keine Spur mehr von der Vertraulichkeit gestern abend. Er trifft hier mit seinen Vorgesetzten zusammen.

Es ist Samstagmittag, ein Uhr, das Wochenende hat begonnen. Was wird mit uns passieren? Die Tür geht auf. Endlich. Ein Mann kommt uns holen. Wir folgen ihm. Flure. Eine Tür. Ein Innenhof. Noch eine Tür. Unrat auf dem Boden, in der Ecke ein Steinhaufen. Schmutzige Wände. Anscheinend werden wir durch einen Hinterausgang hinausgeführt.

Bei einem heruntergekommenen Gebäude bleibt unser Führer stehen. Die Tür ist offen. An einem Tisch sitzt ein bebrillter Mann mit einfältigem Gesichtsausdruck. Er winkt uns herein. Wir sehen uns an. Sollen wir etwa hier verhört werden? Von diesem Mann? »*Ouvrez vos sacs* – Öffnen Sie Ihre Taschen.« Ein Ton, der keinen Widerspruch duldet. Wir räumen unsere Taschen aus und legen den Inhalt auf den Tisch. Der Mann zählt unser Geld und stapelt es fein säuberlich auf. »*Enlevez vos ceintures* – Nehmen Sie Ihre Gürtel ab.« Plötzlich ist all meine Hoffnung der vergangenen Tage dahin: Wir werden eingesperrt!

Der Bewacher führt uns in einen zweiten Innenhof. Unter einem Vordach sitzen dort drei Männer auf wackligen Stühlen, zwei Schwarze und ein Weißer. Sie schauen auf. Der Weiße ist ausgemergelt, sein Gesicht von tiefen Furchen durchzogen. Ein erloschener Blick. In der Mitte des Hofes steht ein Baum. Unter einer Plane ein Bett ohne Matratze. Sonst nichts.

Bis zu diesem Moment habe ich mich tapfer gehalten. Immer wieder dachte ich, wir hätten das Schlimmste hinter uns. Nicht einmal die Aussicht, im Gefängnis zu landen, hat mich wirklich bedrückt. Doch ein Blick auf die Männer unter dem Vordach, und alle Romantik ist dahin. Mein Widerstand bricht zusammen. Da stehe ich, für das Verhör ganz in Weiß gekleidet, in einem Gefängnishof! Wie soll ich mich in diesen Sachen auf die schmutzigen Stühle setzen?

Hinter den Männern ein kleiner Raum, in dem drei Schaumstoffmatratzen auf dem Boden liegen. Links davon ein weiterer Raum. Leer. Die Männer zeigen darauf: Da müssen wir schlafen.

Mücken sirren durch die Luft. Verdammt, auch das noch. Ich mache mich sofort auf die Suche nach der Toilette. Eine zerrissene Plane hängt davor. Und wo sollen wir uns waschen? Ich sehe nur einen Wasserhahn im Freien.

Die Männer empfangen uns, als kämen wir zu Besuch. Sie machen Platz für uns, räumen ihr Damebrett weg. Als Spielsteine dienen mit angolesischen Münzen beschwerte

Dosenverschlüsse. Der Weiße mit dem müden Gesicht füllt einen kleinen Topf mit Wasser und macht Pulverkaffee. Später erzählt er uns seine Geschichte – eine bizarre Geschichte. Er ist Ungarnflüchtling mit französischem Paß und hat bis vor kurzem als Arzt im Landesinneren gearbeitet. Der Organisation, die ihn dorthin geschickt hatte, war das Geld ausgegangen, und er flog nach Kinshasa, um mit dem Verantwortlichen des Projekts zu reden. Doch der war unauffindbar. Jemand riet ihm, bei der AND nach ihm zu fragen. Aber kaum hatte er das Gebäude betreten, wurde ihm der Paß abgenommen, und schon saß er fest. Aus unerfindlichen Gründen. Das war vor siebenundvierzig Tagen. Offiziell kann er gehen, vorausgesetzt, er verläßt sofort das Land. Aber er hat kein Geld für ein Flugticket. Seitdem irrt er durch dieses kafkaeske Labyrinth. Er erzählt seine Geschichte mit dumpfer Stimme. Als würde er nicht mehr daran glauben, daß er je wieder freikommt.

Die beiden Zairer sind Dissidenten, aktive Mitglieder der verbotenen oppositionellen Gruppierung UDPS. Mbilo, der Dickere und Gesprächigere, ist schon sieben Jahre hier. Manchmal darf er für ein paar Monate nach Hause, dann wird er wieder verhaftet. »Wir werden von einer Gangsterbande regiert«, sagt er. »Die gehören alle abgeknallt, anders wird man die nicht los.« Der Bewacher hört interessiert zu. Ich erschrecke. Wer ist der Mann? Ein Agent provocateur? Warum verkündet er hier ungefragt seine Meinung? Ich fordere ihn auf, still zu sein. Merkt er denn nicht, daß der Bewacher lauscht? Wir haben wahrhaftig schon genug Probleme.

Mit Michal hat sich eine erstaunliche Verwandlung vollzogen, seit wir diesen trostlosen Hof betreten haben. Sie wirkt plötzlich viel munterer. Jetzt ist sie es, die mich zu beruhigen sucht. »Schlimmer kann's nicht mehr werden«, sagt sie. Sie muß lachen, weil ich noch immer ängstlich bemüht bin, meine weißen Sachen nicht schmutzig zu machen. »Lange wirst du das nicht durchhalten. Hast du dir mal den Boden in unserer Zelle angesehen?«

Gaston hat einen der Bewacher gebeten, ihm Tabletten zu bringen; das Jucken ist unerträglich. Er liegt auf dem Bettgestell und schmiedet Zukunftspläne. Wenn man ihn aus Zaire ausweist, wird er Entwicklungshelfer in einem anderen afrikanischen Land. Beziehungen hat er genug. Der Preis, den er für seine Freilassung bezahlen will, ist inzwischen sprunghaft gestiegen. Von drei Millionen Franc ist jetzt die Rede.

Später am Abend schickt uns die Botschaft etwas zu essen. Man weiß dort also, daß wir hier sind. Mbilo erzählt, daß schon einmal ein Belgier hier war. Der durfte aber nicht mit ihnen sprechen, sondern wurde sofort in den Raum gesperrt, in dem wir heute nacht schlafen sollen. Als wir weiterfragen, stellt sich heraus, daß es Ronald van den Bogaert war.

Und ich hatte mich so bemüht, seine Spuren zu meiden! Aber es ist, als würde ich an einer Schnur zu ihm hingezogen. Ich bin weder gekommen, um Mobutus Regime anzuklagen, noch um es zu rechtfertigen, ich wollte das Leben zwischen den Schlagzeilen erkunden. War ich doch zu naiv? Zwei westliche Journalistinnen können nicht lange unbemerkt in einem zairischen Gefängnis sitzen. Wenn das herauskommt, wird man uns automatisch mit Van den Bogaert in einen Topf werfen. Meine Reisenotizen hat die Botschaft in Sicherheit gebracht, aber werde ich je über die Reise schreiben können? Mein Onkel! Plötzlich erscheint alles wie ein schlechter Scherz. Wenn sie uns freilassen, wird man uns wahrscheinlich sofort ausweisen. Ich werde mich nicht einmal von den Leuten, die ich hier kennengelernt habe, verabschieden können. Der ungarische Arzt sieht mich an. »*Oui, nous sommes tous tristes ici* – Wir sind hier alle traurig«, sagt er tröstend.

Die Bewacher sitzen auf einer sauberen, bequemen Bank und spielen Karten. Als ich mich zu ihnen setzen will, scheuchen sie mich weg. Da, sagen sie und zeigen auf die anderen Häftlinge, da sei mein Platz. Wie ein geprügelter Hund ziehe ich wieder ab.

Dann wird Gaston gerufen. Ob die Botschaft Matratzen für uns geschickt hat? Kurz darauf kommt er mit einer Nachricht des Generalsekretärs der AND wieder. Wir sollen die Botschaft anrufen. »Wir kommen raus«, sagt er. Ich begleite ihn zum Telefon. Ich kann es noch nicht glauben. So viele Hoffnungen haben sich schon als trügerisch erwiesen.

Der Telefonist ist betrunken. Immer wieder wählt er die falsche Nummer. Eine maßlose Wut steigt in mir auf, aber ich reiße mich zusammen. Geduld. Es dauert nicht mehr lange. Der Konsul sagt, er kommt uns abholen. Wieder im Hof, nehmen wir bewegt Abschied von den anderen. Genau acht Stunden waren wir hier. Eine Ewigkeit.

In dieser Nacht schlafen wir in einer Wohnung über der belgischen Botschaft, einige Stockwerke tiefer als während meines ersten Aufenthalts in diesem Gebäude. Offenbar haben wir das Botschaftspersonal den ganzen Tag auf Trab gehalten. Am Montag, sagt der Konsul von Kisangani, müssen wir noch einmal zum Sicherheitsdienst. »Jetzt können sie euch nur noch ausweisen, mehr kann nicht mehr passieren.«

Michal ist heilfroh, daß sie schnell weg kann, aber ich will nicht so abreisen. Ich brauche Zeit, um mich von diesem Abenteuer zu erholen. Gaston hat sich schon wieder eine Zigarre angezündet. Jetzt, da die Gefahr vorüber ist, hat das »Geschenk« für Kalume stark an Wert verloren. »Fünfundzwanzigtausend Franc, das ist ja wohl ein angemessener Betrag«, sagt er.

Zusammen mit dem niederländischen und dem belgischen Konsul gehen wir zum Generalsekretär der AND. Ein hoher Raum mit Ledersofas, auf denen wir unbehaglich aufrecht zu sitzen versuchen. Der Mann hinter dem hochglanzpolierten Schreibtisch ist wie aus dem Ei gepellt. Kalume ist auch da. Kerzengerade sitzt er seinem Vorgesetzten gegenüber, mit dem Rücken zu uns. Während der ganzen Unterredung sieht er uns kein einziges Mal an.

Michal und ich bekommen einen Rüffel. Wir seien unvorsichtig gewesen, wir hätten keine Erlaubnis gehabt, auf der Straße Interviews durchzuführen. Und Gaston, ja, der müsse Kalume sehr, sehr dankbar sein, denn Kalume habe sich nachdrücklich für ihn eingesetzt. Der Generalsekretär wiederholt es noch einmal. »Um mir einzuschärfen, daß ich Kalume etwas schulde«, wie Gaston später sagt.

Der Generalsekretär lächelt breit. Selbstverständlich könne Gaston jederzeit nach Kisangani zurück, niemand werde ihn daran hindern. »Sie wohnen dort seit über dreißig Jahren, da sind Sie ja inzwischen Zairer!« Wieder dieses Lächeln. Ich werde immer wütender. Wie diese Männer sich gegenseitig die Stange halten! Die einzigen, die auf der Anklagebank sitzen, sind Michal und ich. Wir sind Fremde, wir wissen nicht, wie man diese Spielchen spielt. Der belgische Konsul kann gerade noch verhindern, daß ich ausgewiesen werde. Sie vereinbaren, daß ich bleiben darf, bis mein Visum abläuft, also noch ein paar Wochen. Ich atme erleichtert auf.

Dann sind wir frei. Am nächsten Tag reist Michal ab. François kommt mich holen; die Botschaft hat ihn verständigt. Wir laden mein Gepäck in sein Auto und fahren los. Wie betäubt sehe ich mich um. Der Verkehr auf dem Boulevard des dreißigsten Juni. Wie unschuldig war das alles bis vor kurzem! Noch etwas unsicher auf den Beinen, steige ich aus. Frei! Ich kann es kaum glauben. Und ich bin auch ein bißchen ängstlich. Werde ich genug Zeit haben, um mich von diesem Alptraum zu erholen? Alles scheint plötzlich bedrohlich. Selbst François sehe ich mit anderen Augen. »Hattest du hier noch nie Schwierigkeiten?« frage ich. Nein, sagt er, nur in Uganda, da saß er einmal mehrere Tage im Gefängnis und niemand wußte, wo er war. Er mußte sich mit Geld freikaufen. François' Nähe wirkt wie ein Schmerzmittel. Er verurteilt mich nicht, macht aber auch den Zairern keine Vorwürfe. Sie tun nur ihre Pflicht, meint er. »*Tu as vu la vie en rose* – Du hast das Leben durch die rosa Brille gesehen, da kann es nicht schaden, daß du auch mal die andere Seite kennengelernt hast.« Ich bringe mein Gepäck in sein Gästezimmer und lasse mich aufs Bett fallen. Aber er zieht mich wieder hoch. »Du bleibst jetzt besser nicht hier. Komm, wir gehen aus.«

Hinten aufs Motorrad. Brille auf. Bewegungen, die mir vertraut sind und in den vergangenen Tagen doch so weit weg schienen. Als gehörten sie zu einer gedankenlosen, unbesonnenen Vergangenheit, die für immer verloren war. Jetzt rufen sie auch andere Erinnerungen wach. Den vertrauten Geruch in den Straßen Kinshasas, die vorbeiflitzenden Reklametafeln, die Jungen, die François »*Bandidos!*« zurufen.

Wir fahren durch ein Wohnviertel am Stadtrand. Da fließt der Zaire. Die untergehende Sonne legt einen rötlichen Schleier über den Himmel. Wir halten an. Am anderen Ufer die Lichter von Brazzaville. Ich spüre, wie langsam wieder Leben in mich einströmt. All das existiert noch. Es hat nie aufgehört zu existieren.

»Komm«, sagt François. Auch seine Ruhelosigkeit erkenne ich wieder. Er redet nicht viel an diesem Abend. Wir suchen vertraute Orte auf. Eine Bar in Matonge. Im weichen grünen Neonlicht warmes Menschengewühl. Ab und zu steht jemand auf, um zu tanzen. Ich sitze still da und schaue zu. Ob die Leute hier wissen, was in diesem Land vorgeht? Daß man in einem Moment tanzen und im nächsten eingesperrt werden kann? Und dabei bin ich Weiße. Wie ist es dann erst für die Zairer? Bilder von den drei Männern an dem Tisch im Innenhof des AND-Gebäudes schieben sich zwischen mich und die ausgelassene Menge. Ob sie schon schlafen oder noch Dame spielen? Doch da zieht mich François schon wieder am Arm. Ich muß mich erst wieder daran gewöhnen, daß ich aufstehen und hinausgehen kann, ohne daß mich jemand daran hindert.

In dieser Nacht tauche ich in die Stadt ein wie in ein warmes Bad. In einem Straßencafé in Matonge schütteln Freunde von François mir die Hand. Sie freuen sich, daß ich wieder da bin. Und daß mir nichts Schlimmes passiert ist. Sie klopfen mir auf die Schulter. »Jetzt hast du wirklich alles gesehen!«

Todmüde falle ich später ins Bett. Als ich aufwache, ist François schon wieder startbereit. »Wir fahren aus der Stadt raus«, sagt er. Über schmale Sandwege geht es zu einem Felsenstrand am Zaire. Es ist totenstill dort. Wir schwimmen und dösen dann stundenlang auf den Felsen vor uns hin. In einiger Entfernung sitzen zwei Jungen und schauen uns zu.

Dann gehen wir zum Motorrad zurück und ziehen uns an. Ich sehe mich um. »Wo sind eigentlich meine Sandalen?«

»Liegen die nicht am Wasser?«

Ich sehe nach. Nichts. Verärgert gehe ich über den glühend heißen Sand zurück. »Verdammt, die sind weg!«

François zuckt die Schultern. »Pech«, sagt er. »Wahrscheinlich sind sie weggespült worden.« Er sitzt schon auf dem Motorrad. »Komm, wir fahren.«

»Hilf mir doch eben noch mal suchen.«

Hartnäckig suche ich weiter. Meine schönen Ledersandalen! Sie sind mir auf dieser Reise richtig ans Herz gewachsen, fast jeden Tag hatte ich sie an. Ich suche den ganzen Strand ab, auch dort, wo wir gar nicht gewesen sind. Ich muß sie finden, sie können doch nicht einfach weg sein! François lehnt an seinem Motorrad und beobachtet mich Die beiden Jungen von vorhin sind verschwunden. Sollten sie etwa …?

Ich gebe auf. »Klarer Fall«, sage ich gereizt, »meine Ahnen stehen mir nicht mehr bei.«

François lacht. »Dir scheint's ja wieder bestens zu gehen. Das Gefängnis hast du schon völlig vergessen.« Ich sehe ihn vorwurfsvoll an. Sehe den leisen Spott in seinen Augen. Plötzlich muß ich über mich selbst lachen. Er hat ja recht. Da stehe ich und trauere meinen Sandalen nach! Ich gebe ihm einen Schubs. »Auf«, sage ich, »fahren wir!«

Lieve Joris

Mali Blues

Ein afrikanisches Tagebuch. Aus dem Niederländischen von Ira Wilhelm und Jaap Grave. 313 Seiten. Serie Piper

Was macht Lieve Joris' Erzählungen über fremde Länder so besonders berührend? Sie *lebt* mit den Menschen an den Orten, bevor sie über sie schreibt. Die Afrikaner, die sie auf ihren Reisen trifft, sind Überlebenskünstler, die Zauberei, Tradition und Moderne zu vereinbaren wissen. Im Bewußtsein der politischen Unfähigkeit ihrer Regierungen nehmen sie mit Mut und viel Humor ihr Leben selbst in die Hand – wie der junge Amadou aus einer kleinen Stadt am Ufer des Senegal, der sich als einziger Besitzer eines Fernsehapparats in seiner Nachbarschaft eine gute Einnahmequelle verschafft hat. Oder der Schulinspektor Sass, mit dem die Autorin die Wüste Südmauretaniens durchqueren will und der erst einmal warten muß, bis ein paar pfiffige Automechaniker auf Kamelen angeritten kommen und seinen Toyota reparieren. Lieve Joris schildert die Hoffnung und die Poesie dieses Kontinents.

05/1070/01/L

Lieve Joris

Die Tore von Damaskus

Eine arabische Reise. Aus dem Niederländischen von Barbara Heller. 301 Seiten. Serie Piper

Wie ein Roman liest sich die Geschichte der jungen syrischen Soziologin Hala, die mit ihrer Tochter Asma allein in Damaskus lebt. Zwölf Jahre zuvor hatte die Geheimpolizei bei einer Razzia Halas Wohnung gestürmt und ihren Mann Ahmed verhaftet – er war Marxist. Halas Leben wird nun bestimmt von der konservativen Familie ihres Mannes, der wechselhaften Tagespolitik und ihrem eigenen Wunsch nach einem selbständigen, unabhängigen Leben. Lieve Joris begleitet sie auf ihren Fahrten kreuz und quer durchs Land, wo sich karge Wüstenlandschaften und üppige Oasen abwechseln, modernste Großstädte und kleine Dörfer. Hinter dieser farbenprächtigen Welt verbirgt sich jedoch Halas Lebenstragödie, denn längst hat sie aufgehört, ihren Mann zu lieben. Nun aber steht eine Amnestie bevor und damit auch die Rückkehr von Ahmed …

05/1071/01/R

Lieve Joris

Die Sängerin von Sansibar

Reiseberichte aus einer magischen Welt. Aus dem Niederländischen von Maurus Pacher. 217 Seiten. Serie Piper

Lieve Joris ist eine der herausragenden Reiseschriftstellerinnen Europas. Mit ihren vielfach preisgekrönten Berichten gelingt es ihr immer wieder, Fenster in andere Welten zu öffnen, Verständnis zu wecken für Lebensformen und Kulturen, die man vor der Lektüre gar nicht kannte. Sie zeigt Innenansichten von magischen Orten wie Sansibar und sieht Kairo mit den Augen des Autors Nagib Mahfus. Mit dem Schriftsteller V. S. Naipaul reist sie durch Trinidad. Behutsam kommt die belgische Reiseschriftstellerin den Kulturen und Menschen näher, denen sie die Freiheit gibt, sich selbst darzustellen.

05/1072/01/L

Ryszard Kapuściński

Die Welt im Notizbuch

Aus dem Polnischen von Martin Pollack. 336 Seiten. Serie Piper

Kaum ein Mensch hat so viel von der Welt gesehen wie Ryszard Kapuściński, einer der bedeutendsten Journalisten der Gegenwart. In »Die Welt im Notizbuch« beobachtet er globale Entwicklungen wie mikroskopische Details, stellt sie nebeneinander, verbindet oder reflektiert sie, bezieht sie in verblüffender Weise aufeinander. Aus Gedankensplittern, Reportagen, Fragmenten und Essays vieler Jahre formt sich eine Welt, die wir zu kennen meinten, die wir so aber noch nie gesehen haben.

»Manchmal ist Ryszard Kapuściński mehr als ein Reporter, sicher kein Soziologe, aber ein erzählender, reisender, phantasierender Geschichtsdenker.«

Frankfurter Allgemeine Zeitung

05/1420/01/R

SERIE PIPER

Michael Asher

Zu zweit gegen die Sahara

Per Kamel auf Hochzeitsreise. Aus dem Englischen von Hanna van Laak. 352 Seiten mit 36 Fotos von Mariantonietta Peru. Serie Piper

Eigentlich ist das Unternehmen, das Michael Asher sich vorgenommen hat, schwierig genug: Er möchte auf dem Kamel die Sahara durchqueren, knapp siebentausend Kilometer durch Sand und sengende Hitze – etwas, was vor ihm noch kein westlicher Mensch gewagt hat. Damit aber die Sache nicht zu harmlos, zu unproblematisch wird, funktioniert er die Expedition zur Hochzeitsreise um und nimmt seine Frau Mariantonietta mit, die er fünf Tage zuvor geheiratet hat. Auf diese abenteuerliche Weise entstand Stoff in Hülle und Fülle für ein außergewöhnlich spannendes und amüsantes Buch, an dessen Ende Asher resümiert: »Wir drehten uns um, um einen letzten Blick auf die Sahara zu werden. Für jeden von uns hatte die Wüste eine eigene Bedeutung.«

05/1066/01/L

Bettina Selby

Timbuktu!

Eine Frau in Schwarzafrika allein mit dem Fahrrad unterwegs. Aus dem Englischen von Jürg Wahlen. 285 Seiten mit 21 Farbfotos von Bettina Selby. Serie Piper

Mit ihrem roten Fahrrad bricht die Autorin auf, um ein Stück Schwarzafrika – von Niamey bis Timbuktu – zu erkunden: vorbei an Lehmhütten und Reisfeldern, durch die Wüste und durch den Urwald, immer entlang dem Niger. Auf ihrem abenteuerlichen und strapaziösen Weg, den sie mit erfrischender Selbstironie schildert, erlebt sie Menschen und Landschaft in einer Unmittelbarkeit, wie sie nur die Reisegeschwindigkeit des Fahrrads erlaubt. Sie stößt auf verloren geglaubte Kulturen und liefert Momentaufnahmen einer fernen Welt, die vom Untergang bedroht ist.

05/1063/01/R